ullstein

Das Buch

Tasten und Fühlen, Stretchen und Massieren – das sind die Mittel, mit denen Tamme Hanken schon vielen Pferden geholfen hat. »Knochenbrecher« nennt man Männer wie ihn in seiner Heimat Ostfriesland, einem Landstrich, den Naturverbundenheit und heilpraktische Traditionen charakterisieren. Oft erkennt Hanken schon auf den ersten Blick, wo bei einem Pferd die Ursache eines Leidens zu suchen ist. Die Kunst des »Nervenfühlens« liegt ihm im Blut – schon seit Generationen ist seine Familie für diese Begabung bekannt. Wie ein Scanner gleiten Hankens magische Hände über den Körper der Tiere und oft hat er selbst da noch Erfolg, wo die klassische Veterinärmedizin nur noch den Gang zum Schlachter empfiehlt. Doch der Pferdeheiler hat aus Liebe zu den Tieren auch alte Heilrezepte seiner Familie gesammelt, kennt Tipps und Tricks, die man in anderen Pferdebüchern vergeblich sucht, und hat eine Pferdereha aufgebaut, wo Pferde erstklassig verpflegt, medizinisch und heilpraktisch versorgt und von einem Hufschmied betreut werden. Wegen seines großen Wissens und seiner außerordentlichen Begabung ist Hanken heute in der ganzen Welt bekannt.

Der Autor

Tamme Hanken wurde 1960 auf dem elterlichen Hof in Filsum, Ostfriesland, geboren. Als zukünftiger Hoferbe absolvierte er eine Landwirtschaftslehre, stellte aber schon bald fest, dass ihm die Landwirtschaft nicht lag. Auf Umwegen fand er zu seiner eigentlichen Berufung und ist heute international einer der meistgefragten Pferdeheilpraktiker. Eine einstündige ZDF-Dokumentation über den »Knochenbrecher« fand allergrößte Publikumsresonanz.

TAMME HANKEN

Das Glück der Pferde in meinen Händen

Ein Pferdeheiler berichtet

Ullstein

Besuchen Sie uns im Internet:
www.ullstein-taschenbuch.de

Umwelthinweis:
Dieses Buch wurde auf chlor- und säurefreiem Papier gedruckt.

Ungekürzte Ausgabe im Ullstein Taschenbuch
1. Auflage Juli 2003
3. Auflage 2008
© Ullstein Buchverlage GmbH, Berlin 2004
© 2003 by Ullstein Heyne List GmbH & Co. KG
© 2001 by Econ Ullstein List Verlag GmbH & Co. KG/List Verlag
Abbildungen: © Gundula Steinbrenner/Studio Zahn, Oldenburg
Skelettskizze: © R. Eberlein: Leitfaden des Hufbeschlags
Dt. Schmiedezeitung, Berlin 1926
Umschlaggestaltung: HildenDesign, München
(nach einer Vorlage von Thomas Jarzina, Köln)
Titelabbildung: Gundula Steinbrenner/Studio Zahn
Satz: Gramma GmbH, München
Druck und Bindearbeiten: CPI – Ebner & Spiegel, Ulm
Printed in Germany
ISBN 978-3-548-36434-6

Inhalt

»Ein Optimist ist ein Mensch,
der die Dinge nicht so tragisch nimmt
wie sie sind.«

Karl Valentin

Einleitung

»Mensch, Tamme, warum schreibst du eigentlich kein Buch?« Wie oft haben Freunde und Bekannte, Kunden und andere Pferdehalter diese Frage an mich gerichtet. Und schließlich habe ich mich überreden lassen. Doch kaum hatte ich mich an meinen neu erworbenen Computer gesetzt, um mit dem Schreiben dieser Seiten zu beginnen, bereute ich es auch schon wieder, mich auf ein solches Abenteuer einzulassen. Ein Buch zu schreiben! Ich bin ein Naturmensch durch und durch, liebe die Abwechslung und die praktische Erfahrung, ein Schreibtischjob wäre für mich sterbenslangweilig.

Doch beim anfänglichen Grübeln vor dem gähnend leeren Bildschirm begannen die Geschichten plötzlich nur so zu sprudeln. Meine Arbeit mit den Vierbeinern und den dazugehörigen Menschen bringt es mit sich, dass ich täglich Neues erlebe, im positiven wie im negativen Sinn. Jeder neue Tag ist spannender als der vorige.

Ich werde nun erzählen, wie ich »Der Knochenbrecher« wurde. So nennt man mich nicht nur in meiner Heimat, in Ostfriesland, sondern inzwischen auch über die Grenzen Deutschlands hinaus. Überall dort, wo ich zu erkrankten Pferden gerufen werde.

»Knochenbrecher« übrigens ist ein Begriff, der im Mittelalter seinen Ursprung hat: So hießen hier in Ostfriesland

Menschen, die die Gabe hatten, Pferde wie Menschen wieder in Tritt zu bekommen. Meistens waren diesen Menschen auch andere heilerische Fähigkeiten gegeben. Deshalb kann man diese Bezeichnung keineswegs mit dem neuzeitlichen Beruf des Chiropraktikers gleichsetzen.

Seit ich in einigen Fernsehproduktionen – die bekannteste ist wohl die Reportage »Der Knochenbrecher« – sozusagen die Hauptrolle spielte, ist das Interesse an meinen unkonventionellen Heilmethoden stetig gewachsen. Und heute ist es so, dass ich leider nicht mehr sämtlichen Anfragen zur Behandlung eines erkrankten Pferdes nachkommen kann, so gerne ich es täte.

Immer mehr Menschen sprachen mich – wie gesagt – darauf an, meine Geschichten aufzuschreiben, die zahlreichen Geheimtipps und althergebrachten Naturrezepte, kurz und gut: wie ich auf meine Art Pferde behandle. Ich denke, Pferdehalter und Reitprofis wie auch Amateure sollten sich ihr Leben lang auf dem Laufenden halten. Wer weiß, vielleicht kann ich mit diesem Buch ein wenig dazu beitragen.

Es gibt keinen Stillstand – hier nicht und nirgendwo. Und wer das Glück hat, Pferde zu seinen Kameraden zu zählen – diese wunderbaren Tiere, die wie keine anderen den Menschen durch viele Kulturepochen und über Jahrtausende hinweg begleitet haben –, der weiß, dass man immer wieder mit neuen Fragen, neuen Herausforderungen konfrontiert wird. Man mag ein noch so guter Pferdekenner sein, man lernt nie aus.

Mit Ostfriesland, meiner Heimat, die mich sehr geprägt hat, der Familie und meinem kurvenreichen Werdegang will ich beginnen. Denn mein Leben verlief keineswegs geradlinig, es war mir nicht in die Wiege gelegt, dass ich unmittelbar den Beruf ergreife, den ich heute ausübe. So vielschichtig mein bisheriges Leben war, so spannend war es auch. Dem lieben Gott schwebte, als er meinen Lebenslauf programmierte, wohl ein Krimi vor!

Vor einigen Jahren hätte ich mir nicht träumen lassen, dass ich die halbe Welt in Sachen Pferdeheilung bereisen würde. Und das, obwohl ich mit Fremdsprachen eher auf Kriegsfuß stehe – aber die Landessprache ist nebensächlich, wenn es um Pferde geht. Pferdeleute können sich überall miteinander verständigen, das Tier verbindet uns alle. Wie mein Leben so ist auch meine Arbeit: grenzenlos. Gezeichnet durch ein Auf und Ab von Gefühlen, denn oft liegen Lachen und Weinen dicht beieinander.

Gleichgesinnte ziehen sich wohl an. Denn wie wäre es sonst zu erklären, dass ich immer wieder großen Pferde-männern begegnet bin, die meinen Erfahrungsschatz berei-chert haben. Monty Roberts, der wahre »Pferdeflüsterer«, gehört zu ihnen sowie die Direktoren vom Zirkus »Zau-berwald«, die Herren Althoff und Fröhlich, und viele an-dere mehr. So unterschiedlich diese Menschen und ihre Tä-tigkeiten sind, eines verbindet sie alle: die Bereitschaft, sich auf die Kreatur einzulassen; genau hinzuschauen und zu fühlen; die eigenen Instinkte wieder lebendig werden zu lassen. Mit dem Verstand allein ist es nicht getan. Auch von diesen wunderbaren Begegnungen will ich berichten.

Viele junge Menschen kommen zu mir und bitten mich, dass ich ihnen ein Praktikum bei mir ermögliche. Sie glau-ben, meine Heilmethoden rasch erlernen zu können. All diesen Menschen rate ich: Lest dieses Buch, versucht, auch das zu lesen, was zwischen den Zeilen steht. Aber vor al-lem: Entwickelt ein hohes Maß an Sensibilität. Man muss zuerst einmal ein gutes Stück Leben hinter sich bringen, um mit der nötigen Gelassenheit an diese intuitive Arbeit zu gehen, die einem alles abverlangt. Natürlich braucht man auch eine Art Lehrmeister, der bereit ist, einen in die Heilmethoden einzuweisen. Eben einen Menschen, der all diese Voraussetzungen erfüllt. Und nur wer über die wichtigste Voraussetzung, nämlich die Gabe der Feinfühligkeit verfügt, kann sich gewisse Methoden tatsächlich aneignen. Vor allem aber gilt: Das Leben ist immer noch der beste aller Lehrmeister.

Wie könnt ihr wissen, ob ihr die Voraussetzungen habt, euch im Umgang mit Pferden auf so etwas wie Magie einzulassen? Das Wichtigste ist, nicht alles zu hinterfragen. Fragen nach dem Wie und Warum sind hier fehl am Platz. Denn das Denken blockiert das Fühlen. Seht, fühlt und tastet ab! Schaut hin, und hört nicht auf das, was die anderen sagen und meinen. Lasst euren Instinkten freien Lauf! Wenn Gott es will, fällt der Groschen. Das ist dann der Anfang. Alles andere bringt die Zeit mit sich, Zeit und Geduld aber muss man selbst einbringen. Und außerdem Freude an dieser Arbeit, den Glauben an sich und an das, was da zwischen Himmel und Erde noch ist. Dieses Geheimnisvolle, das man nicht sehen und doch spüren kann.

Aber nicht jeder will in die letzten Geheimnisse des Wissens um Pferde eindringen, um daraus einen Beruf zu machen. Auch der Freizeitreiter wird von diesem Buch profitieren. Scheinbar unbedeutende Hinweise können ihm bereits helfen, sein Tier besser zu verstehen. In diesem Buch werde ich einige dieser kleinen Geheimnisse preisgeben, manche Behandlungsmethoden will ich genauer beschreiben. Auch Rezepte aus dem Kräuter- und Medizinbuch der Familie Hanken, durch die Jahrhunderte von Generation zu Generation weitergereicht, kann man hier nachschlagen. Ebenso wie zahlreiche Tipps, die ich auch den Haltern der Pferde, die ich behandle, immer wieder gebe: Wie können Sie typische Fehler vermeiden und dazu beitragen, Ihr Pferd beispielsweise mit Stretchingübungen in Tritt zu halten? Kein vernünftiger Sportler verzichtet auf die Aufwärmphase, bevor er seinem Körper höchste Leistung abverlangt. Unserem Pferd aber muten wir das zu!

Weitere Aspekte der Pferdehaltung scheinen mir wichtig, um unseren Freunden ein artgerechtes Leben zu ermöglichen:

Wie schaffe ich mir ein geeignetes Pferd an, ohne Auktionen zu besuchen oder mich an einen Pferdehändler zu wenden?

Welches Tier passt zu mir?

Welche Haltungsform eignet sich für mein Pferd?

Das Geheimnis der richtigen Fütterung.

Wie kann der Schmied mit seiner Arbeit Rückenprobleme bei Pferden vermeiden oder lindern?

Wie wirken sich Wasseradern und Erdstrahlen auf die Tiere aus, und was tun wir dagegen?

Woran erkenne ich, dass ein Pferdeleben zu Ende geht? Wann erlöse ich meinen Freund?

Ataxie, ein böses Wort für den Pferdehalter. Aber nicht immer bedeutet dieses Krankheitsbild, dass ein Pferd nicht mehr zu retten ist!

Parasiten und sonstige Plagegeister: Wie können wir sie mit natürlichen Mitteln bekämpfen?

Vor allem aber: Ich will Ihnen Geschichten erzählen, Geschichten, die das Leben schrieb, die alle mit der Faszination zu tun haben, die Pferd und Mensch seit Urzeiten miteinander verbindet.

Meine Arbeit mit Pferden ist so abwechslungsreich, dass ich jeden Morgen aufwache und mich frage, was dieser Tag wieder Neues bereithält. Je häufiger ich mit scheinbar hoffnungslosen Fällen konfrontiert werde, desto mehr reizt es mich, dort weiterzumachen, wo die Veterinärmedizin sagt: Das hat keinen Sinn mehr. Manchmal nehmen Tierärzte den Pferdehaltern den Mut, und sie haben keine Energie mehr, andere Wege zu beschreiten. Meist sind Menschen nach einer gewissen Zeit, wenn keine nennenswerte Fortschritte erzielt werden, mit der Krankheit ihres Pferdes überfordert. Können ganz einfach den traurigen Anblick nicht mehr verwinden. Auch die Kostenfrage spielt immer wieder eine Rolle, denn oft gehen die Behandlungskosten in die Tausende.

Voller Tatendrang war ich auch an diesem regnerischen Morgen im September 2000, als ich in Holstein zu einem verunglückten Fohlen gerufen wurde, das ich einige Wochen zuvor bereits behandelt hatte. Wie der genaue Ablauf des Unfalls war, bei dem sich das Fohlen so verletzt hatte, das weiß keiner, denn niemand hatte es beobachtet. Beim Weidegang gibt es unzählige Möglichkeiten für ein Fohlen, sich zu verletzen. Oft spielen Fohlen übermütig miteinander, und dann kann es passieren, dass sie zusammenstoßen oder ausrutschen. Oder die eigene Mutter schlägt beim

Rennen auf der Koppel aus und trifft das Fohlen. Meist ist Kommissar Zufall der einzige Zeuge, uns bleiben nichts als Vermutungen.

Jedenfalls war etwas geschehen, denn das Fohlen wies von einem Tag auf den anderen starke Bewegungsstörungen auf. Es hatte Prellungen hier und da, allesamt schmerzhaft, und eingeklemmte Nerven im Rückenbereich.

Nach dieser Diagnose setzte ich zu der ersten Behandlung an. Zunächst wurde mir das Fohlen an der Hand auf festem Grund vorgeführt, danach frei laufend in der Halle. Jetzt waren die Bewegungsstörungen besonders gut zu erkennen. Beim Traben sackte das Fohlen in der Hinterhand ein. Ein Zeichen für eingeklemmte Nerven.

Als Erstes tastete ich das Fohlen vom Kopf bis zu den Hufen ab, dann begann ich mit meiner Behandlung, korrigierte behutsam die Stellung der Wirbel. Dabei ist höchste Konzentration erforderlich, denn es kommt darauf an, dass jeder noch so kleine Nerv freigelegt wird. Erst wenn die Nerven wieder durchlässig sind, kann ein Tier sich koordiniert bewegen.

Der Haustierarzt tat das seine, versorgte das Fohlen über einen langen Zeitraum medizinisch. Wohl führten die Behandlungen immer wieder zu Verbesserungen, aber ebenso regelmäßig kam es zu Rückschlägen, die das Tier nur schwer verkraftete.

Schließlich war der Besitzer mit seiner Geduld am Ende. »Das Fohlen kommt weg«, sagte er zu mir. »Das Leiden kann ich nicht länger ertragen.«

Mir war klar, dass dieser Mann keinen Ausweg mehr sah. Auch hatte er viel Geld, sicherlich mehr, als die Versicherung erstatten würde, in das Tier investiert. Aber diese kleine Stute befand sich auf verlorenem Posten, immer wieder diese Enttäuschungen, mal war die Bewegung über

Tage sichtlich besser, dann aber von einer Stunde auf die andere gestört wie zu Beginn der Behandlung.

Und dennoch sollte dies noch nicht das Ende dieses kleinen Pferdeschicksals sein. Die Lemkes aus Wasbek sind typische Vertreter einer aussterbenden Spezies von Pferdezüchtern, bei denen die Pferde noch Familienanschluss haben. So kam es, dass sie mich eines schönen Tages fragten, ob ich nicht Interesse an diesem Fohlen hätte. Denn sie wussten, dass in der Pferde-Reha in meinem ostfriesischen Heimatort Filsum, im Kreis Leer, die Chancen am größten wären, dieses Fohlen von seinem Leiden zu kurieren. Auf dem Bauernhof meiner Eltern habe ich vor etwas mehr als zwei Jahren begonnen, eine Art Sanatorium für erkrankte Pferde aufzubauen. Neben einem Aquatrainer und einem Solargerät habe ich dort die erste Pferdesauna Deutschlands installiert. Inzwischen ist sie aus meinem Behandlungsrepertoire nicht mehr wegzudenken. Und die Pferde lieben das Saunieren!

Ich musste nicht lange überlegen, und schon stand mein Entschluss fest, dass ich diesem Fohlen meine Hilfe angedeihen lassen wollte. Die Versicherung erstattete dem Züchter den Wert des Fohlens und erklärte sich damit einverstanden, dass ich das Fohlen gegen einen kleinen Obolus zur Behandlung mitnahm.

So wurde es vor der letzten Konsequenz bewahrt und hatte doch noch eine Chance, gesund zu werden. Und wenn es uns gelänge, das Fohlen zu retten, würde es auch anderen Tieren mit ähnlichem Krankheitsbild zugute kommen. Das wusste ich, als ich mich entschloss, dieses Tier nach Filsum mitzunehmen.

Gerade in den letzten Jahren scheint die Zahl von Pferden mit Bewegungsstörungen ständig zuzunehmen. Und es ist höchste Zeit zu erforschen, woran das liegt. Schon bei der Nennung des Wortes »Ataxie« zuckt jeder Pferdehalter zusammen. Zumeist bedeutet diese Diagnose, dass das betroffene Tier sterben wird.

Ataxie ist eine ernsthafte Bewegungsstörung des Pferdes. Drei verschiedene Ursachen kommen in Frage: Manche Bewegungsstörungen werden durch Herpesviren ausgelöst, andere wiederum durch äußerliche Einwirkung, beispielsweise bei einem Weideunfall, es kommen aber auch angeborene Entwicklungsstörungen vor. Vielleicht hat Ate, die griechische Göttin des Unheils, hier ihre Finger im Spiel. Das Wort »Ataxie« scheint mir für den Pferdehalter gleichbedeutend zu sein mit: Ich weiß nicht mehr weiter, am besten zum Schlachter mit dem Tier, und der Ärger ist vorbei!

Warum gleich die Flinte ins Korn werfen? Immer öfter erlebe ich, dass Tierärzte in solchen Fällen meine Telefonnummer weitergeben. Und nicht selten kann ich tatsächlich zur Heilung beitragen. Aber ist der Nervenfluss so gestört, dass ich gar nichts mehr fühle, so rate auch ich dem Pferdebesitzer dazu, den letzten Weg mit seinem Tier zu gehen. In den wirklich aussichtslosen Fällen. Doch manchmal gibt es eben doch einen Ausweg.

Die Krankheitsgeschichte dieses Fohlens begleitet mich, seit ich angefangen habe, dieses Buch zu schreiben. So werde ich das Schicksal Püppis, wie ich die kleine Pferdedame taufte, von Zeit zu Zeit wieder aufnehmen, denn sie ist mir seitdem sehr ans Herz gewachsen.

An jenem kühlen Septembermorgen also war es so weit: Zusammen mit einer Freundin fuhr ich nach Holstein, wo einige Pferde auf meinem Behandlungsplan standen. Auf dem Rückweg holte ich Püppi ab, nahm sie mit auf die lange Reise nach Ostfriesland. Zuerst einmal musste sie sich in Filsum einleben, sich an anderes Futter gewöhnen, die Menschen kennen lernen und das Heimweh nach ihrer Mama überwinden. Ich war gespannt, wie Püppi auf die Therapie reagieren würde.

Wenigstens blieb sie in einem Friesenlande – Ostfriesland sollte ihre neue Heimat werden. Hier würde sich herausstellen, ob es ihr beschieden wäre, wieder gesund zu werden.

Ostfriesland und seine Heiler

Was hat Ostfriesland mit meiner Arbeit zu tun? Diese Frage mag sich mancher Leser stellen. Nun, kaum ein Volk ist so geprägt von der Natur und Geschichte seines Landes wie die Ostfriesen, und man sagt, ich sei ein typischer Vertreter meiner Heimat. Sie hat auch mich geprägt, ihr Einfluss ist groß.

»Behüt uns Herr vor Sturm und Wind
Und Menschen, die nicht ehrlich sind, Amen!«

So lautet ein altes Ostfriesengebet, das in wenigen Worten das Wichtigste über uns Ostfriesen aussagt. Die Ostfriesen sind ein kleines Volk, deren Heimat sich im nordwestlichen Zipfel Deutschlands zwischen Ems und Weser erstreckt. Die ersten Siedlungen waren keltischen Ursprungs.

Die Geschichte hat gezeigt, dass dieses Volk sehr freiheitsliebend ist. Immer wieder hat es sich gegen fremde Eindringlinge gewehrt – mit mehr oder weniger Erfolg. So wie die Natur, die die Menschen immer wieder zu bezwingen versuchten, ebenfalls mit mehr oder weniger Erfolg.

Bereits im 9. Jahrhundert nannte man das Gebiet zwischen Zuidersee und Unterweser Ostfriesland. Damals versuchten die Normannen, in Ostfriesland einzudringen, doch die Siedler boten ihnen die Stirn. Seit dem Zerfall des

Karolingerreiches im 10. Jahrhundert hatten sich mehrere selbständige Bauernrepubliken gebildet. Sie schlossen sich in einem Landfriedensbund zusammen, sicherlich, um nach außen hin gemeinsam dem Feind zu trotzen.

Im 14. Jahrhundert wurden diese Gebiete von den Häuptlingsherrschaften abgelöst. (Das klingt beinahe so, als wären die Ostfriesen aus einem Indianerstamm hervorgegangen. Aber sie waren damals schon ein wenig wunderlich …) Und nun grenzten sich die einzelnen Herrschaftsgebiete scharf voneinander ab, bis es einem der Häuptlingsgeschlechter, den Cirksena, gelang, die Häuptlingsfehden zu beenden und Ostfriesland unter ihrer Herrschaft zu vereinen. Erst im 17. Jahrhundert hießen die Häuptlinge dann Reichsfürsten von Ostfriesland. Allmählich näherten sich die Verhältnisse in Ostfriesland also denen in anderen deutschen Territorien an. Aber damit waren die Auseinandersetzungen noch lange nicht zu Ende. Jetzt stritten sich die lutherischen Landesherrn mit den Landständen unter der Führung der Stadt Emden um die Vorherrschaft. Mitte des 18. Jahrhunderts nahmen die Preußen es in Besitz und dann, etwa fünfzig Jahre später, die Franzosen. Schließlich wieder die Preußen.

Kurz und gut, in der Vergangenheit versuchten immer irgendwelche Mächte, sich die Ostfriesen gefügig zu machen. Und stießen auf eine Menge Widerstand (noch heute ist das so!). Ihr Kampfgeist ist sicherlich geprägt worden durch die geographische Lage Ostfrieslands: Unser Land hat im Rücken die See, und die Nachbarschaft mit dem blanken Hans bedeutet ein ewiger Kampf ums Überleben. Darin wurzelt der starke Zusammenhalt untereinander. Leidenschaftliches Trotzen gegen innere wie auch äußere Feinde und ein ungebärdiger Freiheitsdrang – das waren die Umstände, unter denen der ostfriesische Charakter gedieh: stur und kampfbereit, auch misstrauisch gegenüber allem Fremden und Unbekannten.

Folgende Strophe eines Ostfriesenliedes von Hannes Fleßner trifft den Nagel auf den Kopf:

>*Ostfriesen sind gemütlich und trinken ihren Tee,*
und wenn sie mal was sagen, dann heißt das höchstens nee.
Sie schließen ihre Freundschaft nicht gleich beim ersten
Bier,
doch wenn du sie zum Freund hast, dann halten sie auch
zu dir.«

Ein weiterer Umstand prägte uns Ostfriesen. Das Land war durchzogen von Sümpfen und Flüssen – Störtebeker und die anderen berüchtigten Vitalienbrüder machten sich dies zunutze. Zu ihrer Zeit, Ende des 14. Jahrhunderts, rangen die einzelnen Häuptlinge noch um die Vorherrschaft im Land. Und dazu war ihnen jedes Mittel recht: Unter der Bedingung, dass man ordentlich an der Prise – der Beute – beteiligt wurde, gewährte man Freibeutern Schutz. Ostfriesland war die Zufluchtstätte der Seeräuber, die der Seefahrt der Hanse arg zusetzten.

Hier, in der unwirtlichen Natur, konnten Störtebeker und seine Kumpanen ihr Unwesen treiben und die Prise hervorragend verstecken. Oben in Marienhafe, nahe der Küste, fand der Pirat – unter den Augen der Häuptlinge – Unterschlupf in einem Turm. Aber schließlich setzte die Hanse der Piraterie ein Ende. Auf einer ihrer Kapertouren vor Helgoland wurden Störtebeker und seine Mannschaft von den Hamburgern gefangen genommen und zum Tode durch Enthauptung verurteilt.

Im Osten die Hamburger, im Süden das feindliche Münsterland, an der westlichen Flanke Holland und im Rücken die Nordsee: Umzingelt von habgierigen Nachbarn und der wilden See, halfen sich die Ostfriesen selbst, so gut es irgendwie ging. In der geographischen Lage meiner Heimat und ihrer Geschichte ist auch die ostfriesische Heilkunst begründet. Zahlreiche Methoden und Naturrezepte unserer Ahnen wurden bis in die heutige Zeit überliefert. Auch in meiner Familie hat die Heilkunst Tradition, sie wurde jahrhundertelang weitergegeben von Generation zu Generation.

Aber auch eine Tugend, die der Ostfriese kennt, hat dazu beigetragen, dass uralte Traditionen bis heute überlebt haben und Rezepturen wie auch Geschichten überliefert sind: Diese Tugend ist die sprichwörtliche Gemütlichkeit der Ostfriesen. Sie ist verbunden mit Gastfreundschaft und dem ostfriesischen Teekult. Ein Leben ohne Tee ist in Ostfriesland nicht denkbar. Jeder kennt Ostfriesenwitze – und die gehen so: Ostfriesen nehmen zum Frühstück drei Tassen Tee und ein Stück Torf zu sich. Oder: Ein Vierkampf besteht aus Lesen, Schreiben, Rechnen und Teebeutelwerfen … Ein anderer Kalauer erzählt, dass man in Ostfriesland den Schlachtruf der Französischen Revolution auf Anhieb verstanden habe: »Liberté« – kein Witz –, denn wir wollten wirklich »lieber Tee«.

Zu einer, nein zwei, drei Tassen Tee gehört ein Klönschnack, die gesellige Unterhaltung mit Nachbarn oder Freunden, dafür ist immer Zeit. Bei der Gelegenheit gönnt man sich gerne einen Pingel (ein aus Weizenkorn gebrannter Klarer, der mit einem Löffel Zucker getrunken wird). Auf meinen Behandlungstouren durchs Land, wenn ich von einem Hof zum anderen, von einem Gestüt zum nächsten tingele, nehme ich mir immer Zeit für eine Tasse Tee. Nichts ist kommunikativer, nur so gewinne ich das Vertrauen der Menschen und erfahre bei dieser Gelegenheit Wissenswertes, das mir sonst entgehen würde.

Denn eines steht fest, auch wenn wir uns im Computerzeitalter befinden: Es gibt Dinge im Leben, die selbst durch moderne Technik nicht zu ersetzen sind. Und dazu zählen Gespräche, mündlich überlieferte Geschichten, Bräuche und Rituale, Rezepte, Heilmethoden und noch vieles mehr.

So kommen mir noch heute die verschiedenen Heilmethoden zugute, die sich vor langer Zeit entlang der ostfriesischen Nordseeküste entwickelten. Zum einen lebten hier Menschen, die sich mit den Heilkräutern auskannten, die die raue Natur hervorbrachte, und sich darauf verstanden, sie als Medizin zu verwenden. Schon damals behandelte man mit homöopathischen Mitteln – nur kannten die Menschen diese Bezeichnung nicht –, und zwar mit großem Erfolg!

Und bereits zu Störtebekers Zeit gab es Vertreter meiner Zunft, die so genannten »Knochenbrecher«. Heute würde man Chiropraktiker sagen, auch wenn die ostfriesische Bezeichnung mehr beinhaltet als das Einrenken von Wirbeln und Gelenken. Ausgestattet mit dem alten Wissen, praktizierten die Menschen so etwas wie ganzheitliche Medizin. Diesen Knochenbrechern war eine Feinfühligkeit zu Eigen, eine Gabe, die sie Nervenblockaden erfühlen ließ; durch bloßes Abtasten gelang es ihnen, sichere Diagnosen zu stellen. Ob Lahmheiten oder Rückenschmerzen: Knochenbrecher wurden zu Mensch wie Tier gerufen.

Wieder andere hatten die Gabe, durch Besprechen Kranke zu heilen. Manche verstanden sich darauf, nur mit Handauflegen Warzen, Durchblutungsstörungen oder eine Gürtelrose zu kurieren. Doch wer besprechen kann, kann auch verfluchen. Wer es sich mit diesen Menschen verdorben hatte, musste mit Plagen verschiedenster Art – Krankheiten, Seuchen oder einfach nur Pech – rechnen. Und nur der, der den Fluch ausgesprochen hatte, war in der Lage, ihn wieder zum Guten zu wenden und das Böse fern zu halten.

Wen wundert es, dass in diesem Klima auch die Hellseherei gedieh. Menschen mit dem zweiten Gesicht taten Prophezeiungen kund, die der Überlieferung nach meist zutrafen. Nicht nur im Mittelalter, auch später noch wurde den so genannten Heilern, einflussreichen Leuten, die den alten Natur- und Geisterglauben wachhielten, von der Inquisition der Prozess gemacht. Die Kirche sah in ihren geheimnisumwobenen Methoden Hexerei. Und die Menschen, die der Hexerei überführt wurden, endeten auf dem Scheiterhaufen.

In Wirklichkeit war es jedoch so, dass die Kirche Angst hatte, in Anbetracht des Wissens dieser Menschen, die sich in der Naturmedizin auskannten, ihre Macht zu verlieren. Denn die Heiler hatten in der Bevölkerung großen Einfluss. Und trotz aller Bemühungen der Kirche, die angeblichen Ketzer zu vernichten, war die Heilkunst nicht auszurotten. Wenn es in einer Familie einen Heiler gab, dann behielt er sein Wissen nicht für sich, sondern bewahrte diesen Schatz, um ihn eines Tages an jemanden weiterzugeben, der seine Veranlagung teilte und sein Vertrauen genoss. Nur so ist es möglich, dass diese alten Methoden und Rezepte bis heute überliefert sind.

Auch in meiner Familie hat das Nervenfühlen Tradition. Ich werde später noch einmal darauf zurückkommen, an dieser Stelle nur so viel: Ein Pferd mit einer Lahmheit taste ich von Kopf bis Fuß ab. Dabei dient mir meine Hand sozusagen als Scanner, um beispielsweise Nervenblockaden oder -entzündungen auszumachen. Fast jede Generation der Familie Hanken brachte einen Nachkommen hervor, dem das Talent der Feinfühligkeit in die Wiege gelegt worden war. Meinem Vater war es nicht gegeben, wohl aber meinem Großvater. Eines Tages machte ich mich daran, unseren Familienstammbaum zu untersuchen, und tatsächlich kann man die Linie der »Knochenbrecher« bis ins 16. Jahrhundert zurückverfolgen. In ein noch düsteres Zeitalter.

In der jüngeren Familiengeschichte finden sich auch Beispiele für übersinnliche Veranlagungen. Mein Vater erzählte mir, im Zweiten Weltkrieg sei etwas Kurioses geschehen. Während eines Gottesdienstes in der Kirche habe sich ein Mann erhoben und zur Gemeinde gesprochen. Er sagte voraus, welche Häuser am folgenden Tag durch Bomben zerstört werden würden. Man schenkte ihm Glauben, die Bomben fielen wie vorhergesagt, weder Menschen noch Tiere kamen zu Schaden, und die wertvollsten Dinge konnten aus den Häusern gerettet werden. Dieser Mann war ein Verwandter meiner Familie. (Wir haben und hatten viele Verwandte in dem kleinen Ort. Nichts Ungewöhnliches bei uns, denn früher wurde geheiratet, wie die Eltern es wollten: Land muss zu Land. So wurden die Höfe in einer wirtschaftlichen Größe erhalten. Mit dem Nachteil, dass Verwandtschaftsbeziehungen bei den Eheschließungen kaum eine Rolle spielten …)

So, das war ein kleiner Ausflug in die ostfriesische Geschichte – aus der Sicht von Tamme Hanken. Und vielleicht verstehen Sie jetzt, warum wir Ostfriesen so heimatverbunden und gesellig, so stur und so freiheitsliebend sind.

Kindheit und Lehrjahre eines »Knochenbrechers«

Es sollte eine Weile dauern, bis ich zu meinem jetzigen Beruf, dem des »Knochenbrechers«, fand. Lange Zeit begleitete mich die Ahnung, dass ich eine gewisse Veranlagung für den Umgang mit Pferden habe. Schon als kleines Kind war ich nicht mehr zu bremsen, wenn ein Pferd in meine Nähe kam, so als würde es mich magisch anziehen. Erst viel später, als immer mehr Menschen Rat bei mir suchten, begann ich dieses Talent zu erkennen und zu verfeinern. Und dann kam eins zum andern.

Im Moment sieht es fast so aus, als sei ich der letzte Knochenbrecher, denn eigene Kinder habe ich noch nicht, und kein nahe stehendes Familienmitglied versteht sich erkennbar auf das Nervenfühlen. Doch sollte sich jemand mit dieser Gabe finden, werde ich ihm oder ihr meinen Erfahrungsschatz weitergeben.

Den Gedanken, der Letzte in der Zunft der ostfriesischen Knochenbrecher zu sein, finde ich äußerst beunruhigend. Es ist, als ob das alte Wissen und die Feinfühligkeit nicht mehr in die moderne Zeit passten. Das Nervenfühlen und ein gutes Auge sind mir gegeben, und daher gelingt es mir durch genaues Hinsehen und Erfühlen – Röntgengeräte oder Ultraschall brauche ich dabei nicht –, Störungen beim Patienten zu erkennen.

Oft erzählen mir Pferdehalter ganze Romane, während

ich ein lahmendes Pferd untersuche. Ich jedoch verlasse mich auf meine innere Stimme und meine Augen, die mich noch nie betrogen haben. An der Art, wie ein Pferd den Schweif hält, kann ich beispielsweise sehen, wo ihm der Rücken wehtut. Mit meiner Erfahrung erkenne ich die Hälfte der Probleme mit bloßem Auge. Wie ich diese Fähigkeiten entwickeln konnte? Lesen Sie selbst:

Am 16. Mai 1960 zwei Minuten vor Mitternacht erblickte ich in dem kleinen ostfriesischen Dorf Filsum das Licht der Welt. 1957 war schon einmal ein Sohn geboren worden, der aber bereits in den ersten Lebenstagen an einem Herzfehler verstarb. 1959 stellte sich wieder Kindersegen ein, meine Schwester Hanne kam auf die Welt, und sie sollte dann knapp ein Jahr später ein Brüderchen bekommen. Das war ich, und von Anfang an lief alles ganz anders, als meine Mama es sich vorgestellt hatte.

Mit meiner Geburt fingen die Schwierigkeiten an. Wie damals üblich, wurden Kinder zu Hause geboren, und so kam ich auf dem elterlichen Hof auf die Welt. Mit Hilfe des Doktors aus dem benachbarten Remels und einer Hebamme vollbrachte meine Mutter das Unmögliche – das fast Unmögliche, denn der Doktor sagte zu ihr: »Mit 63 Zentimetern und fast 13 Pfund, das ist der absolute Rekord unter all den Babys, denen ich auf die Welt geholfen habe.« Nun gut, Mutter und Kind waren trotz der Strapazen wohlauf. Und mein Vater und seine Freunde hatten allen Grund, tüchtig der »ostfriesischen Bohnensuppe« zuzusprechen.

All denen, die sich für ostfriesische Rezepte interessieren, will ich dieses nicht vorenthalten:

Säubern Sie eine gute Handvoll Rosinen von den letzten Stengeln und waschen Sie sie in kaltem Wasser. Geben Sie sie in ein Sieb, und senken Sie darin ganz kurz in heißes Wasser.

Nachdem Sie die Rosinen sofort mit kaltem Wasser abgeschreckt haben, geben Sie sie in ein Gefäß und fügen ein paar Stangen Zimt und Kandis dazu. Abschließend übergießen Sie die Rosinen mit reichlich Weinbrand, so dass sie gut bedeckt sind. In der folgenden Zeit achten Sie immer wieder darauf, dass die Früchte in ausreichend Flüssigkeit liegen, gegebenenfalls muss Weinbrand nachgegossen werden.

Wird ein Kind geboren – auch die Geburt eines Fohlens ist ein würdiger Anlass –, gibt man die angesetzten Rosinen in einen Krug, gießt sie abermals mit Branntwein auf und lässt sie eine Weile durchziehen. Das Ergebnis ist unwahrscheinlich lecker, aber man sollte sein Maß kennen! Denn sonst kann es vorkommen, dass, während Mutter sich erholt, Vater ein wenig erkrankt. Aber trotz aller Nebenwirkungen, diese alten ostfriesischen Bräuche sind es wert, erhalten zu werden.

Eine Geschichte aus meiner frühesten Kindheit machte in unserer Familie immer wieder die Runde. Kaum ein paar Tage alt, lag ich im Kinderwagen, in dem schon meine Schwester gelegen hatte, als Freundinnen meiner Mutter zu Besuch kamen. Eine der Frauen war schwanger. Wie die Gute mich nun im Kinderwagen liegen sieht, wird ihr ganz anders.

Erschrocken fragt sie: »Sind die alle so groß?«

»Och«, erwidert mein Vater, »der Doktor hat gesagt, das ist nur ein ganz Kleiner.« Dass dieser Frau nun allerlei durch den Kopf ging, kann man sich vorstellen.

Es wird auch erzählt, dass ich ein einziges Wort wohl tausendmal am Tag sagte: »Hamham«, denn ich hatte immer Hunger. Mein Appetit wuchs zusehends, so wie ich selbst. Dann wurde ich getauft, der Tradition nach auf den Namen Tamme Hanken. Alle Erstgeborenen vor mir – Vater, Opa, Uropa – trugen denselben Namen. Der Familienname hatte sich vor fünf Generationen eingebürgert; davor wechselte er noch von Generation zu Generation. Meine Vorfahren hießen also Hanke Tammen, die nächste Generation dann Tamme Hanken und so weiter. Warum das so war, weiß ich nicht, jedenfalls kam so etwas Abwechslung in die Namensgebung.

Mit drei Monaten war der Kinderwagen zerrupft und voll ausgefüllt. Mit 18 Monaten fing ich dann endlich das Laufen an. Meine Mutter hatte sich schon Sorgen gemacht, weil ich gar nicht laufen wollte. Inzwischen war ich schon so groß, dass mein Laufstall im Rasen verankert werden musste, weil es mir keine Mühe bereitete, das ganze Ding umzukippen und abzuhauen.

Doch kaum konnte ich laufen, musste ich auch schon in die Schule, jedenfalls kam mir das so vor. Die Geschichte mit der Schule kam für mich viel zu früh, mit fünf Jahren sollte die unbeschwerte Zeit vorüber sein. Bei der Einschulung war man dem Irrtum erlegen, meine Größe mit schulischer Reife gleichzusetzen, und so musste ich ein Jahr früher zur Schule als üblich. Darunter habe ich sehr gelitten, denn auch als kleiner Junge war ich eher praktisch veranlagt, streifte lieber auf den Feldern umher, statt die Schulbank zu drücken.

Der Schulweg war für mich äußerst beschwerlich, denn überall lauerten Dinge, die meine Aufmerksamkeit erforderten. Fürs Lernen war die Zeit zu schade, hatte ich doch so viele andere Interessen. Besonders dienstags kam ich nie dort an, wo ich erwartet wurde: in der Schule. Meine Liebe zu den Tieren war damals schon so ausgeprägt, dass ich kaum an einem Vierbeiner vorbeikam. Beim Dorfgasthof befand sich die Viehrampe, wo dienstags immer Schweine gewogen wurden. Alle Bauern kannten mich, und ich war nur allzu bereit, meinen Schultag zu opfern, ihnen zur Hand zu gehen, mich einer sinnvolleren Tätigkeit zu widmen. Schließlich musste doch einer zu Hause erzählen können, wer dort seine Schweine verkaufte! Nur Fräulein Wienholz, unsere Lehrerin, hatte dafür kein Verständnis. Fortan schickte sie mir jeden Dienstag zwei Kinder aus meiner Klasse entgegen, die mich bis in die Schule begleiteten.

Aber an einem Tag im Januar nahm ich mir stets frei, keine zehn Pferde hätten mich an diesem Tag in die Schule gebracht! Da konnte Papa mit Haue drohen oder die Lehrerin mit Nachsitzen, an Opas Geburtstag schwenkte der Lenker meines Kinderrads von alleine in die entgegengesetzte Richtung. Stets landete ich im Nachbarort Hasselter-Vorwerk, wo meine Großeltern mütterlicherseits lebten. Meinen Opa liebte ich über alles, und nur Oma, die Mutter meines Vaters, die mit uns auf dem Hof lebte und mich als Kind umsorgte, konnte da mithalten. Dieser alte Mann war ein Opa, wie ihn sich jedes Kind wünscht. Das Wichtigste aber war, Opa hatte damals, zu Beginn meiner Schulzeit, noch Pferde, ebenso mein Onkel, der ihm gegenüber wohnte, während es auf unserem Hof keine mehr gab. Vor langer Zeit hatten meine Eltern ein Gespann gehabt, aber das war abgeschafft worden, als ich noch in den Windeln lag. Bis ich dann mein eigenes Pferd bekam, vergingen ein paar Jahre.

Einmal, es war der Geburtstag einer Cousine, geriet alles in helle Aufregung. Als die Kinder zu Kakao und Kuchen in die Stube kamen, wurde ich vermisst. Sonst war ich immer der Erste an der Kuchentafel.

»Wo ist Tamme?«, fragte meine Tante.

»Der ist im Stall und spielt Bonanza, der reitet da allein«, lautete die Antwort meiner Cousine. Ein großer Schreck durchfuhr die Erwachsenen. War der Junge etwa auf das Pferd in der Anbindung gestiegen? Aber das Tier war noch ganz roh, unberitten, hatte weder Zaumzeug noch Sattel gesehen und schlug nach allem, was ihm an die Beine kam! Alle stürzten in den Stall. Da saß ich auf dem Pferd und war überglücklich. Wie kriegen wir den da runter? – niemand hatte eine Idee, denn das Tier ließ keinen an sich heran und drohte mit Ausschlagen.

Nur Opa behielt in der ganzen Aufregung die Ruhe und sagte zu mir: »Das hast du aber gut gemacht. Nun zeig mir mal, ob du auch alleine absteigen kannst.« Kein Thema, ich rutschte runter, streichelte das Pferd und ging zufrieden zu meinem Opa.

Heute weiß ich um die Gefahren, wenn ich mich einem fremden Pferd nähere. Aber wie damals schon als kleines Kind habe ich auch heute keine Angst. Allerdings Respekt, und schon mehr als einmal hatte ich einen Schutzengel, denn ein Pferd kann mit seiner Stärke alles Mögliche anrichten und mit einem gezielten Tritt einen Knochen durchschlagen oder Schlimmeres. Damals aber ging ich völlig unbekümmert auf Pferde zu, und die Tiere waren stets lieb, denn auch sie hatten keine Angst vor mir. Für meine Eltern aber war es eine Tortur: Andere Jungs wollten Trecker fahren, ich wurde von Pferden angezogen, wie sich sonst nur Magnete anziehen.

Auch andere Tiere interessierten mich, am liebsten sah ich Sendungen wie »Ein Platz für Tiere« oder »Expeditionen ins Tierreich«, deren große Zeit damals war. Es gab kaum eine Tierart, die ich nicht mit Namen kannte, mochte sie noch so selten sein. Und wenn ich gefragt wurde, was ich mir zum Geburtstag wünsche, dann wollte ich immer Spielzeugtiere statt eines Traktors oder Lastwagens haben. Vor allem stand eines für mich fest: Pferde gehörten irgendwie zu mir.

Mein erstes Pferd hieß Mena, eine Norweger Stute. Immer wieder hatte ich meinen Eltern in den Ohren gelegen, doch endlich ein Pferd anzuschaffen. Mein Vater hatte wahrscheinlich nichts dagegen, meine Mutter schon. Schließlich erfüllte mir Oma Hanken, als ich sieben Jahre alt war, diesen Wunsch!

Wann immer ich konnte, beschäftigte ich mich mit Mena. Und mein Vater lehrte mich, worauf es im Umgang mit Pferden ankommt. Scheinbare Kleinigkeiten, die aber dennoch wichtig sind, um vor unangenehmen Überraschungen gefeit zu sein: wie man sich einem Pferd nähert, wie man es aufhalftert; dass man es mit dem Kopf zum Koppeleingang hin dreht, wenn man es auf die Weide geführt hat, denn ansonsten kann es passieren, dass es übermütig losgaloppiert und dabei ausschlägt. Es gibt so vieles zu beachten, doch wenn man mit Pferden groß wird, geht einem all das in Fleisch und Blut über.

Eines Tages beobachtete ich, wie mein Papa dem Pferd eines Nachbarn den Schweif frisierte und die Mähne einflocht. Auch zu der Zeit, als wir keine eigenen Pferde hatten, wurde er von anderen Bauern gerufen, wenn es darum ging, ihre Pferde für die alljährlich stattfindenden Pferdeschauen herzurichten. Ebenso war mein Vater beim Vorführen der Pferde gut zu gebrauchen, er hat einfach ein gutes Händchen für die Tiere. Der frisierte Schweif dieses Pferdes also imponierte mir ungemein. Mein Entschluss stand fest: Das mache ich bei Mena auch. Ich erzählte meinem Vater mein Vorhaben, doch war der keineswegs begeistert: »Das darfst du nicht, sonst haut Mena dich.«

Kaum waren meine Eltern zum Melken gefahren, wagte ich das Spiel. Ich dachte mir einen Trick aus, der darin bestand, der Norweger Stute die Augen zu verbinden, war ich doch der Meinung, wenn Mena mich nicht sieht, kann sie nicht nach mir treten. Nun kam mein Vater vom Melken zurück, und ihn traf fast der Schlag. Ein einjähriges Pferd, nur mit einem Strohband angebunden, die Augen verbunden, und ich direkt hinter der Stute mit der Schere in der Hand! Noch heute erzählt er, dass ich immer, wenn es um Pferde ging, ein wenig lebensmüde war. Aber ist es nicht so, dass die Pferde spüren, wer da was macht?

Als ich zehn Jahre alt war, durfte ich zusammen mit meiner Schwester zum Voltigieren gehen, die Gruppe war gerade neu gegründet worden. Allerdings wollte mein Körper nicht so, wie ich wollte, denn aufgrund meiner Größe war ich so steif und ungelenkig, dass ich auch die leichtesten Übungen nicht zustande brachte. Das Problem fing schon damit an, dass ich kaum aufs Pferd kam. Es erfordert ja auch einige Geschicklichkeit, von der Seite auf das galoppierende Pferd aufzuspringen. Mindestens drei Runden hing ich am Bauch des Pferdes und arbeitete mich qualvoll hoch, nur um schließlich eine kleine Übung zu zeigen, und dann musste ich auch schon wieder runter, weil das nächste Kind an der Reihe war.

Reitlehrer Bruns sah, wie ich mich abquälte, und sagte zu mir: »Tamme, du machst das nicht richtig, so geht das! Wenn du es so machst, ist es ganz einfach.« Er zeigte mir, wie ich die jeweiligen Übungen ohne Kraftanstrengung angehen sollte. Dabei kam es darauf an, die Bewegungen des Pferdes nachzuempfinden, den Schwung des Galopp zu nutzen, um sich in eine andere Position zu bringen, ohne das Gleichgewicht zu verlieren. Wie war ich stolz, als ich es auf Anhieb schaffte! Was die richtige Technik doch ausmachte! Das Voltigieren ist eine hervorragende Methode, um den Gleichgewichtssinn zu trainieren. Auch für das Reiten ist es eine gute Vorbereitung.

Wenn ich mich an meine Kindheit zurückerinnere, dann denke ich vor allem an die vielen Erlebnisse mit Tieren. Dass ich heute von einer relativ unbeschwerten Kindheit reden kann, liegt vor allem daran, dass ich meiner Leidenschaft, mich mit Pferden und anderen Tieren zu beschäftigen, nach Herzenslust frönen konnte.

Die dunklen Seiten, die es auch gab, verblassen immer mehr – die leidige Schule, durch die ich mich so durchmogelte, später die harte Arbeit auf dem Hof und die nicht ganz ungetrübte Beziehung zu meiner Mutter. Aufgrund der schwierigen Geburt, die sie beinahe das Leben gekostet hätte, schob sie wohl – ob bewusst oder unbewusst – ihrem Sohn die Schuld für ihre labile Gesundheit in die Schuhe.

Als schmerzhaften Einschnitt empfinde ich noch heute den Tod meiner Oma, die mich stets liebevoll behandelte. Ein weiterer Verlust war damit verbunden: Kurz darauf verkauften meine Eltern auf Betreiben meiner Mutter meine Norweger Stute, etwas, das ich ihnen nicht verzeihen konnte. Immer hieß es: Du bekommst ein großes Pferd. Aber das kam so schnell nicht.

Ich war neun Jahre alt, als meine Mena auf dem Viehhof in Leer in einen Waggon geladen wurde, alles ging ganz schnell, und weg war sie. Eine Familie aus dem schwäbischen Maselheim hatte sie gekauft. Noch heute erinnere ich mich an jede Einzelheit. Ohne mein Pferd fühlte ich mich schrecklich allein, und auf der Heimfahrt mit dem leeren Hänger weinte ich bitterlich. In meinem Kummer sah ich, wie an einer Autobahnbrücke ein Schild mit der Jahreszahl 1969 befestigt wurde. Diese Zahl wird mich mein Lebtag an Mena erinnern. Und noch heute, wenn ich diese Tour fahre, kommt dieses Gefühl der Trauer in mir hoch, als wäre all das erst gestern gewesen.

Danach verbrachte ich die Schulferien bei Opa, dort waren ja immer Pferde am Hof. Opa züchtete Ostfriesen, ein schweres Warmblut mit viel Bewegung, das sich gut als Kutschpferd eignet. Einige Jahre später starb dann auch Opa, und die Pferde wurden abgeschafft.

Als ich etwa 14 Jahre alt war, ersteigerte sich mein Onkel Hayo auf einer Pferdeauktion in Bagband ein zweijähriges Pferd – sein absolutes Traumpferd. Allerdings stellte er bald schon fest, dass es äußerst temperamentvoll, für seinen Geschmack zu wild war.

Dann, an einem Sonntag, rief mein Onkel bei uns an: »Wenn ihr das Fohlen wollt, dann holt es gleich ab.« Ich hatte nur noch einen Gedanken: ein Fohlen! Im Nu hatte ich meinen Vater geweckt, der gerade ein Nickerchen hielt, und gab keine Ruhe mehr, bis er aufstand. Schließlich hätte mein Onkel seine Meinung ja noch ändern können!

Während mein Vater einen Pferdeanhänger besorgte, hielt mich nichts mehr zu Hause, ich bin rauf aufs Rad, und ab ging die Post. Mit dem Rad war ich eher in Hasselter-Vorwerk als mein Vater mit dem Auto. Nun war es so weit: Das Fohlen wurde verladen und stand wenig später in einer Box bei uns auf dem Hof. Erst jetzt konnte ich es glauben: Wir hatten wieder ein Pferd – Simona –, eine kleine braune Stute. Die Ahnherrin des Stammes, mit dem wir noch heute am Hof züchten. Simona erwies sich als absoluter Glücksgriff.

Als die Stute dreijährig war, begann ich mit dem Reittraining. In unserem Dorf gab es einen Reitplatz, und einmal die Woche gab dort Jürgen Bruns, der auch schon die Voltigiergruppe geleitet hatte, Reitunterricht. Dieses Training war für mich der Höhepunkt der Woche. Bruns, Träger des Goldenen Reit- und Fahrabzeichens, war nicht gerade zimperlich; kaum ein Reitlehrer hielt damals etwas von sanfter

Pädagogik, aber er konnte was. So erlernte ich trotz meiner Körpergröße – ich war bei weitem der Größte meines Jahrgangs – das Reiten. Allerdings war ich damals, im Gegensatz zu heute, noch gertenschlank. Und ich machte mich sehr gut auf dem Sattel. Inzwischen musste ich tüchtig auf dem Hof mit anpacken, und dennoch ritt ich, sooft es ging, zur Reithalle, um auch alleine zu trainieren.

Auch wenn ich heute weitestgehend auf das Reiten verzichte – bei meinem Gewicht möchte ich das keinem Pferd antun! –, diese Reitstunden damals waren eine Bereicherung für mich im Umgang mit Pferden. So kann ich auch besser beurteilen, ob bei einem Pferd ein Gesundheitsproblem vielleicht mit dem Reiter zu tun hat … Denn manchmal steige ich kurz in den Sattel, um nachzuvollziehen, was mir der Reiter erzählt. Es ist oft so, dass mir jemand sein Leid klagt: »Mein Pferd geht nicht mehr am Zügel …, es ist überhaupt nicht mehr durchlässig …« Dann will ich doch sehen, woran das liegt. Und auch heute noch, obwohl ich seit Ewigkeiten nicht mehr aktiv reite, gelingt es mir, jedes Pferd an den Zügel zu bekommen. Meine Reitpraxis wiederum erleichtert es mir, die vielfältigen Ursachen für eine Bewegungsstörung bei einem Pferd zu finden.

Häufig komme ich zu Pferden mit Rückenproblemen, die ganz einfach durch das allzu große Missverhältnis zwischen Pferd und Reiter entstehen: Manches Pferd ist zu klein für seinen Reiter, oder der Reiter ist zu schwer für sein Tier. Oft werden Pferde auch falsch trainiert, dann bildet sich die Rückenmuskulatur nicht richtig aus und der Rücken hängt durch. Oder die Probleme rühren von den Zähnen her. Bei Zahnhaken hat man keine passende Anlehnung zum Pferdemaul, das wiederum wirkt sich auf die Bewegung aus. Es gibt Ursachen über Ursachen, deshalb ist es so wichtig, alle möglichen Faktoren zu kennen und bei der Behandlung mit einzubeziehen.

Als kleiner Schuljunge besuchte ich gerne Opa de Buhr, den letzten Schmied in unserem Dorf. Diesen Beruf möchte ich später auch erlernen, dachte ich mir. Dann kam eine weitere Passion hinzu: die Liebe zu Blumen. Und wenn ich heute mehr Zeit hätte, würde ich mir einen großen Garten anlegen mit vielen heimischen Blumensorten, Bäumen und Büschen. Als meine Schulzeit sich dem Ende näherte, stand für mich fest: Wenn nicht Schmied, dann will ich Gärtner werden. Nur sahen das meine Eltern anders. Schließlich hießen alle Hoferben Tamme Hanken, und seit Generationen waren sie Bauern, und das sollte auch so bleiben. Also fügte ich mich in mein Schicksal und begann eine landwirtschaftliche Lehre.

An meine Lehrzeit auf dem Hof bei Familie Schröder in Torsholt im nahe gelegenen Ammerland erinnere ich mich gerne. Trotz der vielen Arbeit gab es viel zu lachen, und ich verstand mich mit meinen Lehrherren prächtig. Hermann Schröder war von der studierten Zunft, ebenso wie seine Frau, und sie hatten einen vorbildlichen Hof, einen großen Betrieb mit Kühen, Schweinen, Puten und einer Bullenmast. Und obwohl ich mich eigentlich gegen diesen Beruf gesträubt hatte, verdanke ich meiner Ausbildung allerlei praktische Kenntnisse, die mir auch heute noch bei der Behandlung von Pferden nützlich sind.

Diese Leute mussten eine Menge Geduld aufbringen mit uns Lehrlingen, denn sooft es sich ergab, wurde ein Streich ausgeheckt. Reichlich Gelegenheit dazu bot sich, als die Hofbesitzer Urlaub auf der Insel Mainau machten und drei Lehrjungs und zwei Lehrmädchen eine Woche lang das Reich für sich hatten. Ein alter Opa aus der Nachbarschaft sollte uns in Schach halten, klar – dass er damit leicht überfordert war. Damals wie heute kann ich dem Leben immer eine komische Seite abgewinnen, und bei all dem Leid, das mir auf meinen Fahrten begegnet, ist das gut so, denn ohne Lachen wäre das Leben doch unerträglich!

In jener Woche also hatten wir Jugendliche einen großen Hof für uns allein. Als ein Lehrmädchen ziemlich lange auf der Toilette verweilte, fragte ich mich, wie man sie wohl wieder zurück auf die Erde holen könnte. Schon war er da, der Einfall. Wie sie sich nun vom Thron erhob, schlug ich ihr durchs offen stehende Fenster mit einer langen Brennnessel auf den Allerwertesten – das war ein Geschrei, und ich war begeistert! Nun hatte ich meinen Spaß gehabt, aber das Mädchen war sehr nachtragend, und sie und ihre weiblichen Mitlehrlinge sannen auf Rache.

Nichts ahnend gingen wir zum Mittagstisch, eine gute Suppe erwartete uns. Noch wussten wir nicht, dass die Suppe mit Rizinusöl verfeinert worden war. Aber das sollten wir schon bald herausfinden. O Mann, ab aufs Klo, zwei Tage hielten die Mädchen uns unter Dampf, dann fiel mir auf, dass so seltsame Kügelchen vom Klopapier fielen. Was war das für ein Pulver, und was machte es auf dem Klopapier? Ja! Jetzt wurde das Bild rund, Juckpulver! Durchfall ist eine Sache, die kann passieren, aber dieses Jucken, das war die Hölle.

Ein genialer Gedanke durchfuhr mich, wir sagten den Mädchen nicht, dass wir ihr Geheimnis gelüftet hatten, stattdessen tauschte ich die Klorolle mit der auf der Toilette unserer Lehrfamilie aus. So ließen wir auch sie teilhaben an unserem Spaß, auch wenn der Spaß nur von kurzer Dauer war, denn die Strafe folgte auf dem Fuß.

Vielleicht liegen diese kleinen Dummheiten in der Natur der Ostfriesen, doch jemandem wirklich Schaden zufügen, das will man nicht. Ein schöner alter ostfriesischer Brauch wird noch heute auf den Dörfern praktiziert. In der Nacht, wenn das Jahr zur Neige geht, vom 31. Dezember auf den 1. Januar, und zwar von Sonnenuntergang bis Sonnenaufgang darf man den anderen Dorfbewohnern Gegenstände entwenden und sie verstecken. Ein großes Tabu ist es jedoch, sich zu bereichern, es geht hier nur um den Spaß und darum, andere Menschen ein wenig zu ärgern. Die Bauern rechnen in dieser Nacht natürlich damit, dass etwas gemopst wird, darum hängen manche ihre Milchkannen an den Weidezaunapparat. Will sie jemand abhängen, dann bekommt er einen netten Stromschlag. Gerne tauscht man zum Beispiel Tore aus, am besten die Tore zweier Parteien, die ohnehin schon Stress miteinander haben. Gerade die, die sich am wenigsten leiden mögen, sehen sich dann im neuen Jahr als Erste wieder. Bei diesem Brauch ist ganz einfach der Ideenreichtum der Jugend gefragt.

Meine Lehrzeit flog nur so dahin, nach zwei Jahren war ich Landwirtschaftlicher Gehilfe, anschließend folgte noch ein Jahr Landwirtschaftsschule, die ich mit der besagten Unlust absolvierte. Danach arbeitete ich für etwa ein Jahr als Betriebshelfer und nebenbei auf dem Hof meiner Eltern mit. Harte Zeiten waren das: In aller Herrgottsfrüh aufstehen, erst zu Hause den Stall besorgen und dann weiter zu einem anderen Hof fahren, um dort die ganze Arbeit eines Bauern zu erledigen.

Betriebshelfer sind landwirtschaftliche Gehilfen, die die Bauern anfordern können, wenn auf ihrem Hof Not am Mann ist, wenn beispielsweise der Bauer durch Krankheit ausgefallen ist. Klar, wenn die Bauern krank waren, da musste man helfen. Aber mir kam es so vor, als würden Bauern nur dann krank, wenn der ganze Mist raussollte, der in der Wintersaison angefallen war. Ein Spiel, das mir nicht gefiel. Es wurde Zeit für mich, eine andere Aufgabe zu finden, die meinem Wesen mehr entgegenkam.

Außerdem suchte ich einen Weg, um mich von meinem Elternhaus abzunabeln. Lang aufgestaute Konflikte brodelten, das konnte auf Dauer nicht gut gehen.

Aber was nur konnte ich tun?

Während ich die letzten Seiten zu Papier gebracht habe, kam mir wieder mein kleiner Patient in den Sinn, das Stutfohlen in der Rehaklinik in Filsum. Es ist Ende September, und Püppi ist jetzt wenige Wochen dort. Erst gestern bin ich wieder nach Filsum gefahren, um nach ihr zu schauen.

Ich war gespannt, wie sich unser kleines Mädchen eingelebt hat. Mit vereinten Kräften – wie das auf einem kleinen Dorf in Ostfriesland noch so ist – sind wir gerade dabei, die Klinik weiter auszubauen. Eine Schmiede ist so gut wie fertig, aber es gibt noch allerhand zu tun. Nächstes Frühjahr will ich ganz nach Filsum ziehen, damit ich direkt bei der Klinik wohne. Im Moment lässt es die viele Arbeit nicht zu, dass ich mich auf dieses Vorhaben konzentriere. Also werde ich noch einige Zeit zwischen Brake in der Wesermarsch, wo ich mit meiner langjährigen Lebensgefährtin Anita wohne, und Filsum hin- und herpendeln müssen.

Inzwischen kümmert sich Opa Hanken (eigentlich mein Vater, den ich spaßeshalber wie meine Neffen Opa nenne) um die Pferde, wenn ich auf Behandlungstour bin. Ganz besonders hat er sich der Kleinen angenommen. Immer wieder muss ich ihn bremsen, wenn er ein Pferd aufpäppelt. Opa meint das manchmal zu gut, die Patienten werden dann zu fett. Denn jedes Mal, wenn er über die Diele geht und an den Boxen vorbeimuss, steckt er den Pferden etwas zu. Die wissen, dass es eine leckere Belohnung gibt, wenn Opa in der Nähe ist und sie ihn mit einem Wiehern begrüßen.

Gestern ging ich also zu Püppi in die Box, wollte sie nur mal in den Arm nehmen, als Opa auch schon zur Stelle war. Da freute sich die Kleine so, dass sie vor lauter Übermut anfing, Bocksprünge zu vollführen, ganz so, als wäre sie auf der Weide. Schnell brachte ich mich in Sicherheit. Was für ein tolles Gefühl, zu sehen, wie glücklich und zufrieden sie ist. »Opa, du bist der Beste, du kriegst alle wieder in die Gänge!«, lobte ich meinen Vater. Einen großen Teil meines Erfahrungsschatzes verdanke ich ihm. Immerhin ist er 70 Jahre alt und ein mit allen Wassern gewaschener Pferdemann.

Püppi hatte sich also eingelebt, und ich konnte mit der Behandlung beginnen. Zuerst einmal hat der Schmied dem Fohlen die Hufe ausgeschnitten, um den Stellungsfehler in der Hinterhand zu korrigieren. Seit dem Unfall hat Püppi ein Problem im Halsbereich. Weil sie schon länger darunter leidet, ist der Hals falsch bemuskelt. Zunächst musste ich also versuchen, die Wirbel im Hals durch Einrenken wieder in die ursprüngliche Stellung zu bringen. Wenn die Wirbel wieder richtig liegen, kann sie die Nervenimpulse gezielt einsetzen, und die Bewegungen werden wieder klarer. Wie Menschen haben auch Pferde Nervenpunkte, in denen sich der Entzündungsschmerz bündelt, man denke nur an den Ischiasnerv. Diese Punkte werden mit Traumeel® (Hersteller: Heel) angespritzt, um die Entzündung schneller abklingen zu lassen.

In den nächsten Tagen bekommt sie täglich 10 ml Vitamin B-Komplex, das unterstützt die Regeneration der Nerven. Ich habe ein paar Fotos gemacht und den Behandlungsstand schriftlich festgehalten. Wir alle sind sehr gespannt, wie sie sich weiterentwickelt. Wie lange wird es wohl dauern, bis die Behandlung anschlägt und der Gang sich festigt? Zeit spielt für mich keine Rolle, ich habe jede Menge davon und viel Geduld. Wichtig ist nur, dass das Fohlen genügend Lebensmut und Kraft hat, alles durchzustehen.

Nur der liebe Gott weiß, wie es weitergeht. An Glauben und an Hoffnung mangelt es mir nicht, und allein deshalb bin ich davon überzeugt: Püppi schafft das schon!

Irrungen und Wirrungen

Nun, ich ging auf die zwanzig zu und wollte nicht den Rest meines Lebens mit stumpfsinniger Arbeit verbringen. Der Wunsch, beruflich etwas mit Pferden anzufangen, schlummerte schon seit langem in mir. Aber was nur? Dann, es war auf dem Reiterball in Filsum, lernte ich einen Hufschmied kennen, ein glücklicher Zufall, wie sich ein halbes Jahr später herausstellen sollte. Wir hatten unsere Adressen ausgetauscht, und eines Sonntags fuhr ich zu ihm hin. Wir wurden Freunde – eine Freundschaft, die bis heute anhält. Johann Willms wird in Pferdekreisen als der genialste Hufschmied der letzten 20 Jahre gehandelt. Wir waren uns bald einig, dass ich ihn in seiner Arbeit unterstützen sollte. Ein guter Beschlag und die Pflege der Hufe sind enorm wichtig für die Gesundheit eines Pferdes. Deshalb war für mich die Lehrzeit – auch im Hinblick auf meine jetzige Tätigkeit – bei diesem Meister seiner Zunft eine große Bereicherung. Bei der Diagnose von Krankheiten stelle ich häufig fest, dass die Ursache in einem Hufproblem des Pferdes liegt.

Fast acht Jahre sollten wir zusammenarbeiten. Eine intensive Zeit – voller Begeisterung, aber auch schwerster körperlicher Arbeit, denn ein Hufschmied muss zupacken können. Bei alledem lebten wir aber auch gut und tranken viel, manchmal zu viel. Johann war in seiner Arbeit flink und geschickt, und es gab kaum ein Pferd, das ich nicht bändigen konnte. Somit waren wir als Team unschlagbar, denn damals waren die Pferde noch nicht so gut erzogen wie heute, die Pferdehalter verbrachten noch nicht so viel Zeit mit ihnen. Oft fuhren wir ins ostfriesische Rheiderland, eine Marschgegend entlang der holländischen Grenze, wo ein besonderer Menschenschlag zu Hause ist: rau aber herzlich. Hier heißt man Jonny Dreier, Eckhardt Groenewoldt, Harry Brummer oder Theo Lösing oder ganz ähnlich. Klingende Namen, die zu dieser Landschaft passen. Trotz der harten Arbeit, die uns erwartete, hatten wir auch jede Menge Spaß. Die Menschen dort sind sehr gesellig, und nicht selten packte ich am Feierabend mein Akkordeon aus und spielte.

Zahlreiche amüsante Anekdoten stammen aus jener Zeit. Eines Morgens in aller Herrgottsfrühe fuhren Johann Willms und ich wieder einmal ins Rheiderland. Der erste Kunde war Eise Busemann, dessen Pferde nicht gerade zu den bravsten zählten. An diesem Morgen plagten wir uns mit einem Abkömmling seines berühmten Hengstes Volturno ab, der Busemann und Otto Ammermann gehörte – in den Siebzigern ein erfolgreicher Vielseitigkeitsreiter. Mit Volturno war er mehrmals deutscher Military-Meister geworden und hatte sogar olympische Erfolge errungen.

Die berühmte Abstammung änderte leider nichts am Benehmen dieses Pferdes. Ganz milde gesagt, war es ein sturer Bock, denn er weigerte sich beharrlich, die Beine anzuheben, damit wir die Hufe ausschneiden konnten. Aber schließlich packte ich seinen Fuß, und was ich einmal in den Händen hatte, das wurde festgehalten, was da auch immer kommen mochte. Schnell wie Johann war, sauste er mit der Hauklinge um die Hufe, dann wurde geraspelt.

Egal, wie die Pferde drauf waren, stets gelang es uns, ihre Hufe zu bearbeiten, und genau das wollten die Bauern sehen. Für viele war unser Einsatz so etwas wie eine Zirkusvorstellung. Manchmal war es sogar so, dass sich Bauern und Züchter morgens trafen und mit uns von einem zum anderen fuhren, um unsere Auftritte mitzuerleben. Und wie sollte es auch anders sein, hie und da gab es Bier und auch ein paar Schnäpse.

Einmal waren wir bei einem Möbelhändler in Jemgum zum Hufausschneiden bestellt. Als wir mit seinen Pferden fertig waren, kam der Nachbar mit einem Kutschpferd und wollte es beschlagen lassen. Opa Brunn war einer der wenigen, die damals, Ende der Siebziger, mit dem Pferd noch kleinere Fuhrarbeiten übernahmen. Er besserte so seine Rente auf. Nun gut, sein Pferd musste rundum beschlagen werden. Und weil der Gaul nicht stehen wollte und sich schon einige an ihm versucht hatten, kam er zu uns.

Kaum hatten wir den ersten Vorderhuf beschlagen, sagte ich zu Brunn: »So, Opa, mehr schaffen wir heute nicht, ist uns gar zu trocken hier.«

»O nein«, beeilte er sich zu sagen, »ich habe hier eine Flasche Korn, trinkt erst mal einen.« Nun schenkte er ein! Zuerst tat er einen kräftigen Schluck – »die Haut muss runter« –, dann war der Möbelhändler an der Reihe, dann Opa Brunn, dann Willms, wieder Opa Brunn, dann ich. »Ha! Auf einem Bein kann man nicht stehen«, meinte er und schenkte nach demselben Muster wieder ein.

Gut, wir beschlugen den nächsten Huf, und wieder sagte ich: »He, Opa Brunn, verdammt trocken hier.« Opa ließ sich das nicht zweimal sagen und kaufte sofort noch eine Flasche. Die ganze Prozedur wiederholte sich, bis das Pferd beschlagen war. Am Ende hatte Opa einen Schnaps zu viel getrunken, also spannten wir sein Pferd an, setzten ihn auf den Wagen, gaben dem Pferd einen Klaps, und ab ging es nach Hause! Während wir noch beim Stall beisammenstanden, hörten wir Schreie: Jedes Mal, wenn er betrunken nach Hause kam, setzte seine Frau ihm zu, und das ganze Dorf konnte es hören.

Ein andermal wurden wir zu einem Reitlehrer von adligem Geblüt gerufen. Wie wir in seinem Reitstall ein Pferd beschlugen, kam er zu uns und stellte sich vor: »Gestatten, Baron von Laudern«, der Schmied darauf: »Willms«, dann der Reitlehrer zu mir gewandt: »Gestatten, von Laudern«, worauf ich entgegne: »Von Filsum, angenehm!« Das war nach seiner Mütze, und prompt gab er einen aus. Als wir uns Wochen später wieder trafen, sagte er vorwurfsvoll zu mir: »Du bist ja gar nicht von Adel.«

»Hab ich auch nie behauptet«, erwiderte ich.

»Doch«, sagte er, »du hast zu mir gesagt, ›von Filsum‹.«

»Ja genau, da komme ich her, aus Filsum! Kommst du denn nicht aus Laudern?« Alle schütteten sich aus vor Lachen. Von da an war der Umgang mit dem blaublütigen Herrn vollkommen entspannt.

Eine andere kuriose Geschichte haben wir in Wüsting erlebt, einem kleinen Ort im Oldenburger Land. Mitten im Stall sah ich einen alten, wunderschönen Waschtisch stehen, die Vorderfront reichlich verziert, mit einem kunstvoll geschliffenen Spiegel darauf. »Der steht bei mir besser!«, raunte ich Johann zu. Die Bäuerin fragte ich, was denn das Möbelstück für einen Zweck erfülle, das stünde doch nur im Weg, oder?

»Nee«, erwiderte sie, »da haben wir die Medizin für die Kühe drin.«

»Das ist aber kein guter Aufbewahrungsort, ich bringe dir einen schönen Kühlschrank mit, und dann tauschen wir!«

Wir wurden uns einig, und als wir schon auf dem Weg zum Auto waren, lief plötzlich die Frau hinter mir her und fragte: »Was willst du denn mit dem alten Ding?«

»Och, wir heizen noch mit einem Ofen, und das Holz von dem Waschtisch ist gut trocken, damit zündet das Feuer besser!«

Ein paar Tage später komme ich, mir in Gedanken die Hände reibend, mit meinem Kühlschrank an, lade ab und frage die Frau: »Wo habt ihr denn meinen Schrank gelassen?«

Da deutet die Bäuerin auf sieben blaue Müllsäcke: »Ich habe meinen Mann gebeten, ihn gleich ofengerecht zu machen, weil du solch ein netter junger Mann bist.«

Da stand nun also mein Waschtisch, antike hundert Jahre alt, in sieben Beutel verpackt. Das war nicht mein Tag …

Ein andermal war Großkampftag angesagt: Wir sollten bei einem großen Pferdehändler und Hengsthalter namens Focken im friesischen Immerwarfen 15 Hengstfohlen ausschneiden. Mein Gott, das waren Wildpferde, nie waren sie in der Hand gewesen, Menschen waren sie nicht gewöhnt und ließen daher auch keinen an sich heran. Was für ein Unterschied ist es, wenn Fohlen von früh an Streicheleinheiten bekommen, wenn sie sozusagen Familienanschluss haben. Wenn man hin und wieder mit ihnen spielt, ihre weichen Nüstern fühlt, sie auf der Weide ruft, und schon kommen sie neugierig an und werden mit einem Leckerli belohnt. Dann ist das Führen und die spätere Gewöhnung an Zaumzeug und Sattel nur noch ein Kinderspiel. Das hat mit Vertrauen zu tun. Nun, diese Hengste hatten weiß Gott kein Vertrauen zu Menschen, und daher stellte uns der Züchter eine Person zur Seite, die helfen sollte, die Pferde zu halten.

Als Erstes war ein Lehrmädchen an der Reihe. Es kam, wie es kommen musste: Schon gleich beim ersten Hengst, den wir einfangen wollten, bekam sie einen Hufschlag ab, genau auf die Brust. Da lag sie nun, mitten im Laufstall – über sie hinweg tobten die Hengste. Vorsichtig näherte ich mich dem Mädchen, nahm sie bei den Beinen und zog sie aus dem Stall heraus. Der Krankenwagen wurde gerufen und holte sie ab. Die Verletzung war nicht tragisch, wie sich herausstellte, aber sicherlich schmerzhaft für das arme Mädchen.

Als Nächstes schickte der Züchter einen Jungen aus dem Kuhstall zu uns. Als ich den schmächtigen Burschen sah, sagte ich zu Johann: »Das Einfangen mache ich lieber selber, sonst gibt es noch Tote!«

Schnell hatte ich den ersten Junghengst aufgehalftert und aus dem Stall geführt. Nun gab ich dem jungen Mann den Strick in die Hand – »So, rauf auf die Diele, damit wir anfangen können!« Offensichtlich hatte er zum ersten Mal ein Pferd an der Hand, denn er ließ den Strick viel zu lange, so dass das Pferd schnurstracks an ihm vorbeilief und nach ihm ausschlug. Volltreffer, es erwischte ihn an einer besonders empfindlichen Stelle, und ohne einen weiteren Mucks klappte der Junge zusammen. Wieder wurde ein Krankenwagen gerufen, und bis er kam, schauten wir schon einmal nach, ob ernsthafter Schaden in seiner Hose angerichtet worden war. Die betroffenen Partien liefen blau an, wir besorgten Eis zum Kühlen, und ab ging es mit ihm ins Krankenhaus. Der Junge, so erfuhren wir später, kam mit dem Schrecken und einem Bluterguss, der bald wieder abklang, davon.

Abermals rief ich Focken, den Züchter, im Wohnhaus an, der fluchte und sagte: »Jetzt komme ich selber!«

Während der Chef persönlich den Hengst hielt, sagte ich zu ihm: »Das ist ein Teufel, halte die Nasenbremse gut fest!« Kaum passte er eine Sekunde nicht auf, schlug das Pferd wie aus heiterem Himmel mit dem Vorderbein aus. Es traf Fockens Hand, der Handrücken schwoll an, die Finger wurden zusehends kürzer, ihm lief der Schweiß übers Gesicht.

»Schluss«, presste er hervor, »Schluss, ich kann nicht mehr.« Wir hatten nun Feierabend – Focken aber drastischen Personalmangel.

So viele Gefahren dieser Job auch mit sich brachte, wir hatten eine gute Zeit. Oft wurden wir zu einem Polterabend eingeladen, um kräftig mit den Hufeisen zu poltern, das sollte dem Paar besonders viel Glück bringen. Einmal allerdings, bei der Hochzeit von einem Schlachter aus Hude, einer viel versprechenden Feier, scheinen wir nicht mit genügend Hufeisen gepoltert zu haben, denn lange hielt die Treue nicht, das Paar trennte sich bald wieder.

Unsere Mahlzeiten nahmen wir meist auf die Schnelle zwischendurch ein, etwa an einer Imbissbude. Aber wenn wir den Schalk im Nacken hatten, konnte es auch sein, dass wir in ein feines Restaurant einkehrten. Beispielsweise in den *Friesengeist* in Wiesmoor. Das Restaurant war gut besucht, aber bei dem Geruch, der uns umgab, einem Gemisch aus verbranntem Horn und Mist, angereichert mit Pferdegeruch und Schweiß, hielten es die vornehmen Gäste nicht lange aus und beeilten sich, ihre Rechnung zu begleichen. Während wir genüsslich speisten, leerte sich das Restaurant zusehends, und bald waren wir die einzigen Gäste.

1982 wollten Johann und ich die Sache richtig professionell angehen und eröffneten eine Schmiede in Jade, in der Nachbarschaft einer renommierten Pferdeklinik, die von Dr. Willi Büsing geleitet wurde, einem hervorragenden Veterinär und Pferdezüchter. Inzwischen pensioniert, war dieser Tierarzt etwas Besonderes – nicht nur wegen seiner hübschen jungen Frau: Er war ein Veterinär, der sich jedem einzelnen Fall in aller Ausführlichkeit widmete, so wie es in der heutigen hektischen Zeit den jungen Tierärzten meist nicht mehr möglich ist. Sogar als Reiter hatte er sich einen Namen gemacht: 1952 gehörte er der deutschen Militarymannschaft bei der Olympiade an, später war er Olympiamannschaftstierarzt.

Auch von ihm konnte ich mir so manchen Trick abschauen. Drahtverletzungen bei Pferden nannte er den »ostfriesischen Weidebrand«, und ich lernte bei ihm die entsprechende Wundnachbehandlung. Dr. Büsing ist auch ein erfolgreicher Pferdezüchter, der alle Register zu ziehen weiß, Staatsprämienstuten und gekörte Hengste krönen seine Züchterlaufbahn. Der Körungssieger 2000 in Oldenburg, Don Davidoff, stammt aus seinem Stall.

Bald mussten wir leider feststellen, dass die Zeit damals noch nicht reif war für eine Schmiede in Jade, die von den Kunden angefahren werden sollte. Die Leute erwarteten noch, dass der Schmied zu ihnen kam. Heutzutage – gute Schmiede sind eine Rarität geworden – sähe das sicherlich anders aus.

Und dann wirbelte noch ein anderer Umstand mein Leben durcheinander: Ausgerechnet in dieser schwierigen Zeit befiel mich ein Gefühl, das ich bisher noch nicht kennen gelernt hatte: Liebeskummer. Ja, auch Ostfriesen haben darunter zu leiden, mit allem Drum und Dran, den berühmten Schmetterlingen im Bauch und dem angenehmen Nebeneffekt, dass die Kilos nur so purzelten. Meiner Figur tat das sehr gut. Das Bücken fiel mir nun nicht mehr schwer, der Bauch war fast weg.

Nachdem wir unsere Schmiede aufgegeben hatten, nahmen wir unsere Touren wieder auf. Tagein, tagaus fuhren

Johann und ich wieder durch die Lande, um Pferde zu bearbeiten. In der Krummhörn, einer Marschgegend entlang des Dollart, nordöstlich von Ems, fuhren wir zu einem Pferdehalter namens Ehlebracht, und es stellte sich heraus, dass er ein ehemaliger Insterburg & Co. war. Die so genannten »Blödelbarden«, vier recht schräge Typen, zu denen auch Karl Dall gehörte, waren in den Siebzigern als Liedermacher und Komödianten im Fernsehen zu sehen.

Erst vor kurzem hatte Ehlebracht ein altes Bauernhaus abreißen und nach den ursprünglichen Plänen wiederaufbauen lassen. Außerdem liebte er Kaltblüter und träumte davon, mit einem Rennkamel durch Ostfriesland zu reiten, denn er hatte keinen Führerschein.

Noch heute sehe ich den bedeutsamen Blick des Postboten, den wir nach dem Weg zu Peter Ehlebracht fragten. Kurz angebunden erwiderte er: »Der ist verrückt!«

»Wieso?«

»Tja«, sagte er, »der hat wohl noch kein Bad, deshalb hat er vor dem Haus einen Behälter mit Wasser an einen Baum gehängt, und da duscht der, am helllichten Tag, splitterfasernackt!«

Besonders nett war es immer oben im friesischen Halinger Land, wo wir die Oldenburger Pferde von Kurt Stadel in Beschlag hatten. Der Schauspieler und Stimmenimitator war trotz seiner großen Erfolge im Fernsehen ein Mensch wie du und ich geblieben. Ja, so sind sie, die Künstler von der Küste!

Nach all den Jahren unserer gemeinsamen Arbeit waren Johann und ich uns einig, dass Schmiede auch Künstler sind, zumindest Lebenskünstler. Und so benahmen wir uns auch, Termine wurden eingehalten oder nicht, man beschlug ein Pferd oder auch nicht.

Doch nicht nur Künstler sind ein wenig verrückt, auch unter den Pferdehaltern gibt es welche mit einer Macke. Einmal sollten wir das Pferd eines Professors aus Oldenburg, eines Jagdreiters, beschlagen.

»Ich bin Master«, sagte er. »Mein Pferd braucht die besten Eisen!«

Der Mann war sehr groß, das Pferd gar nicht nett zu uns, so dass wir das Tier mit der Nasenbremse ein wenig zur Ordnung rufen mussten. Willms beschlug es mit Hohlkehleisen, speziellen Eisen mit verdickten Schenkeln. Dabei stand der Professor aufmerksam daneben, um auch sicherzugehen, dass alles nach seinem Willen geschah.

In dem Moment springt das Pferd um und dem Professor auf den Fuß. Willms schaut mich an, seine Gedanken lesend, ziehe ich die Nasenbremse ein wenig an. Es kam, wie es kommen musste, das Pferd verlagerte sein Gewicht auf den Fuß des Masters. Hart im Nehmen, der Mann, dachte ich bei mir, hatte er doch nicht einen Ton von sich gegeben. Mit vernehmlichen Atembemühungen quälte er sich nun aus seinem Reitstiefel, in den er danach vermutlich so schnell nicht mehr reingepasst haben wird.

Der Clou der Geschichte liegt nicht in unserer Schadenfreude, nein, das Malheur des Reitermanns hatte auch etwas Gutes – nämlich für sein junges Pferd: Es würde nun eine Weile Schonung erfahren vor den strapaziösen Jagden. Zu viel Leistung war ihm abverlangt worden, nur weil manche Leute es als schick erachten, als Master mit einer Hundemeute vorauszureiten. Das Tier war erst vier Jahre alt, also in einem Alter, wo ein Pferd nur leicht trainiert werden sollte, da das Wachstum noch nicht abgeschlossen ist. Auch ist es psychisch noch nicht in der Lage, extreme Belastungen unbeschadet zu bewältigen.

Reiten war zu Beginn der achtziger Jahre groß in Mode, fast jeder Zweite hatte irgendwo ein Pferd, oftmals an einem Ort, der dafür nicht geeignet war. Überwiegend waren und sind es bekanntermaßen die Frauen, die dieses Hobby pflegen. Zu jener Zeit war es auch, dass ich begann, mir meine ganz eigene Philosophie über die Geschlechter zurechtzulegen. Auf die Gefahr hin, mir den Ruf eines hoffnungslosen Machos einzuhandeln, will ich sie dennoch zum Besten geben: Während die Damen zu Hause gerne energisch durchgreifen, zeigen sie sich gegenüber ihren Pferden umso nachgiebiger. Der Mann muss eine Schicht nach der anderen abarbeiten, denn sein Häschen braucht ständig irgendwelche Kleinigkeiten für ihr geliebtes Pferd.

Kurz und gut, es entstand eine neue Spezies, das WP, das ist die Abkürzung für Weiber-Pferd. Pferde dieser neuen Art unterschieden sich von herkömmlichen dadurch, dass sie nie machten, was der Schmied wollte, sondern mit Nachdruck das, was sie wollten.

Zu solch einem WP wurden wir eines Tages gerufen, in Hollen, einem kleinen Ort hinter Oldenburg. Wir hatten noch nicht einmal mit der Arbeit begonnen, da sagte seine Besitzerin zu mir: »Junger Mann, beim Anheben der Hinterbeine müssen Sie sich weit unters Pferd stellen.«

»Und wozu soll das gut sein?«, fragte ich.

»Na, dann kann sich mein Pferd auf Ihnen abstützen.«

»So«, sagte ich, »das scheint mir Frauenarbeit zu sein, bitte zeigen Sie mir doch, wie das geht.«

Tatsächlich, kaum stellte die Frau sich mit dem angehobenen Bein gebückt unter ihr Pferd, da setzte es sich hin und machte es sich bequem. Bei diesem Beschlag haben wir uns dann auch reichlich Zeit gelassen!

Wir stellten also voller Entsetzen fest, dass für uns harte Zeiten angebrochen waren. Zart besaitet wie Johann und ich nun einmal sind, sehnten wir uns nach den alten Zeiten zurück, als die Pferde noch wild waren und nicht verhaltensgestört. Auch beobachtete ich, dass sich nicht nur die Pferde geändert hatten, nein auch die häuslichen Aufgaben wurden von unseren Amazonen seit neuestem links liegen gelassen ...

Kurz nach dieser Erfahrung mit dem oben beschriebenen WP führte ich ein Selbstgespräch, an das ich mich noch sehr genau erinnere: »Tamme, nimm dir niemals eine Frau, die mit Pferden zu tun hat, denn dann hast du kein gemütliches Zuhause, niemand, der dir leckeres Essen kocht und dich umsorgt. Nein, stattdessen hast du laufend Sonderausgaben und Pflichten! Dann heißt es: ›Sonntag ist Turnier, und zwar um sieben Uhr, und du fährst uns.‹« Und so ist es auch gekommen: Anita, meine Lebensgefährtin der letzten zwanzig Jahre, ist keine Reiterin. Sie mag Pferde, aber mehr auch nicht.

Auch heute noch trifft meine Theorie vom WP und der dazugehörigen Frau bis auf wenige Ausnahmen zu. Schon ein weiser ostfriesischer Philosoph sagte einst: Es gibt zwei Sorten von Männern: die ledigen und die erledigten.

Ungefähr sieben Jahre gingen Johann und ich einen gemeinsamen Weg, dann trennten wir uns. Einiges hatte sich inzwischen getan, sowohl für ihn als auch für mich spielten persönliche Dinge bei der Entscheidung mit, und die Zeit war reif für eine Veränderung. Jeder ging nun seiner Wege. Mich verschlug es in die Wesermarsch, wo ich ein Jahr zuvor Anita kennen gelernt hatte. In der Bibel steht schon, die Wege des Herrn ..., und da ist bestimmt was dran. Meine Gefühle waren vollkommen durcheinander, und plötzlich gab es nichts Wichtigeres mehr in meinem Leben. Jene Zeit war allerdings überschattet durch den zeitweiligen Bruch mit meinen Eltern. Schon immer hatte es Spannungen gegeben, deren Ursachen weit zurück reichten, und nun beschloss ich, meinem Elternhaus ganz den Rücken zuzukehren, dem Hof und allem, was mir bis dahin wichtig erschienen war. Zu viele Dinge aus Kindheit und Jugend hatten sich da aufgestaut, und ich musste Distanz schaffen.

Einige Jahre lang herrschte Schweigen auf beiden Seiten. Dass meine Eltern eines Tages ihre Landwirtschaft aufgeben mussten, weil der Betrieb nicht mehr genug abwarf, hörte ich von Bekannten, und das war äußerst schmerzhaft. 1990, am 60. Geburtstag meines Vaters, besann ich mich eines Besseren. An diesem 10. Januar kaufte ich ein Geschenk und fuhr nach Filsum, wo ich mitten in die Feier hineinplatzte. Von da an war das Eis wieder gebrochen, und plötzlich war es normal, dass auch Anita mit zu Besuch kam, zusammen mit ihren beiden Kindern Meike und Sven waren wir ja nun eine richtige Familie.

Seit dem Tod meiner Mutter, 1999, lebt mein Vater allein in dem großen Bauernhaus und züchtet nach wie vor Pferde. Inzwischen haben wir die Rehaklinik im hinteren Teil ausgebaut, doch da ich zurzeit noch zwischen meinem jetzigen Wohnort Brake in der Wesermarsch und Filsum pendle, hilft mir Opa dabei, die Klinik-Pferde zu versorgen. Opa fühlte sich anfangs ganz schön einsam; es ist nicht leicht für einen Mann seiner Generation, wenn die Frau früher stirbt. Zwar kümmern sich meine Schwester Hanne und ihre beiden Söhne Jan und Eike um ihn, aber anfangs überließ er sich ganz seiner Trauer und besuchte tagein, tagaus das Grab meiner Mutter.

Zu Weihnachten im darauf folgenden Jahr ließ ich mir etwas einfallen, ein Hund musste her, der ihm Gesellschaft leistete. Immer schon war ein Hund auf dem Hof gewesen, doch der Letzte war nun alt und blind, er konnte kaum mehr gehen und bekam sein Gnadenbrot. Opa brauchte einen Jungen, der ihn auf Trab halten würde.

Regelmäßig besuche ich auf meinen Behandlungstouren Joachim und Reni Tipke in Steddorf, zwischen Hamburg und Bremen gelegen, wo sie ein stattliches Stück Land in der Heide bewirtschaften. Früher hatten sie eine Hühnerfarm, doch vor einigen Jahren hat sich Joachim Tipke der Traberzucht zugewandt. Inzwischen ist er auch erfolgreicher Trainer, und zwar einer der vorbildlichsten seines Metiers. Die Pferde werden liebevoll umsorgt, bei Reni und Jochen fehlt es ihnen an nichts.

Irgendwann erzählte mir Reni Tipke, dass sie so gerne einen Jack Russel hätte, ob ich nicht einen Züchter wüsste. Kein Problem, ich brachte ihr ein paar Wochen später einen jungen Jack Russel mit. Leider wurde er nicht alt, daraufhin kaufte Reni sich eine Jack-Russel-Hündin. Diese sollte Gesellschaft bekommen, und wieder brachte ich einen Rüden mit, der die Hündin alsbald schwängerte.

Im Herbst 2000 rief mich Reni an, die Hündin hatte geworfen, und ich beschloss kurzerhand hinzufahren, um einen Kameraden für Opa auszusuchen. Reni riet mir zu einem gemütlichen Rüden, der würde doch am besten zu einem alten Mann passen, aber ich entschied mich für die frechste Hündin des Wurfs. Und die Schönste! Reni warnte mich noch, die sei aber ganz schön lebhaft, doch sie musste es sein und kein anderer. Wie sie denn heißen solle, fragte mich Reni Tipke.

»Reni natürlich, ist doch klar«, sagte ich schmunzelnd.

An Heiligabend war es so weit: Ich brachte Klein Reni herein und überreichte sie Opa. Der warf einen Blick auf den kleinen Jagdhund und sagte: »Das ist doch weder Hund noch Katze, wenn schon, dann muss es ein richtig

Großer sein.« Und sperrte Reni kurzerhand in eine Kammer.

Meine Enttäuschung war zunächst groß, doch dann sagte ich mir, dass es bestimmt nicht lange dauern würde, bis Reni Opa rumkriegte. Und siehe da, die Hündin weinte und jaulte und gab keine Ruhe, und irgendwann konnte Opa es nicht ertragen, ließ sie wieder heraus, und schon war es um ihn geschehen. Seitdem weicht Reni Opa kaum von der Seite. Außer um ihrem Freund, dem Rüden eines Nachbarn, ihren täglichen Besuch abzustatten. Wenn sie dann wieder ausgebüchst ist, ruft Opa sie mit seiner Hundepfeife zurück. Und wenn sie Lust dazu hat, gehorcht sie auch, aber nur dann …

Reni ist rotzfrech, aber man kann ihr einfach nicht böse sein. Natürlich musste sie – und muss noch immer – ein wenig erzogen werden; ansonsten beißt sie eines Tages noch den Postboten, immerhin ist sie ein Jagdhund. Deshalb schickte Reni Tipke Opa an Weihnachten auch noch eine »Gebruksanwiesung« auf Plattdeutsch, in der sie ihm wertvolle Tipps mit auf den Weg gab (»enmol mit Opa opn Sofa, immer mit Opa opn Sofa« – »Niemols nich dörf he Straf kriegen in sein Heiakorf, dat is sie sichere Burg«) auf dass aus ihrer Namensvetterin eine richtige Hundedame werde.

Während ich inzwischen also zu meinen Wurzeln zurückgekehrt bin, erlebte ich damals – nach der Schmiedezeit – eine Periode des Suchens. Nicht nur persönlich, sondern auch beruflich. Ich ging auf die dreißig zu und musste eine neue Arbeit finden.

Noch hatte ich meine Berufung nicht gefunden, und so hielt ich nach Möglichkeiten Ausschau, probierte dies und das; immer ging es auch darum, mir den Lebensunterhalt zu verdienen. Auf eine kurze Episode als Bofrost-Fahrer folgte das Experiment Hühnerfarm. Anita und ich betrieben sie für damalige Verhältnisse auf sehr fortschrittliche Weise, denn wir setzten auf Bodenhaltung.

In dieser Zeit wohnten wir noch in Strückhausen in der Wesermarsch, wo wir befreundet waren mit Meike und Dieter Frels. Eines Tages baute Dieter für seine Meike einen neuen Hühnerauslauf. »Nichts ist leckerer als Eier von frei laufenden Hühnern«, schwärmte sie. Wie wahr! Als die neuen Hühner einzogen, zeigte sie mir die Tiere voller Stolz. Ich jedoch hatte nichts Besseres im Sinn, als ihr einen Streich zu spielen.

Und gleich fiel mir etwas ein, ich sagte zu ihr: »Meike, ich glaube, die sind krank, die haben Pest oder noch was Schlimmeres.« Mit diesen Worten rief ich in ihr ein grausames Bild wach – welches in Kürze Wirklichkeit werden sollte. Ihr Blick war angstvoll, hatte ich doch in anderen Dingen mit ihren Tieren immer Recht behalten. Dann nahm ich Dieter zur Seite und weihte ihn in meinen Plan ein. Ich sagte zu ihm: »Hör mal, lass uns eure Hühner austauschen, ich bringe welche von der Farm mit.«

Gesagt, getan, ich brachte ein paar Hühner mit, die nicht mehr legten und in der Mauser waren. Ein paar hatten vom ewigen Picken dicke Beulen am Kopf. Am nächsten Morgen lud ich mich zum Frühstück ein und fragte gleich: »Gibt es keine Eier?«

»Moment, die hole ich ganz frisch, unsere Hühner legen ja so gut.« Dann nach kurzer Zeit, ein Schrei: »D I E T E R, meine Hühner, Pest, wie grausam, gestern war noch nichts zu sehen.«

Dann aber bemerkte sie an unserem Lachen, dass wir mal wieder etwas ausgeheckt hatten, zugegeben, einen ziemlich fiesen Streich, und durchschaute das Spiel. »Ihr Schweine, das kriegt ihr wieder.« Mein ewiger Hang zum Schabernack machte einfach vor nichts und niemandem Halt. Nun gut, Meikes Freude darüber, dass ihre Hühner gesund und munter waren, war nach dem ersten Schreck umso größer.

Von Anfang an wusste ich, dass die Hühnerfarm für mich nicht die berufliche Endstation sein würde. Nach ein paar Jahren sagte ich zu Anita: »Diese Arbeit, das kann doch nicht alles sein!« Abwechslung bot sich mir nur dann, wenn ich wieder einmal irgendwo ein lahmes Tier einrenken konnte. Langsam aber stetig nahm diese Nebentätigkeit zu. Zuerst war es reine Nachbarschaftshilfe, doch allmählich wurde der Kreis jener, die mich riefen, größer. Dass daraus eine Vollzeitbeschäftigung werden würde, ahnte ich noch nicht.

So bin ich nun mal, ein Mensch im Wandel der Zeit, auf der Suche nach Veränderung. Ein größerer Einschnitt im Leben geht doch immer mit einer Weiterentwicklung einher. So sehe ich die zahlreichen Einschnitte in meinem Leben, mochten sie zunächst auch wenig Erfolg versprechend scheinen, ausschließlich als Bereicherung. Und in Anbetracht der vielen Veränderungen muss ich mich wohl mächtig weiterentwickelt haben!

Was immer blieb und bleiben wird, ist meine Gelassenheit – für die Menschen in meiner Umgebung ist das nicht gerade einfach, denn so gut wie nie lasse ich mich aus der Ruhe bringen. Auch die Lust, nichts und niemanden allzu ernst zu nehmen, immer bereit zu sein für irgendeinen Blödsinn, war für mich zu allen Zeiten typisch. Wenn ich ein Edelkäse wäre, dann müsste man mich an die 90 Jahre liegen lassen, erst dann würde ich reif und schmackhaft sein ... Selbstkritisch denke ich hin und wieder über die Stationen in meinem Leben nach. Klar, nicht alles war in jeder Situation gut durchdacht, das wenigste war geplant. Und dennoch würde ich alles wieder so machen, denn es liegt in meiner Natur, vieles aus dem Bauch heraus zu entscheiden. Auf der anderen Seite habe ich mir während all der Jahre eine Art Instinkt bewahrt, der mir heute bei der Pferdebehandlung sehr zugute kommt.

Während meiner vielen Fahrten oder abends, wenn ich – selten genug – zur Ruhe komme, denke ich manchmal über das Leben nach. Was ist es, was seinen Kern ausmacht? Oft kommt es mir so vor, als ob die meisten Menschen am Leben vorbeilebten. Statt sich um ihr eigenes Leben zu kümmern und etwas daraus zu machen, schauen sie nach den anderen. Ihnen wäre es am liebsten, wenn ihre Mitmenschen gläsern und ihre Umgebung, alles um sie herum, geregelt und überschaubar wären. Ja mehr noch, am liebsten wüssten sie, was der Nachbar so verdient und wo er sein Geld lässt. Auch über mich wurde und wird gelästert, getuschelt: Wie kann er das nur? Woher nimmt er die Kohle? Für mich ist der Beruf, den ich inzwischen ausübe, mehr als ein Beruf; wenn man so will, eine Art Berufung. Ich liebe die Arbeit mit Tieren und Menschen gleichermaßen, ebenso wie die Natur. Ich lebe auf Hochtouren, wie mal jemand zu mir sagte. Ja, und da bleibt einfach keine Zeit für Langeweile oder um mich dafür zu interessieren, ob der Nachbar vielleicht glücklicher ist oder mehr verdient als ich.

Zu meinem Wesen gehört außerdem ein fester Glaube, auch wenn ich kein Kirchgänger bin. Überhaupt spielen Kirche und Glaube in Ostfriesland noch eine große Rolle. Für alles muss man bezahlen wie auf jedem Jahrmarkt, und wer aus der Kirche austritt, soll später nicht jammern, wenn es zu Ende geht und er keinen kirchlichen Beistand hat. In den letzten Tagen an Gott zu glauben, das ist leicht, aber am Glauben festhalten, wenn es im Leben mal nicht mehr so läuft, wie man es sich vorgestellt hat, das ist viel schwieriger.

Als meine Mutter ihrem Krebsleiden erlag, half ihr der Glaube über die letzten Stunden hinweg. Ist es nicht schön, wenn man darauf bauen kann, dass es irgendwo weitergeht? Zu meinem Glauben gehört auch, dass Gott uns das Leben schenkte, damit wir es leben – nicht aber, um nur zu arbeiten. Viele Menschen verstehen es heutzutage nicht mehr zu leben, umso mehr allerdings aufs Planen. Rührt daher nicht auch unser oftmals fragwürdiges Verhalten Mitmenschen gegenüber? Wenn Kinder laut sind, regen wir uns auf, unsere Alten sind uns lästig geworden. Längst vergessen ist die Zeit, als sie uns umsorgten, das alles zählt nichts, jetzt heißt es: ab ins Altersheim. Auch die Tiere haben nur einen Stellenwert, solange wir Spaß mit ihnen haben oder sie uns irgendwie nützlich sind. Sind sie krank oder werden uns lästig, trennen wir uns von ihnen. Ganz zu schweigen von der erbärmlichen Haltung der Nutztiere. Erst muss es zu BSE und Antibiotika-Skandalen kommen, damit die Menschen umdenken. Oder auch nicht – schon bald sind all die guten Vorsätze wieder in den Wind geschrieben. Und was wir mit unserer Umwelt machen, das setzt dem Ganzen die Krone auf – all das nur aus Profitgier und Bequemlichkeit.

Nachdenkliche Worte, passend zu der Umbruchsphase, in der ich mich damals befand. Die Hühnerfarm war also nur eine kurze Episode in meinem Leben. Bald wurde ich unzufrieden und sehnte mich nach einer anderen Tätigkeit, die mir mehr Erfüllung versprach.

Auf jeden Fall sollten ein paar Pferde her. Das musste sein. Die ersten zwei Warmblutstuten, die ich damals in der Wesermarsch anschaffte, hießen Raphaela und Perle, später kamen die Perserfürstin und Jeanie dazu. Inzwischen hatten wir einen alten Hof gepachtet. Eine Stute sollte gerade ihr erstes Fohlen auf die Welt bringen – das war sehr aufregend. Tragend war sie vom Hengst Angelino, einem Hannoveraner von der Deckstation Hergen Schweers aus Butjadingen, und ich war gespannt auf das Fohlen. Es wurde ein Hengstfohlen. Stute und Fohlen waren gesund und munter, also gab es einen Grund zum Feiern. In der Wesermarsch kennt man die »ostfriesische Bohnensuppe« nicht, die ich im Zusammenhang mit meiner Geburt bereits ausführlich beschrieben habe. Die Geburt dieses Hengstfohlens war natürlich ein würdiger Anlass, den Brauch, Geburten zu begießen, hochzuhalten. Und weil das Ereignis im Mai stattfand, bekam jeder zur »Bohnensuppe« auch noch einen Maibock kredenzt. Ein Gemisch, das es in sich hatte, und bald waren alle leicht angesäuselt.

Bei diesem Frühschoppen war auch ein Bauer und Pferdezüchter, Hermann Schild, mit seinen beiden kleinen Töchtern zugegen. Die hielten ihn ganz schön auf Trab. Zunächst kam die eine an: »Papa, ich muss Pipi machen.«

»Hermann«, sage ich, »das Klo ist da«, und zeigte auf den Flur.

»Nee«, sagt er, »ich gehe hinter die Kühe, da grauts den Kleinen, dann kommen die nicht gleich wieder«, nimmt seine Tochter und geht. Papa zieht den Schlüpfer runter und hält das Mädchen ab, da sagt die andere: »Ich muss auch!«

»Langsam«, sagt Hermann und setzt Nummer eins wieder ab, hilft Nummer zwei, und das geht ein paar Mal hin und her. Gerne wäre Hermann noch geblieben, doch das ganze Hin und Her wurde ihm schließlich zu viel, er nahm seine Töchter und ging nach Hause.

An diesem so ehrwürdigen Tag kam auch ein Mann mit seinem Hund zu mir. Inzwischen hatte es sich rumgesprochen, dass ich Pferde einrenke, und allmählich kamen immer mehr Leute, die selbst Rückenprobleme hatten, oder sie brachten mir eben einen Hund. »Der ist lahm«, sagte der Mann. Der Hund war ein Mops, und nach genauem Abtasten stellte ich fest, dass nicht nur seine linke Schulter eine Blockade hatte, sondern im Hals war ebenfalls ein Nerv eingeklemmt. Ein Griff, die Schulter lief wieder richtig, jetzt kam der Hals an die Reihe. Ich nahm den Kopf des Hundes in die rechte Hand und drückte ihn leicht seitwärts runter, und in dem Augenblick, als der Wirbel knackte, hustete mir der Mops all den Schleim, den die Restnase noch hergab, in die Hand.

Nie wieder wollte ich einen Mops behandeln, so viel stand fest! Seither zählen Hunde nicht gerade zu meinen bevorzugten Patienten.

Den Brauch mit der ostfriesischen Bohnensuppe kennt man in der Wesermarsch nicht, dafür gibt es bei der Geburt eines Fohlens einen ganz anderen: Man hängt die Nachgeburt in einen großen Baum, wenn möglich eine Eiche, die nahe der Pferdekoppel steht. Der Sinn ist folgender: Wenn das Fohlen zum ersten Mal auf die Weide kommt, hebt es den Kopf und guckt zur Baumkrone hoch, wo die Nachgeburt hängt. Und die Moral von der Geschicht: Ein Fohlen, das den Kopf hoch trägt und aufmerksam schaut, ist gesund und munter.

Als unser erstes Warmblutfohlen damals geboren wurde, folgte ich eben diesem Brauch. Voller Freude über das herrliche Fohlen nahm ich eine Leiter und suchte mir einen schönen großen Baum. Ich platzierte die Nachgeburt hoch oben in die Krone – gar nicht so einfach, denn so eine Nachgeburt wiegt um die fünf Kilo oder mehr, und das Ganze ist eine recht glitschige Angelegenheit.

Zufrieden und stolz kletterte ich hinunter, als Anita mir plötzlich zurief: »Pass auf, die Nachgeburt …« In dem Moment, als ich nach oben schaute, ergoss sich auch schon ein Schwall Blut und Schleim über mich …

Unserem Nachbarn hatten wir einmal zum Spaß die Nachgeburt in einen kleinen mickrigen Apfelbaum gehängt, und das Fohlen wollte tatsächlich nicht so recht wachsen. Das muss am Baum liegen, dachte der Nachbar, holte die Nachgeburt herunter und hängte sie in die Krone eines anderen größeren Baums. Ob es etwas geholfen hat, kann ich nicht sagen.

So ist es mit den Bräuchen in diesen Gegenden, sie sind eben nicht nur zum Spaß da, man muss sie auch ernst nehmen, damit sie ihren Zweck erfüllen!

Es war Ende 1988, als ich beschloss, die Hühnerfarm endgültig aufzugeben. Das war keine Arbeit für mich! Wieder also würde ich mich verändern. Und was konnte es noch anderes geben als die Arbeit mit Pferden? Nun stellte sich aber die Frage, wie sich mit Pferden Geld verdienen ließe: Zum Reiten war ich doch viel zu groß und inzwischen auch zu schwer, und Pferde in Pension zu nehmen, das war auch kein Job, um eine Familie zu ernähren. Mein Ruf als Hobbyeinrenker und Wunderdoktor war einfach noch nicht so weit vernehmlich, dass ich darauf hätte bauen können. Fast alle Möglichkeiten, mit Pferden Geld zu verdienen, war ich durchgegangen, aber es war noch nicht des Rätsels Lösung dabei. Dann, eines frühen Morgens, nahm ich mir wie gewohnt gleich nach dem Frühstück eine Zeitung und ging dorthin, wo seit ewigen Zeiten der Mensch am ungestörtesten ist – aufs Klo. Hier kann man lesen, seinen Gedanken nachgehen, ohne dass irgendeiner etwas von einem will. So kam auch mir an diesem heiligen Ort die zündende Idee. In der Zeitung wurde eine Behandlung gegen Neurodermitis und gegen Schuppenflechte beschrieben. Bei diesen Hautkrankheiten wird unter anderem Stutenmilch eingesetzt. Plötzlich spürte ich, da war etwas, das mein Interesse magisch anzog.

Der schwierige Teil stand mir noch bevor. Wie bringe ich das Anita bei? Bislang hatte sie keine Erfahrung im Umgang mit Pferden. Die Warmblüter waren ausschließlich mein Hobby. Aber als ich Anita und den Kindern nun von meinem Plan erzählte, eine Stutenmilchfarm zu eröffnen, waren alle Feuer und Flamme.

Unverzüglich wollten wir uns schlau machen und loslegen! Zuerst einmal besuchte ich einige Stutenmilchgestüte. Aber wem ich auch beim Melken über die Schulter schaute, jeder riet mir ab und machte ein großes Geheimnis um die Sache. Och, dachte ich, wenn die meinen, dass man einen Ostfriesen so schnell umstimmen kann, dann sind die aber schief gewickelt.

Noch heute habe ich vor Augen, wie wir voller Tatendrang an die Verwirklichung unseres Plans gingen. Wir hatten einen Hof in Popkenhöge gepachtet, dessen lang gestreckter roter Klinkerbau an den Hof meiner Eltern in Filsum erinnerte. Eines jener Gebäude, wie sie für Ostfriesland typisch sind. Die Weiden mit den schweren fetten Böden der Wesermarsch, die den Hof umgaben, und die Salzluft der nahen Nordsee waren ideale Voraussetzungen für die Pferdezucht. Später, als wir alles beisammenhatten, um mit dem Vertrieb der damals so begehrten Stutenmilch zu starten, tauften wir unsere Stutenmilchfarm auf den Namen »Gestüt Drachenfels«. Nach dem gleichnamigen Deckhengst, dem legendären Ururgroßvater unserer ersten Hannoveraner Warmblutstute.

Mein nächster Akt bestand darin, einen Melkeimer zu

kaufen. Weil eine Stute nur zwei Zitzen hat, musste ich auf Melkzeug für Schafe zurückgreifen, doch weil die Stutenzitzen größer sind als die der Schafe, improvisierte ich mit Melkbechern für Kühe. Den sonst so teuren Motor für die Melkmaschine bekam ich von meinem Vater, der zuvor seine Landwirtschaft aufgegeben hatte. Es fehlte nur noch eine Kühltruhe und ein Schweißgerät für Plastikbeutel, denn die teure Stutenmilch musste portionsweise eingefroren werden. Bei der Planung unserer Milchkammer bekam ich Unterstützung vom Kreisveterinäramt.

Wir hatten nun fast alles beisammen – bis auf das Wichtigste, die geeigneten Stuten. Hier gab es nur eine Antwort, sie lautete Kaltblüter! Doch diese Rasse kam in Westdeutschland kaum mehr vor, und ich musste geduldig herumfragen, um ein paar ausfindig zu machen, die ich erwerben konnte. Schließlich erzählte mir jemand, dass ein Bauer in Stade seine Kaltblüter verkaufen wolle. Also auf nach Stade. Opa Peters hatte die Stuten wiederum bei einem Pferdehändler in Dänemark gekauft. Auf diese Weise erfuhr ich, dass es dort weitere Kaltblüter gab. Aber erst einmal hieß es Tee trinken, und das war gut so, denn der Mann wusste viel über Pferde zu erzählen.

Nach unserem ausgedehnten Klönschnack gingen wir voller Erwartung auf die Weide, und schon kamen die Pferde angetrabt. Dieser erste Anblick der Tiere war für mich wie ein Schock! Vor mir stand eine Stute, die nur aus einem riesigen Körper mit dicken Beinen zu bestehen schien; an deren Ende waren Hufe, so groß, wie ich sie noch niemals zuvor gesehen hatte. Auf dem unförmigen Körper saß ein riesiger Kopf. Auch beim Fohlen war kein Hals auszumachen, denn der Kopf schien direkt am Körper angewachsen zu sein.

Anita schaute die Pferde an, dann mich und lachte. »Sieh

doch mal«, sagte sie zu mir, »bei jedem Schritt spritzt Milch aus den Strichen.« Ja, es war doch die Milch, die wir wollten.

Nun gut, der Handel wurde perfekt gemacht, und die Woche darauf stieg ich eines frühen Morgens in meinen alten Diesel und fuhr mit dem Hänger los. Das Verladen von Mutter und Kind war kein Problem, das Auto jedoch war leicht überfordert. Bewegte sich die Stute, dann schaukelte das ganze Gefährt. Der Mercedes kam nicht über sechzig hinaus, und während der Fahrt hätte man bequem Blumen am Straßenrand pflücken können. Unser Zuhause schien mir in weiter Ferne. Stunden später fuhren wir auf den Hof, wo die Kinder, Meike und Sven und ein paar Freunde, uns neugierig erwarteten. Rasch wurde die Arbeit eingeteilt – mach du vorne das Pferd los, und du lass die Klappe runter –, und die Pferde kamen vom Hänger. Auf dem Boden hatte sich eine Karre Mist angesammelt – eine ganze Karre von einem Pferd –, das kann ja heiter werden, dachte ich. Die Stute bekam eine große Box zusammen mit ihrem Fohlen, die Tiere sollten sich erst mal eingewöhnen. Am nächsten Tag trennten wir Stute und Fohlen für drei Stunden, denn sonst hätte ich keine Chance gehabt, auch nur einen Tropfen Milch zu ergattern.

Doch die Stute dachte nicht im Traum daran, sich melken zu lassen. Mit Nachdruck unterstrich sie ihre Unlust, indem sie den gesamten Melkeimer zerschlug. Totalverlust am ersten Tag, da kam Laune auf! Am nächsten Tag duldete sie die Melkbecher zwar an den Strichen, jedoch kamen nur ein paar Tropfen, obwohl das Euter stramm voll Milch war. Natürlich, das Fohlen musste mit ran, und schon konnte man hören, wie die Milch in den Eimer bollerte.

Gleich zu Anfang stand fest, es war noch ein langer Weg, bis wir die Feinheiten des Stutenmelkens heraushaben würden. Außerdem mussten wir weitere Mutterstuten kaufen, denn wir wollten vom Verkauf der Stutenmilch schließlich leben. Hierbei war mir mein alter Freund und Pferdehändler Helmut Dirks behilflich. Pferde begutachten und Fehler suchen, das geht ohnehin besser zu zweit. Zuerst fuhren wir nach Dänemark, später auch nach Holland, um Kaltblutstuten zu kaufen. Stets erhielten die Pferde einen Namen. Passend zu dem jeweiligen Wesen suchten die Kinder, Anita und ich ihn aus, denn kein Tier sollte bei uns namenlos bleiben. Oft denke ich daran zurück, wie unsere erste Stute zu ihrem Namen kam. Sie hatte die Angewohnheit, ihr ganzes Futter zu baden und einzuweichen, auch ihr Durst schien mir immer recht groß zu sein. Im Fernsehen lief damals die amerikanische Endlosserie »Dallas«, und J.R.s Frau Sue-Ellen hatte, das wusste jedes Kind, ein Trinkproblem. Also nannten wir unsere Stute Sue-Ellen.

Das Fohlen hörte auf den Namen Prinzessin, und zum Geburtstag unserer Meike schenkten Anita und ich ihr dieses Kaltblutfohlen. Bald schon stellte sich heraus, dass Prinzessin etwas ganz Besonderes war und ihrem Namen alle Ehre machte. Das Tier begriff im Nu, was ich ihm beibringen wollte. Nach wenigen Wochen legte es sich auf Kommando hin, setzte sich und gab uns einen Kuss. Auch konnte Prinzessin jede Tür öffnen. Das Verhalten von Kaltblütern ist ganz anders, als die Pferdefreunde anderer Rassen uns gerne einreden wollen: Sie sind durchaus sensibel, intelligent und anpassungsfähig. Kurz gesagt, Kaltblüter sind sanfte Riesen. Bald kamen viele Besucher auf unser Gestüt, nicht nur wegen der verschiedenen Stutenmilchprodukte, sondern auch wegen der Pferde. Geschäftstüchtig wie ich bin, ließ ich im darauf folgenden Sommer neben dem Gestüt ein Zelt aufbauen, eigens für die Gäste von

Kaffeefahrten. Bei Kaffee und Kuchen erzählte ich dann von der Wirkungsweise der Stutenmilch.

Das Gestüt Drachenfels war auch ein Magnet für Schulklassen. Einmal kam eine neunte Klasse der Hauptschule aus Ovelgönne zu Besuch. Die stämmigen Kaltblüter – damals, Ende der achtziger Jahre bereits eine Rarität – hatten es ihnen angetan. Ich erzählte ihnen, welche wundersame Wirkung die Stutenmilch auf das Aussehen habe.

Ein Junge fragte mich etwas ungläubig: »Wird man wirklich schön, wenn man davon trinkt?«

»Sieht man das denn nicht? Ich trinke die Milch schon seit Jahren!«, neckte ich ihn. »Nachher bekommt ihr einen Becher zu trinken, und dann werdet ihr morgen früh vor dem Spiegel stehen und feststellen, dass ihr mindestens so schön seid wie ich.«

Auch bei der Presse hatten wir ein gewisses Interesse geweckt, etliche Beiträge erschienen in den Zeitungen und im Rundfunk. Eines Tages – es war an einem besonders kalten 1. April – besuchte uns ein Journalist vom *Weser Kurier*. In der Abfohlbox stand eine Stute, die noch an diesem Tag ihr Fohlen gebären sollte. Gleich bemerkte ich seine Neugier – das ist was für unsere Zeitung, darf ich Fotos machen, wie lange dauert das noch? –, Fragen über Fragen hatte er.

»Gut«, sagte ich, »die fohlt noch heute ab. Sie brauchen alles nur in Ruhe abwarten, aber ich fahre erst noch einmal nach Hause.« Der Mann harrte tatsächlich von neun Uhr bis 19 Uhr aus. Zwischendurch versuchte Anita, ihn mit heißem Tee aufzutauen, was ihr nur mäßig gelang.

Am Abend tauchte ich wieder auf, ging zur Stute und sagte nur: »So Antonie, nun wollen wir mal deinem Fohlen auf die Welt helfen.« Die Stute war schon über der Zeit, also bekam sie eine Spritze, um die Geburt einzuleiten.

Nach 15 Minuten war alles passiert, ein kleines Stutfohlen war geboren.

Der Reporter, steif gefroren und völlig verdattert, fragte: »Hätten Sie das nicht auch schon am Morgen tun können?«

»Ja,« sagte ich, »aber wo wäre da die Spannung geblieben?!«

Während eines Besuches in Dänemark erlebte ich etwas Kurioses. Diesmal war ich mit Arne, einem Pferdehändler, unterwegs, der immer wusste, wo gute Pferde zu haben waren. Außerdem kann es einem in fremden Ländern nicht schaden, einen Ortskundigen dabeizuhaben, der einem behilflich ist, sich zurechtzufinden … Unsere Fahrt ging etwa 65 Kilometer ins Landesinnere von Dänemark. Der Bauer, den wir besuchen wollten, hatte drei Kaltblut-Rappstuten, genau so ein Pferd hatte ich mir gewünscht.

Auf dem Hof angekommen, riefen wir nach dem Bauern. Er war gerade dabei, in einem ziemlich alten Stall das Vieh zu füttern. Mein Freund ging zuerst hinein und sprach mit dem Mann, dann rief Arne mich herein. Je näher ich dem Stall kam, umso kleiner wurde die Tür. Dann der Moment des Eintretens: Ich musste mich tief bücken, und seitlich, in absoluter Schräglage, schlüpfte ich durch die Tür. Als ich mich wieder aufrichtete, stand ich in der Heuluke und schaute geradewegs auf den Heuboden. Die Decke überragte ich um einen Kopf, und von den anderen beiden war nichts zu sehen. Also bückte ich mich wieder und sah in das bleiche Gesicht des Bauern, der mich mit schreckgeweiteten Augen anstarrte. Eine Sekunde später rannte er in Panik durch den hinteren Eingang hinaus, rannte um sein Leben.

Mein Freund und ich schauten uns an, dann schnappte sich Arne ein Fahrrad und nahm die Verfolgung auf. Der

Bauer durchquerte mehrere Weiden und der andere mit dem Rad immer hinterher. Ich wusste nicht, was eigentlich los war, setzte mich wieder ins Auto und wartete. Eine Stunde. Dann kamen beide wieder, und ich fragte Arne, warum der Bauer Reißaus genommen hatte. Er erzählte mir, dass im Krieg auf dem Hof die Gestapo einquartiert gewesen war, alles große deutsche Kerls. Das Erlebnis saß dem Mann noch in den Knochen, und als er mich sah, von der Statur her ein Ebenbild jener Männer, schien ihn die Vergangenheit leibhaftig wieder eingeholt zu haben.

Zur Wiedergutmachung kaufte ich ein Pferd. Als wir das Tier verladen und bezahlt hatten, wollte er uns auch etwas Gutes tun und lud uns auf einen Weinbrand ein. Er ging uns voraus ins Wohnhaus und schickte uns in die Stube. Keinerlei Möbel standen im Zimmer, stattdessen eine alte große Kutsche. Als wäre es das Normalste der Welt, nahmen wir in der Kutsche Platz, erzählten Geschichten aus vergangenen Zeiten und stießen auf unseren Handel an. Seine Angst vor mir war nun verflogen, und bei einem späteren Besuch lachte er sogar herzlich über seinen Fluchtversuch und die anschließende Verfolgung durch Arne.

An unsere Kaltbluttutenzeit in der Wesermarsch Ende der Achtziger- und Anfang der Neunzigerjahre erinnere ich mich immer gerne zurück. So schwer die Anfänge waren, wir hatten auch jede Menge Spaß mit diesen gemütvollen Tieren. Wie viel Temperament in ihnen steckt, konnte ich mehr als einmal auch am eigenen Leib erfahren. Auf dem Hof in Popkenhöge leckte eines Tages eine Wasserleitung im Stall. Ich stieg auf die Aluleiter, um ein Teil auszuwechseln. Mit einiger Mühe gelang es mir, die defekte Leitung zu reparieren, da hörte ich ein dumpfes Geräusch: Es war eine Sache von Sekunden, ich sah nur, wie unser Hengst um die

Ecke bog. Die Stute neben ihm musste seinen Strick wohl gelöst haben.

Der Hengst machte keinerlei Anstalten, anzuhalten oder gar die Richtung zu wechseln. Nein, er rannte weiter, ja, steuerte voll auf die Leiter zu, deren Schenkel ein umgekehrtes V bildeten. Die Leiter, nicht breit genug, um ihn durchzulassen, blieb auf seinem Rücken hängen. In dem Moment, als ich spürte, wie sie unter meinen Füßen nachgab, versuchte ich, mich an der frisch reparierten Leitung festzuklammern. Bei meinem Gewicht hielt sie aber nur wenige Sekunden, dann lag ich auf dem Boden.

Das Ding auf dem Rücken machte den Hengst fuchsteufelswild, er war wie losgelöst, rannte hin und her und schlug nach allen Seiten aus. Schließlich befreite er sich von der Leiter und beruhigte sich. Für mich hätte das ganz schön ins Auge gehen können, aber ich kam vergleichsweise glimpflich davon: Mein handwerklicher Einsatz war zunichte gemacht, denn nun hing die Wasserleitung vollends herunter, und ich war am ganzen Körper grün und blau wie nie zuvor.

Da sag mal einer, Kaltblüter hätten kein Temperament!

Damals organisierte ich zusammen mit dem Fremdenverkehrsverband Ovelgönne das erste Kaltblutrennen. Noch etwas schlanker als heute, ritt ich als Wikinger das Rennen mit und kam bei den Zuschauern sehr gut an, denn bei mir gab es immer etwas zu lachen. Dieses Pferderennen wird auch heute noch einmal im Jahr in Strückhausen abgehalten. Hin und wieder gab es aber auch an anderen Orten Kaltblutrennen, wie etwa in meinem Heimatort Filsum.

Als ich dort einmal an dem Rennen teilnahm, hatte ich einen Hengst, der rannte, was das Zeug hielt – wenn ich denn im Sattel saß. Das war allerdings ein Problem: Er wollte mich partout nicht aufsteigen lassen. Man glaubt ja gar nicht, wie viel Kraft so ein Tier hat – und wie beweglich es sein kann, wenn es will. Wollte ich aufsitzen, begann er zu steigen, und ich hatte keine Chance, in den Sattel zu gelangen. Ohne Aufsitzen kein Rennen. Mein Vater, erfindungsreich wie er ist, hatte sich etwas Besonderes einfallen lassen: Unten am Sattelgurt hatte er einen Strick befestigt, das andere Ende hing an einem Haken, der im Boden verankert war. Als ich aufsaß und der Hengst den Kopf nach unten nahm, um richtig Schwung zum Steigen zu holen, wurde er vom Seil zurückgehalten, ein paar Mal versuchte er das noch, bis er beleidigt aufgab. Doch nun war er so hitzig, dass mein Vater keine Chance mehr hatte, das Seil unterm Gurt zu lösen. Also schnitt er es kurzerhand ab, Kaltbluthengst mit Wikingerreiter düste ab – und das kurze Seilende baumelte zwischen den stämmigen Beinen. Wir waren aber noch nicht an der Reihe, also lenkte ich mein Pferd, so gut es ging, auf den Abreiteplatz, wo ein Parcours aufgestellt war und ein paar Reiter gerade Springen übten.

»Hey, Leute, macht mal Platz, jetzt zeigen wir euch, wie das geht!«, rief ich und steuerte den Hengst auf ein niedriges Hindernis zu. »Könnt ihr die Stange ein bisschen höher legen?« Indessen trabt mein Hengst geradewegs drauflos und rennt das Hindernis um, ohne die Füße auch nur ein wenig anzuheben. Welch ein Gegröle unter den Warmblutreitern!

Bei einem Wikingerrennen im Schlosspark zu Rastede bei Oldenburg nahm ich mit Schneewittchen teil, einer Schimmelstute, die mein ganzer Stolz war. Schimmel sind eher eine Seltenheit unter Kaltblütern. Schneewittchen war eigentlich ein ganz liebes Pferd. Sie hatte nur eine Macke: Sie wollte da wieder hinaus, wo sie eingelaufen war: beim Start also. Die Stute legte mächtig Tempo vor, doch auf halber Strecke drehte sie im großen Bogen wieder ab – da gab es kein Dagegenhalten – und lief zum Start zurück, unter dem tosenden Beifall der Zuschauer ...

So ist das mit den Kaltblütern, sie haben einfach ihren eigenen Willen, und das macht sie unter anderem so liebenswert. Aber Schneewittchen hat allen den Rang abgelaufen. Irgendwann einmal will ich mir wieder eine solche Schimmelkaltblutstute zulegen. Einfach so, weil ich Spaß an diesen Tieren habe.

Bald nach dem Mauerfall fuhr ich mit meinem Freund Dirks nicht mehr nach Dänemark oder Holland, um Stuten zu kaufen, sondern nach Mecklenburg. Es kam uns vor, als ob hier die Zeit stehen geblieben wäre. Morgens um sieben, wenn wir durch die Dörfer fuhren, lag der Rauch der Öfen in der Luft. Womit heizen die denn?, fragte ich mich immer wieder, da bleibt einem ja die Luft weg. Der Kaffee, der uns in den Gaststätten serviert wurde, war ein Gebräu, das aus einem Drittel Kaffeesatz zu bestehen schien, denn Filter gab es noch nicht.

Zu dieser Zeit praktizierte ich das Einrenken von Pferden schon regelmäßig, und während diese Behandlung von Lahmheiten bei Pferden auch in Westdeutschland nur wenig bekannt war, so kannten die Menschen im Osten sie gar nicht. Manchmal kauften wir auch Pferde ein, die Lahmheiten aufwiesen. Die Leute vor Ort dachten, jetzt haben wir den aber übers Messer gezogen, aber zu Hause angekommen, brachte ich die Tiere schon wieder auf Trab. Das Schnäppchen hatten wir gemacht!

In Demin kauften wir eine Stute, die Vidia hieß. Im Laufe der Jahre gebar sie eine stattliche Anzahl an Fohlen und gab sehr viel Milch. Aber diese Stute hatte noch andere Qualitäten, denn sie hatte das Holzrücken erlernt. Mir war sie im Stall immer bei den Geburten behilflich. Platzte die Fruchtblase bei der Geburt eines Fohlens und waren die Beine zu sehen, kam ihr Einsatz. Ein Tau um die Beine des Fohlens, das andere Ende des Stricks an Vidias Geschirr befestigt, und nun brauchte ich nur noch ein Kommando zu geben, denn sie hörte auf Stimme. Die Stute hielt das Tau auf Spannung und zog behutsam, dabei dehnte ich den Geburtskanal, rieb die Scheide mit brauner Seife ein, und die Geburt war nur noch ein Klacks. Wir beide waren ein gutes Team! Sie wusste genau, wir Dicken müssen zusammenhalten, dann geht nichts schief. Die größte Freude für Vidia war, wenn sie das Fohlen mit ablecken durfte.

Wenn ich heute an unsere Kaltblutzucht zurückdenke, so fallen mir vor allem Geschichten von einzelnen Pferden ein. Trotz des Nutzens, den uns die Stuten bringen sollten, war ein jedes der Tiere doch ein eigenständiges Individuum für uns. Eine Zeit lang konnten wir auch gut vom Verkauf der Stutenmilch leben. Und die Wiedervereinigung hatte für unsere Stutenmilchfarm zunächst den Vorteil gebracht, dass wir in den neuen Bundesländern schöne und preiswerte Kaltblutstuten kaufen konnten.

Bald aber wendete sich das Blatt, denn im Osten gab es unzählige Gestüte, und so kam es zu einem Überschuss an Stutenmilch auf dem Markt – zuvor hatte sie in der Bundesrepublik noch als kostbare Rarität gegolten. Der Preis verfiel zusehends, von einst 18 auf fünf DM pro Liter erzeugte Frischmilch. Im Osten gab der Staat Zuschüsse, wir aber hatten das Nachsehen. Die Erzeugungskosten stiegen immer weiter, und eines Tages sagte ich zu Anita: »Jetzt ist Schluss!« Frei nach dem Motto, gestern standen wir noch am Abgrund, heute sind wir einen Schritt weiter. Was für viele Menschen das Ende bedeutet hätte, war für mich die Gelegenheit zu einem neuen Anfang.

Schön, jedoch rar sind jene Momente, in denen mal keiner nach mir schreit. Dann nehme ich mir ganz persönliche Dinge vor, die mir am Herzen liegen, für die aber meist die Zeit fehlt und die auch erledigt sein wollen. Püppi ist jetzt schon beinahe zwei Monate bei uns, und ich habe einen Abstecher nach Filsum gemacht, um nach ihr zu schauen. Ich stehe auf dem Hof vor Püppis Box. Opa halftert die kleine Stute auf und führt sie im Schritt die Stallgasse rauf und runter. Folgendes fällt mir jetzt auf: Die Gelenke der Hintergliedmaßen sind noch weich und schwammig, demnach ist eine Bewegungsstörung mit dafür verantwortlich, dass die Gelenke instabil wurden.

Das ist eine interessante Beobachtung. Also erneut Handlungsbedarf. Dem Kraftfutter – Hafer und Pellets – mengen wir nun noch Selen und Vitamin E bei. Auch die tägliche Knoblauchration habe ich erhöht. Dazu – ebenfalls täglich – eine Dose Malzbier, das Püppi über alles liebt! Malzbier fördert ein schnelleres Hufwachstum. In diesem Fall ist ein guter Hufwuchs besonders wichtig, weil sich die Hinterhufe durch den falschen Bewegungsablauf schief abnutzen. Bei gutem Wuchs kann der Schmied durch das Ausschneiden der Hufe ihre Stellung leichter korrigieren, und die Gelenke werden nicht noch zusätzlich strapaziert.

Ansonsten geht es der Kleinen recht gut, sie strotzt vor

Übermut, kämpft mit uns um ihre Zukunft. Lieb ist sie, die Hufe gibt sie ohne herumzuzappeln, auch am Halfter lässt sie sich sehr gut führen. Ein wirklich schlaues Fohlen.

Weitere drei bis vier Wochen werde ich Püppi viel Aufmerksamkeit widmen, in der Hoffnung, dass die Behandlung anschlägt. Eine Besserung ist jetzt schon zu verzeichnen, Hals und Rücken sind schmerzfrei, auch die Bewegungsabläufe sind koordinierter. Aber noch ist das Spiel völlig offen, den weiteren Verlauf kann ich nicht voraussagen. Dennoch, die Prognose lautet: Wir – Püppi und ich – wollen und werden gewinnen!

In meiner Hoffnung werde ich bestärkt durch den Ausgang eines ähnlichen Falles: Wieder einmal bekam ich eine positive Rückmeldung eines Pferdehalters in Zetel, dessen Pferd ich behandelt hatte. Das einjährige Pferd hatte zu Anfang ein ähnliches Krankheitsbild wie Püppi und wurde vor kurzem zur Verdener Auktion angenommen. Ein Bombenerfolg, zumal die Veterinäre das Tier aufgegeben und nur noch einen Ausweg gesehen hatten. Für mich sind solche Nachrichten Glücksmomente, die mir immer wieder zeigen: Deine Arbeit lohnt sich doch!

Schauen, fühlen, heilen

Anfang November 2000 ist das Schreckgespenst Ataxie unter den Pferdehaltern nichts gegen das, was ich mit großem Entsetzen bei den Bauern sehe. Hier geht die Angst vor BSE um, davor, dass der eigene Viehbestand durch Rinderwahn ausgerottet wird. Und damit die jeweilige Existenz. Jahrelang wurden die Bauern falsch beraten von den Herren der Futtermittellobby, und die Politiker haben diese Machenschaften unterstützt. Wohin soll das Ganze noch führen? Wie immer sind die Leidtragenden nicht die Verursacher der ganzen Misere.

Wenn man regelmäßig die Höfe besucht, ist es schon schlimm, mit anzusehen, wie es den Landwirten, die hier in Norddeutschland auch die Hauptpferdezucht betreiben, immer schlechter geht. Manch einer denkt jetzt, der soll doch Pferde behandeln und sich aus dem anderen Zeug heraushalten. Vielleicht wäre das klüger. Aber wie nur? Wo ich tagtäglich mit den Sorgen der Bauern konfrontiert werde, wo all diese Emotionen auf mich eindringen, wie könnte ich da einfach wegsehen?! Sicher, es gibt auch unter den Landwirten skrupellose, die durchaus wussten, was sie den Viechern in die Futterkrippe schütteten. Viele aber haben einfach nur den Experten vertraut, die würden sicherlich wissen, was das Beste ist für die Tiere. Und jetzt – das eigene Lebenswerk vor Augen – mit ansehen zu müssen, wie der Betrieb zugrunde geht, das ist für viele eine persönliche Katastrophe. Ein Betrieb, der womöglich seit Hunderten von Jahren in Familienhand war!

Die Politiker und Futtermittellobbyisten werden sich auch beim Thema BSE aus der Verantwortung ziehen, ausbaden wird es der Verbraucher, und in erster Linie der Bauer. Und wieder einmal zeigt sich, dass jeder jederzeit kritisch und mit offenen Augen im Umgang mit den Tieren seine Aufgaben meistern muss. Es liegt eben auch in der Verantwortung des Einzelnen, dafür zu sorgen, dass die Gesundheit von Mensch und Tier nicht leichtfertig aufs Spiel gesetzt wird!

Am nächsten Morgen fällt mir das Aufstehen schwer. Die vergangene Nacht war einfach zu kurz. Das kommt davon, wenn man zu lange am Computer sitzt und über dies und das nachdenkt …

Mitte der Neunzigerjahre gaben wir also die Stutenmilchfarm auf, doch was nun? Noch war ich mir darüber nicht im Klaren, wohin die Reise ging. Die Weichen waren jedoch gestellt, nun galt es, die Herausforderung anzunehmen. Immer wieder riefen Leute bei mir an, deren Pferde lahmten. Allmählich wurde der Kreis größer, es sprach sich herum, dass es da einen Ostfriesen gab, der Pferde einrenken konnte. Für mich war es eine große Umstellung, mit dem Einrenken von Pferden Geld zu verdienen. Früher hatte ich doch allen nur so als Freund geholfen. Wenn ein Tier wieder lief, trank man ein Bier oder einen Schnaps zusammen. Aber jetzt wollte ich einen Beruf daraus machen.

Immer wieder hatte es in meinem Leben Schlüsselerlebnisse mit Pferden gegeben, hatten sie doch in meiner

Kindheit schon eine große Rolle gespielt. Eines ist mir noch in lebhafter Erinnerung, aus unserer Zeit in der Wesermarsch, Anfang der Neunzigerjahre, als ich mir nebenbei auch Warmblutpferde hielt. So viel Spaß mir die Kaltblüter bereiteten, die Warmblutzucht war doch etwas anderes.

Anita hatte mir zum Geburtstag ein junges Pferd geschenkt, einen wunderhübschen Rapphengst namens Samurai, einen Dreiviertelblüter. Nun, er wurde groß und entwickelte sich prächtig, und als er drei Jahre alt war, war ich mir sicher, dass er das Zeug dazu hatte, als Hengst gekört zu werden. Doch in der Nacht vor dem Auswahltermin zur Körung hatte er sich verlegen, er konnte also nicht teilnehmen. Weil er so einen lieben Charakter hatte, beschloss ich, dass er trotzdem Hengst bleiben durfte. Bald gab ich ihn in Beritt, auch da machte er sich bestens, und ich wollte ihn auf einer Eliteauktion vorstellen, war überzeugt, dass er angenommen werden würde. Doch wieder kam es anders. Samurai war ein Pechvogel, immer, wenn es darauf ankam, dass er besonders gut in Form war, stieß ihm etwas zu.

Diesmal hatte er eine Hinterhand zwischen zwei Stangen des Boxengatters geschlagen. Er saß fest, geriet in Panik und verletzte sich das Fesselgelenk, weil er es mit aller Kraft herausdrehte. Auch der Auktionstermin fand ohne Samurai statt. Dennoch hatte er wieder Glück im Unglück, denn die Verletzung heilte schnell, und übrig blieb nichts als eine Narbe.

Inzwischen setzte ich Samurai in der Kaltblutstutendeckung ein, denn ich wollte, dass die Stuten leichtere Fohlen bekämen. Eines Tages stand er auf der Koppel, die Kaltblüter auf der Nachbarweide, als überraschend ein schrecklicher Hagel hereinbrach. Die Pferde erschreckten sich, ein solches Unwetter hatten sie bisher noch nicht erlebt. Die Kaltblüter gerieten in Panik, rammten das Weidetor auf und stürmten auf den Stall zu. Samurai indessen war über den Zaun gesprungen und raste auch schon um die Ecke, genau in dem Moment, als das Eisentor zur Seite schwenkte. Eine Sekunde später, und es wäre nichts passiert. Aber es war genau in diesem unglückseligen Augenblick, dass die Verschlussstange des Eisentors ihn traf. Der Hengst hatte sich geradezu selbst aufgespießt: Die Spitze steckte tief in der Hüfte. So hing er da und konnte sich nicht mehr befreien. Ein schrecklicher Anblick.

Noch heute bedaure ich, dass ich nicht zu Hause war. Anita, die gerade aus dem Haus kam, als dieser furchtbare Unfall geschah, alarmierte sofort die Feuerwehr und den Tierarzt, Nachbarn kamen hinzu, doch das Pferd ließ sich von niemandem anfassen, schlug wild um sich und kämpfte. So fand ich Samurai vor, als ich wenig später – von Anita benachrichtigt – eintraf. Noch nie im Leben war ich so schnell gefahren, um alles in der Welt wollte ich bei meinem Pferd sein, denn ich rechnete mit dem Schlimmsten.

Ich sprang aus dem Auto, und schon war ich bei ihm, sprach besänftigend auf ihn ein. Im Nu wurde Samurai ruhiger, er ließ sich von mir streicheln, hörte auf, sich zu wehren. Dann zog ich mit zwei Männern die Eisenstange aus dem Fleisch, das gepeinigte Tier ließ auch diese Tortur über sich ergehen, während es zuvor auch nicht die geringste Berührung geduldet hatte. Wir brachten Samurai in die Tierklinik, wo wir die Verletzung untersuchten: eine riesige klaffende Fleischwunde, ein Stück Fell war herausgerissen, aber zum Glück war keine Ader verletzt worden. Schließlich riet mir der Tierarzt dazu, das Tier einschläfern zu lassen. Doch ein Blick in Samurais Augen genügte, um mich davon zu überzeugen, dass er noch nicht am Ende war. Samurai war bereit, um sein Leben zu kämpfen. Und wenn er tatsächlich sterben müsste, dann in seiner gewohnten Umgebung, sagte ich mir.

Er bekam eine Spritze gegen die Schmerzen, die Wunde wurde versorgt, dann luden wir ihn in den Hänger und fuhren nach Hause. In den nächsten Tagen kümmerte ich mich selbst um die Wunde, wusch sie aus, desinfizierte sie und behandelte sie unter anderem mit Eigenurin. Der Hengst war stets brav und wehrte sich nicht, kein einziges Mal war es nötig, die Nasenbremse zu benutzen. Beim ersten Mal geschah etwas Sonderbares: Während ich die Wunde desinfizierte, biss das Tier in den Stoff meiner Jacke; biss im wahrsten Sinne des Wortes die Zähne zusammen, weil es spürte, dass ihm geholfen wurde.

Und welch ein Wunder: Samurai ging es zusehends besser, die Wunde wuchs zusammen und hinterließ wiederum nichts weiter als eine Narbe. Danach durfte er in aller Ruhe das Leben eines Weidepferds genießen. Drei Jahre später habe ich ihn wieder zum Bereiten weggegeben, und erst letztes Jahr wurde er gelegt, damit er zu den anderen Pferden auf die Weide konnte. Heute ist Samurai ein wunderschöner Rappwallach, dem die Spuren seines Unglücks nicht mehr anzusehen sind. Ein zweiter »Black Beauty«.

Samurai war eine Art Schlüsselerlebnis in der Zeit, als mein Leben im Umbruch begriffen war. Die Art, wie er sich von mir, und nur von mir, anfassen ließ und mir zeigte, dass seine Zeit noch nicht gekommen war, gab mir Auftrieb, eine neue Richtung einzuschlagen. Das Einrenken nahm von Jahr zu Jahr zu. In dieser Zeit wurde mir klar, dass meine Berufung tatsächlich im Umgang mit Pferden lag. Samurais Schicksal ist mit ein Grund, warum ich immer wieder auch bei scheinbar hoffnungslosen Fällen hartnäckig bleibe. Niemals werde ich dazu beitragen, ein Pferdeleben künstlich zu verlängern, doch wenn ich sehe, dass da Hoffnung ist, dass das Tier es aus eigener Kraft heraus schaffen wird, dann suche ich nach einem Weg, ihm bei der Genesung beizustehen.

Solche und ähnliche Erfahrungen mit Pferden ließen in mir einen Entschluss reifen. Wenn ich weiterentwickeln wollte, was meine Vorfahren mit Erfolg praktizierten, dann musste ich noch mehr Übung bekommen. Ich konzentrierte mich darauf, besser zu werden als die anderen. Und wenn ich mir schon ein Ziel setze, dann muss es hoch genug sein, das war meine Devise. Umso größer ist der Reiz, die nötige Erfahrung zu sammeln.

Zunächst war da nur so eine Ahnung, dass ich Nerven fühlen und Blockaden ertasten konnte. Ich probierte vieles einfach aus, und siehe da, meistens klappte es auch. Aber dann wollte ich genau wissen, wie die Geschichte mit dem Einrenken funktioniert. Ich wollte wissen, wie ein Pferd gebaut ist und welche Knochen und Muskeln, Sehnen und Nerven es gab, wie alles zusammenspielte. Das Witzige daran ist, dass ich beim Einrenken intuitiv alles richtig gemacht hatte, denn die Pferde liefen ja wieder. Plötzlich kaufte ich mir Anatomiebücher, studierte Fachliteratur, sammelte Zeitschriften und sprach mit Fachleuten. So führte eins zum anderen. Ab und zu tauschte ich mich mit Chiropraktikern aus, fühlte mich zwar in manchem bestätigt, aber merkte auch, dass sich meine Methode nicht mit den gängigen vergleichen ließ: Das Nervenfühlen und die Art, wie ich beim Einrenken gezielt mit Reflexen arbeite, all das unterscheidet sich doch erheblich von der Chiropraktik, wie sie im Buche steht.

Heutzutage fragen auch immer wieder Pferdechiropraktiker an, ob sie ein Praktikum bei mir machen können.
Und es kam auch schon vor, dass ich jemanden mit auf
Tour nahm. Aber es nützt nichts: Vom Zuschauen und Erklären allein kann man das nicht lernen. Es ist nicht so,
dass ich Angst hätte, mir meine eigene Konkurrenz heran-
zuziehen, nein. Wenn einer die Nerven nicht fühlen kann
und ihm der »siebte Sinn« für die Sache fehlt, dann wird er
nicht über ein bestimmtes Stadium hinauskommen. Das ist
der Punkt.

Vor einigen Monaten traf ich einen bekannten und sehr
erfolgreichen Humanchiropraktiker aus Hannover. Wir saßen zusammen bei meinem Freund Harald van Hoorn im
Casino seines Reitstalls in Leer. Wie es so ist, wenn man
beisammensitzt, ein Gläschen miteinander trinkt, da gibt es
einiges zu besprechen. Dieser »Kollege« nun fragte mich,
ob ich ihm die Chiropraktik bei Pferden zeigen könnte.
Der Mann ist wirklich eine Koryphäe auf seinem Gebiet,
kennt die Anatomie des Menschen in- und auswendig.
Also, dachte ich so bei mir, jetzt will ich doch mal sehen, ob
es mir nicht gelingt, diesen Profi aufs Glatteis zu führen.
Nach dem dritten Glas sagte ich zu Haralds Bereiterin:
»Hol doch mal den Deckhengst in die Reithalle, der lahm
ist. Dann zeig ich ihm, wie das geht.«

Als das Mädchen mir den Hengst vorführt, reibe ich
mir mit zwei Fingern der einen Hand die Innenseite der
anderen.

»Aha, damit setzt du Energie frei, das kenne ich auch«,
kommentiert der Chiropraktiker.

»Ja, stimmt. Aber jetzt schau mal ganz genau hin, was ich
tue«, sage ich zu ihm.

Ich geh mit langsamen Bewegungen auf den Hengst zu,
leg ihm die beiden Finger an die Stirn, murmle leise etwas,

nehm die Finger wieder von der Stirn und schüttel die Hand aus.

»So, der ist geheilt, du kannst ihn wieder in die Box bringen«, sag ich zu der Bereiterin.

»Was ist denn jetzt los, der kann doch nicht geheilt sein, du hast doch noch gar nichts gemacht! Das hat ja nichts mit Chiropraktik zu tun …«, ereifert sich der Chiropraktiker, als das Pferd rausgeführt wird. »Aber tatsächlich, der lahmt ja gar nicht mehr …«

Der Hengst lahmte wie zuvor, doch der Humanchiropraktiker hatte kein Auge dafür. Ich hatte mir einen Spaß mit dem Mann erlaubt, aber jetzt wollte ich meinen Ulk nicht übertreiben.

»Ne, der lahmt noch immer, ich hab ja wirklich noch nichts gemacht. Jetzt zeig ich dir aber, wie es wirklich geht«, sagte ich, während alle um uns herum sich köstlich amüsierten, auch der Chiropraktiker lachte mit. Er war sichtlich erleichtert, dass er es nicht mit irgendeinem Hokuspokus zu tun hatte.

Nun fing ich mit meiner eigentlichen Behandlung an, tastete das Pferd ab, legte mit gezielten Bewegungen Blockaden frei. Bei jedem Griff, bei jeder Berührung, egal, was ich machte, sagte der andere: »Darf ich auch mal fühlen? Lass mich auch mal …« Aber er fühlte nichts. Als er versuchte, ein paar Wirbel, die eine Fehlstellung hatten, zu öffnen, gelang es ihm nicht, weil er einfach nichts fühlte. Das Pferd tänzelte hin und her, wo es doch zuvor kreuzbrav dagestanden hatte. Wenn er mit diesem hier nicht zurecht kommt, wie wäre es erst mit einem ungezogenen Tier, dachte ich mir. Schließlich sah er ein, dass Pferde andere Wesen sind als Menschen und dass meine Methode sich nicht mit der herkömmlichen Chiropraktik vergleichen lässt.

Obwohl mein Beruf in Mode gekommen war – es gab nun viele, die einen Schnelllehrgang gemacht hatten –, waren wirklich gute Chiropraktiker rar. Alles ging ganz schnell, immer mehr Kunden kamen hinzu, obwohl ich keinerlei Werbung für mich machte. Zuerst tingelte ich durch das Oldenburger Land, dann kamen Ostfriesland und das Emsland hinzu. Der eine Pferdemann reichte meine Adresse dem anderen weiter. Wie ein Lauffeuer hatte sich die Neuigkeit herumgesprochen. Heute fahre ich regelmäßig zu Pferdezüchtern in Schleswig-Holstein, zu Rennställen und Gestüten des Ostens – dem Landgestüt Redefin in Mecklenburg-Vorpommern etwa – und nach Bayern und Hessen, um Pferde zu behandeln. Hin und wieder besuche ich Gestüte und Rennställe in Holland und Dänemark, in Österreich und Frankreich, ich bin durch halb Südamerika gereist und in die USA. Eine Einladung nach Australien steht schon lange, doch immer wieder kam etwas dazwischen, aber demnächst will ich auch diesen Kontinent erobern …

Regelmäßig fahre ich nach Verden, dem Auktionszentrum des Hannoverschen und nach Vechta, zum Auktionszentrum des Oldenburger Pferdes, um Pferde vor den großen Eliteauktionen einzurenken, die meist mehrmals im Jahr stattfinden. Denn im Laufe der Trainingszeit der Pferde, in den Wochen vor den Versteigerungen, kann so manches passieren, was die Weiterentwicklung der Pferde behindert und sich störend auf die Reiteigenschaften auswirkt.

Es sind eben junge Pferde, die hier für die Auktion weiter ausgebildet werden. Einen gewissen Ausbildungsgrad haben die Pferde schon bei der Anlieferung, denn das ist ein entscheidendes Kriterium bei der Auswahl der Tiere für eine Eliteauktion. Aber dann erst beginnt der Stress für das

Pferd, es bekommt einen neuen Reiter, einen Profi, der plötzlich viel mehr von ihm erwartet. Für junge Pferde, die gerade mal drei, vier Jahre alt sind, ist das eine große Umstellung, die sie erst einmal verkraften müssen. Nicht selten sind es die Besitzer, die ihr Pferd dem Leistungsdruck aussetzen, auf der Fortsetzung des Trainings beharren, auch wenn sie gesagt bekommen, dass ihr Pferd eigentlich überfordert ist.

Rückt der Auktionstermin erst einmal näher, dann kommen Interessenten, die das Pferd ihrer Wahl testen wollen. Die Chance muss man den Käufern geben, aber es ist für kein Pferd ein Vergnügen, wenn täglich verschiedene Reiter ihm immer wieder alles Mögliche abverlangen. Dies ist dann auch häufig der Zeitpunkt, wo ich ins Spiel gerufen werde. Durch das viele Probereiten werden viele Pferde verritten, das heißt, die Beweglichkeit der Pferde lässt nach, Rückenprobleme treten auf.

Hier zählt man auf meine Erfahrung, und manches Pferd, das zunächst auszufallen droht, verlässt den Auktionsplatz für viel Geld, weil ich dort »Hand angelegt« habe. Ich behandle die Pferde nicht nur chiropraktisch, sondern berate mich auch mit den Bereitern, wie das Training der individuellen Situation des Pferdes angepasst werden sollte, und dieses Zusammenspiel klappt im Allgemeinen sehr gut. In Vechta schätze ich vor allem die Zusammenarbeit mit Auktionator Uwe Heckmann, einem Auktionator, wie es keinen Zweiten gibt. Er kennt jedes Pferd, das dort angeboten wird, er kennt die Stärken und Schwächen der einzelnen Tiere und teilt entsprechend auch die Bereiter ein. Wie jedes Pferd so hat auch jeder Reiter seine Stärken und Schwächen – es sind ja auch nur Menschen. Kurz und gut, Heckmann bringt alle Voraussetzungen mit, die erforderlich sind, um junge Pferde zu fördern, sie aber auch zu schonen, wenn es nötig ist. Umgehend gibt er Bescheid, wenn Pferde nicht im Takt gehen oder im Rücken nicht schwingen. Seinen Augen entgeht nichts, und die Zusammenarbeit mit einem Pferdemann wie ihm bereitet mir viel Spaß.

Heckmann ist einer der ganz großen Hippologen hierzulande. Ausgestattet mit einem Gehirn wie ein Computer, mit einem genialen Gedächtnis, kann er ein Pferd, das er auktioniert hat, auch noch vier bis fünf Jahre später allein an seinen Abstammungsmerkmalen wieder erkennen. Der hoch begabte Pferdemann – er hat unter anderem in der Vollblutzucht auf dem Gestüt Schlenderhan gelernt – sucht die Kollektionen für die Auktionen in Vechta aus. Das heißt, er trifft die Auswahl der Pferde, die von den Züchtern zum Auswahltermin gebracht werden. Seine Professionalität schlägt sich auch in den Auktionspreisen nieder: Denn Qualität hat immer einen guten Preis. Seine hervorragende Kundenbetreuung wirkt ebenso absatzfördernd wie der geschickte Umgang mit den Menschen.

Pferde zu auktionieren ist eine Kunst für sich, und Uwe Heckmann, der nicht nur die Auktionen in Vechta abhält, sondern auch bei anderen hochkarätigen Auktionen hierzulande und über die Grenzen Deutschlands hinaus gefragt ist, beherrscht sie wie kaum ein anderer. Jeder Pferdefreund, der eine solche Versteigerung besucht, spürt es, das Knistern in der Luft. Pferd und Reiter kommen herein, der Auktionator ruft: »Lasst ihn wandern!« Ein Raunen auf den Rängen, das Pferd trabt, was das Zeug hält. »Das ist die Zukunft, ein Tretemeister vor dem Herrn!«, lauten die Worte, mit denen Heckmann die Auktionsbesucher beschwört. Schon ist das Anfangsgebot da, jetzt geht es rasend schnell, Schlag auf Schlag. Zum Schluss kommen die

Gebote zögerlicher, nur noch ein kleiner Interessentenkreis ist übrig. Heckmann animiert nochmals Reiter und Pferd, beide geben abermals ihr Bestes. Die Versteigerung geht in die letzte Runde, die Kaufinteressenten, die jetzt noch bei der Stange sind, erhöhen nur noch vorsichtig, in Schritten von 500 Mark versuchen sie, an den Mitbietern vorbeizukommen.

In der Halle wird es ganz still, man könnte eine Nadel fallen hören. Nochmals schwebt das Dressurpferd leichtfüßig an den Rängen vorbei. Die letzten beiden Interessenten schauen sich an. Hypnotische Blicke wandern hin und her. Wer legt noch eins drauf, wer macht hier das Rennen?, das fragen sich die Zuschauer. Aber da, plötzlich reißt nochmals ein Käufer die Hand hoch! Und dann, die magischen Worte – zum Ersten, zum Zweiten, zum Dritten – , und in diesem Moment schlägt der Rosenholzhammer auf das Pult ... verkauft. Strahlende Gesichter bei den Käufern, unzufriedene bei denen, die nicht mithalten konnten. Was nicht verwunderlich ist, wenn man bedenkt, dass schon Pferde für über 500 000 DM hier in Vechta »unter den Hammer« kamen. Ein Strauß Blumen und Gläser mit Sekt werden an den Tisch der neuen Besitzer gebracht, haben sie doch auch allen Grund zu feiern.

Ja, auch für mich ist es immer wieder ein Erlebnis, als Zuschauer auf den Rängen eine Auktion miterleben zu dürfen. Das sind hier nun mal Elitepferde, die Crème de la Crème. Besuchen auch Sie einmal eine solche Veranstaltung, es lohnt sich in jedem Fall. Wer weiß, vielleicht finden Sie sogar Ihr Traumpferd in den Kollektionen. Dann hoch die Hand, wer mitbietet, hat eine reelle Chance, Pferdebesitzer zu werden. Ich wünsche Ihnen das Glück und das Händchen, das man zu einer solchen Entscheidung braucht!

Später – in anderem Zusammenhang – werde ich nochmals auf das Auktionieren eingehen. Es gehört einfach zum Pferdezirkus dazu. Besonders in unserer Gegend, wo die Pferdezucht von vielen Bauern mitgetragen wird. Da wachsen die Kinder damit auf und lernen von früh an, ihr Auge für das Beurteilen der Tiere zu schulen. Auch ich interessiere mich sehr für die Pferdezucht und betreibe sie zusammen mit meinem Vater hobbymäßig und mit viel Enthusiasmus.

Doch zurück zu meinen Anfängen. Es blieb nicht dabei, dass ich Pferde behandelte, später rief auch mancher Kunde an, weil ihn selbst irgendwo der Schuh drückte. Die Behandlung, die ich ihren Pferden angedeihen ließ, beeindruckte viele Pferdehalter. Hatte ich zunächst einfachere Lahmheiten kuriert, kamen – mit den Erfolgen meiner Heilkunst – auch außergewöhnliche Krankheitsbilder hinzu. Immer wieder gab es eine neue Herausforderung. Je komplizierter der Fall, desto mehr packten mich Neugier und Ehrgeiz, denn wenn ich einmal nicht weiterweiß, dann forsche ich so lange nach den Ursachen, bis ich (meist) fündig werde.

Eines Tages wurde ich zu einem Pferd auf einem Hof in Sage-Haast gerufen. »Unser Pferd ist nicht nur lahm, nein, der will überhaupt nicht mehr«, klagten die Besitzer. Der Wallach stellte beim Laufen immer das linke Hinterbein weg, wenn es nach vorne abfußen musste. Ich untersuchte das Tier äußerst gründlich. Und tatsächlich, es lagen Rücken-, Hals- und Kreuzdarmblockaden vor. (Zur Orientierung siehe auch Anatomieskizze auf Seite 189) Behutsam und Schritt für Schritt renkte ich den Wallach ein. Schließlich hatte ich alle betroffenen Bereiche gelöst, die Nerven waren wieder durchlässig und die Wirbelstellung normal.

»Denn man nach draußen«, sagte ich. »Wir wollen doch mal sehen, wie er das jetzt umsetzt.« Der Bewegungsablauf war noch genauso abnormal wie zuvor.

Als Nächstes behandelte ich die Nerven mit einem Punktlaser. Bei dieser Methode werden gezielt meridiane Punkte stimuliert, um den gestörten Energiefluss wieder anzuregen. Eine halbe Stunde laserte ich das Pferd, dann ging es wieder nach draußen. Alle waren gespannt, doch die Bewegungsstörung hatte sich nicht gebessert.

»Das kann nur noch eine Kopfsache sein, er traut sich nicht, richtig zu laufen«, vermutete ich.

Jetzt hieß es nur noch, den Wallach von seiner Gewöhnung an die falsche Bewegung, die sich in seinem Kopf verankert hatte, zu befreien. Denn anatomisch war alles wieder in Ordnung, da war ich mir sicher. Also befestigte ich einen Strick an seinem Hinterbein, und jedes Mal, wenn er das Bein zur Seite wegnehmen wollte, zog ich es in die richtige Richtung. Prompt stellte sich der Erfolg ein, das Pferd lief normal, zuerst ein wenig unsicher noch, aber dann wechselte es sogar in den Trab. Der Wallach musste nur kurz antrainiert werden, und schon konnte er wieder an Turnieren teilnehmen.

An diesem Beispiel wurde mir klar, wie auch das Seelenleben der Pferde über den Erfolg der Behandlung entscheiden kann. Nach länger anhaltenden Beschwerden ist oftmals noch eine Barriere im Kopf vorhanden, auch wenn die Symptome längst abgeklungen sind.

Nach diesem Erlebnis war es so, als öffneten sich immer mehr kleine Schubladen in meinem Gehirn. Der Glaube an meine Arbeit und die vielen Glückserlebnisse beflügelten mich. Immer kreisten meine Gedanken um die Frage: Wie kann ich Pferde noch effektiver behandeln? Bis heute ist das so geblieben: Mal kaufe ich mir Pflanzenbücher, dann wieder interessiere ich mich für Akupunktur und Chinesische Medizin. Ständig bin ich auf der Jagd nach neuen Behandlungsmethoden, nach homöopathischen Rezepten und anderen Heilmitteln, die dazu beitragen könnten, erkrankten Pferden zu helfen.

Schon immer konnte ich gut zuhören und hinsehen. Auch das hat mir bei meiner Arbeit sehr geholfen. Bei der Suche nach einer Krankheitsursache richte ich all meine Sinne auf den betreffenden Organismus. Etwas anderes kommt hinzu: In manchen Situationen ist es so, als ob ein starker Energiefluss meinen Körper durchfluten würde. Und bei unterschiedlichen Krankheitsbildern habe ich nach und nach erfahren, dass diese Energie auch auf andere übertragbar ist. Im Falle einer Krankheit kann sie gezielt eingesetzt werden.

Ich bemerkte also, dass ich auch eine Gabe für das Besprechen und Handauflegen habe. Manche mögen diese Methoden für Humbug halten, aber das ist verständlich, denn keiner, der diese Erfahrung nicht gemacht hat, kann den Prozess nachvollziehen. In Ostfriesland sind derlei Heilmethoden durch die Jahrhunderte hindurch gepflegt worden. So gibt es bis heute noch Leute, die diese Veranlagungen haben. Auch ist hier der Glaube an Natur- und Geistheilung noch viel lebendiger, die Bereitschaft seitens der Patienten, sich darauf einzulassen noch viel größer als anderswo.

Manchmal werde ich zu Patienten gerufen, die Gürtelrose haben, eine Krankheit, die durch Viren ausgelöst und zumeist durch Stress begünstigt wird. Die Allgemeinmedizin hat ihr recht wenig entgegenzusetzen. Hier kann ich mit Handauflegen oftmals zur Heilung beitragen.

Einmal kam eine Mutter mit ihrem kleinen Jungen zu mir, dessen Körper übersät war mit Warzen. Seine Mama erzählte mir, wie unglücklich er sei, weil seine Schulkameraden ihn ständig aufzogen. Sie hätten schon alle möglichen Mittel ausprobiert, aber immer wieder seien die Warzen zurückgekommen. Nun saß er vor mir, den Rücken und andere betroffene Stellen frei, dann legte ich ihm meine Hand auf den Kopf. Als ich ihn berührte, spürte ich, wie ein warmer Strom meinen Arm hinaufkroch. Ich konzentrierte mich ganz auf den Körper des Jungen und richtete meinen Geist auf die Warzen, die vom Körper abfallen sollten – fing an, den Jungen zu besprechen.

»Mama«, sagte der Junge nach kurzer Zeit, »mir wird so heiß.« Ein Zeichen dafür, dass die Energie fließt. Nach etwa zehn Minuten konnte er sich wieder anziehen, und ich versprach ihm, dass die Warzen bald abfallen würden. Zwei Wochen später traf ich seine Mama an der Tankstelle, sie erzählte mir, dass sämtliche Warzen binnen zehn Tagen verschwunden waren.

Da kann man sehen, was die Energie und ein starker Glaube im Körper bewirken können. Wenn ich mehrere Menschen an einem Tag bespreche, bin ich ausgelaugt und müde. Weil ich einen Teil meiner Energie auf den kranken Organismus übertrage. Tiere und Kinder sind am einfachsten zu behandeln, denn sie sind unvoreingenommen, und bei ihnen setzt auch die Wirkung schneller ein. Skeptiker dagegen sind eine einzige Herausforderung – und ich fühle mich hinterher besonders erschöpft.

Auch wenn ich es erklären wollte, hier nützt kein Nachdenken darüber, was und wie alles abläuft, verstehen kann man es sowieso nicht. Wer ein Fünkchen Hoffnung und Glauben im Leib hat, mag es also hinnehmen, wie es ist, und seinen Vorteil daraus ziehen. Besprechen ist, vereinfacht gesagt, eine Art Energieaustausch. Wie auch immer dieser Austausch stattfindet und warum es dabei zu einer

Heilung kommt: Der Vorgang ist mit dem Verstand alleine nicht zu begreifen.

Zu meinen großen Leidenschaften zählt auch das Sammeln von Heilkräutern und Naturrezepten sowie die Herstellung eigener Pflanzenheilmittel. Die Natur hält für so viele Krankheiten und Wehwehchen ein Mittel parat; man muss es nur kennen. Aber erst mit dem umfassenden Wissen um die Wirkung der jeweiligen Pflanze kann die Behandlung mit pflanzlichen Mitteln zum Erfolg führen. Und es kommt auf die richtige Dosierung an. Unter Verwendung verschiedener Heilkräuter stelle ich Salben und Tinkturen zum Einnehmen her. Die Rezepte aus unserem Familienschatz habe ich im Laufe der Jahre noch etwas verfeinert und ergänzt, dabei sind Heilmittel entstanden, deren Wirkung mich bisweilen selbst erstaunt. (Im Anschluss an das letzte Kapitel habe ich einige dieser Rezepte zusammengestellt.)

Für viele scheint meiner Arbeit etwas Geheimnisvolles anzuhaften, die Ergebnisse sind oft nicht nachzuvollziehen. Die Fragen meiner Kunden sind immer die gleichen – was hat das Tier, wieso hat mein Tierarzt das nicht gesehen, wieso hilft das so schnell, darf ich sofort wieder reiten? – Fragen über Fragen! Die Antwort ist immer dieselbe: Zwischen Himmel und Erde ist mehr, als ihr glauben wollt …

Um die häufig auftretenden Lahmheiten und Verspannungen, Blockaden und Entzündungen bei Pferden besser und effektiver bestimmen zu können, wollte ich meine Sinne noch weiter schärfen. Schon bald war ich in der Lage, meine Hände bei der Ursachenforschung wie einen Scanner einzusetzen. Hatte es mir unlängst noch Mühe bereitet, die Ursachen zu ertasten, so gelang es mir jetzt mühelos.

Was mich früher viel Zeit gekostet hatte, war jetzt eine Sache von Minuten. Zur Feinfühligkeit kam die Routine beim Lokalisieren der Blockaden hinzu.

Im ersten Kapitel bin ich bereits auf das »Nervenfühlen« eingegangen, das in Ostfriesland eine lange Tradition hat. Jetzt will ich versuchen, diese intuitive Sache in Verbindung mit dem Einrenken etwas näher zu erklären. Obwohl – wer die Gabe für das Nervenfühlen nicht hat, kann auch nicht genau nachvollziehen, was da passiert. Das genaue Hinsehen jedoch kann fast jeder erlernen. Es geht dem Abtasten, dem Fühlen voraus. Nur wenn man den Bewegungsablauf bei einem Pferd mit einer Lahmheit genau studiert, ist man in der Lage, die Ursache wenigstens grob zu lokalisieren.

Lahmheiten zu erkennen und genau zu bestimmen ist eine heikle Geschichte. Nur wenige sind dazu in der Lage. Immer wieder wundere ich mich über die Diagnosen von anderen Chiropraktikern oder Tierärzten. Auch ich liege nicht immer richtig mit meinen Anfangsdiagnosen, aber wenn ich der Sache dann auf den Grund gehe, mit dem Abtasten beginne, revidiere ich meine anfängliche Vermutung und setze zur gezielten Behandlung an.

Denn das Kuriose am Bewegungsablauf eines Pferdes ist, dass es nicht immer auf dem Bein lahmt, wo auch der Knackpunkt liegt. Ein kleines Pferdeschicksal möchte ich an dieser Stelle schildern. Unlängst kam eine junge Frau zu uns in die Pferde-Reha. Ihr Pferd lahmte, und sie schilderte mir, wie sich die Lahmheit bemerkbar machte. Der Tierarzt, den sie zu Rate und zu einer Behandlung herangezogen hatte, stellte folgende Diagnose: »Das Pferd wird sich wohl beim Springen überdehnt haben, denn an der rechten Schulter ist deutlich eine Lahmheit zu erkennen. Wahrscheinlich eine Bänderzerrung im oberen Schulterbereich.«

Das Pferd wurde medikamentös behandelt, die Schulter sollte täglich mit einem Mittel eingerieben werden. Nachdem die Medikamente abgesetzt worden waren, kam die Lahmheit zurück. Klar, denn das Übel war ja nicht an der Wurzel gepackt worden. Nun war also ich an der Reihe.

Ich ließ mir das Pferd auf festem Grund vorführen. Dabei bemerkte ich eine Bewegungsstörung, allerdings nicht in der rechten, sondern in der linken Schulter. Sorgfältig tastete ich den ganzen Bewegungsapparat ab und renkte die betroffenen Partien wieder ein. Jetzt kam der Moment, wo sich zeigen würde, ob die Lahmheit behoben war: Ich ließ mir das Pferd im Trab vorführen. Ein Stein fiel mir vom Herzen, das Pferd war wieder in Tritt, keinerlei Zeichen einer Lahmheit waren mehr zu erkennen.

Warum hatte der Veterinär eine falsche Diagnose gestellt? Nun, bestimmt nicht, weil er nichts von Pferden versteht. Nein, er hatte die Merkmale einer Überlastung, die sich an der rechten Schulter zeigten, als das Übel angesehen, aber nicht damit gerechnet, dass die Ursache auf der entgegengesetzten Seite lag.

Wenn ich mit den Augen eine erste Diagnose gestellt habe, gilt es, die Ursache weiter einzuschränken; ja, wie das Sprichwort sagt, kommt es darauf an, dem Pferd »auf den Nerv zu fühlen«. Wie funktioniert das nun mit dem Nervenfühlen? Und was genau mache ich bei einer Lahmheit? Was, wenn ein Pferd einen steifen Rücken hat? Nachdem ich mir das Pferd im Schritt, in manchen Fällen auch im Trab habe vorführen lassen und genau hingesehen habe, kommen meine Hände zum Einsatz. Wenn ich die Hand vom Atlas, dem ersten Halswirbel, die Wirbelsäule bis zum Schweifansatz entlanggleiten lasse, spüre ich eine Art Stromfluss. Oder ich spüre, wo dieser Fluss unterbrochen ist. Es ist, als würde sich der Energiestrom des Pferderückens auf meine Hand übertragen. Ich fange also bei den Nerven an, die eine wichtige Rolle für den Gleichgewichtssinn spielen – am Atlas, wo zwei Nervenstränge heraustreten. In diesem Augenblick muss ich mich wahnsinnig konzentrieren, ich kann nicht fühlen und gleichzeitig reden. Dann taste ich nach den Nervenimpulsen im Genick.

Wenn ein Nerv eingeklemmt ist, fließt nichts mehr, ähnlich wie bei einer Straße, die eine Lawine blockiert. Mit Daumen und Mittelfinger taste ich entlang der Nervenlinie, die zwischen Wirbelsäule und seitlichem Rückenmuskel liegt. Dabei löse ich an den meridianen Punkten Reflexe aus. Das sind bestimmte Punkte im Körper, wo der Energiefluss angeregt werden kann. Ich taste die Schulter ab, dann lasse ich eine Hand weiter zum Fesselbein hinabgleiten. Liegt in diesem Bereich eine Blockade vor, hebe ich das Vorderbein an und ziehe es mit einem kräftigen Ruck nach vorne. Durch diese Stretchingübung wird die seitliche Schultermuskulatur gelöst. Meistens erschrecken die Pferde in diesem Moment. Doch gleichzeitig spüren sie, dass der Schmerz nachlässt, und lassen anschließend alles vertrauensselig über sich ergehen. So kommt jedes Bein an die Reihe. Liegen auch in der Hinterhand Blockaden vor, stretche ich die hinteren Gliedmaßen nach hinten. Bei dieser Übung erschrecken die Pferdehalter, sieht es doch so aus, als würde ich ihren Tieren eine vollkommen unnatürliche Bewegung zumuten. Das ist aber nicht der Fall. Auch hier dient die Übung der Muskellockerung und der Lösung von Blockaden.

Nachdem ich alle Bereiche des Bewegungsapparates untersucht und die entsprechenden Partien behandelt habe, ziehe ich abschließend einen länglichen Metallgegenstand – meist ist es ein ganz bestimmter Schlüssel an meinem Schlüsselbund – schräg über beide Seiten der Hinterhandmuskulatur zum Schweif hin. Auch hier löse ich wieder Reflexe aus, die der Lockerung dienen. (Im Anhang finden Sie die einzelnen Stretchingübungen näher beschrieben.)

Natürlich ist der Ablauf bei jedem Pferd verschieden. Je nach Bereich, in dem die Hauptursache einer Störung liegt, variiere ich meine Behandlung.

Diese hier nur grob skizzierte Methode habe ich mir im Laufe der Jahre angeeignet. Je öfter ich Pferde behandelte, desto mehr Routine bekam ich darin. Immer rascher setzte mein Gehirn die Empfindungen in meinen Fingern um, und umso schneller ging die Behandlung. Letztendlich war es die Zeit, die immer knapper wurde. Anfangs kam ich noch ziemlich rasch zum Kunden. Heute sieht das leider anders aus, immer mehr Pferdehalter rufen an, fragen, ob ich ihr Pferd vor Ort behandeln kann. Ganz auf mich gestellt, als Einmannbetrieb sozusagen, bin ich jedoch nicht endlos belastbar. Nur eine begrenzte Anzahl an Behandlungen am Tag ist möglich. Daher habe ich mich auf Sammeltermine verlegt, wenn die Anfahrt recht weit ist. Ruft jemand aus Schleswig-Holstein an, schaue ich nach, wie viele Anfragen aus der Gegend bereits gemeldet sind. Kommen genug zusammen, fahre ich an einem bestimmten Tag dorthin, um all die Pferde zu behandeln, deren Besitzer auf mich warten. Oft müssen sie sich Tage, manchmal zwei, drei Wochen gedulden.

Hin und wieder aber werde ich zu einem Notfall gerufen, und der Kunde kann nicht auf eine Sammelfahrt warten. Gerade im Herbst passiert es häufig, dass sich Jungpferde auf der Weide verletzen. Es gibt so viele Gefahren und Ursachen für Erkrankungen bei Pferden, dass ich mir manchmal wünsche, die Zeit anhalten zu können, um allen Hilferufen nachkommen zu können.

Vor einigen Wochen, im Oktober, erhielt ich einen für jene Jahreszeit typischen Notruf, Eile war geboten. Wieder einmal hatte das Schicksal zugeschlagen. Oft kommt ein Unfall durch einen dummen Zufall zustande. In diesen Wochen nimmt der Regen zu und die Außentemperatur ab. Also ziemlich ungemütlich draußen. Für die Weidepferde ist das Klima aber nichts Außergewöhnliches, sie stellen sich auf die veränderten Verhältnisse ein. Sie laufen und spielen nun mehr miteinander und halten sich so fit.

Das kann aber auch mal ins Auge gehen, oder besser gesagt, so wie in dem Fall, in den Graben. In dieser Zeit sollte man besser auf seine Tiere achten, denn die Gefahren lauern überall. Pferde, die in den Graben gefallen sind, unterkühlen sich schnell oder ertrinken. Ein Pferd kann bereits ertrinken, wenn der Kopf noch über Wasser ist. Pferde und Schafe, so sagt man, laufen von hinten voll. Deshalb sterben sie schneller als etwa Kühe.

Das Hineinfallen kriegen sie meist alleine hin, aber das Herauskommen nur mit Hilfe von Menschen. Mit Stricken und den zusätzlichen PS eines Traktors schafft man es meistens, aber dann muss man das Pferd genau untersuchen. Oft hat sich ein Tier den Rücken verzogen oder sich verkühlt und wird dadurch steif. Dann rufen mich die Bauern hinzu – mein Pferd war im Graben, komm schnell, wir brauchen deine Hilfe.

So rasch es geht, fahre ich zu dem Tier – je schneller die Behandlung erfolgt, umso eher ist das Pferd wieder fit.

Zwei feste Tage in der Reha in Filsum – ich habe sie »Kummertage« genannt –, an den anderen Tagen der Woche Sammeltermine in anderen Gegenden, dazwischen die Notfälle in der Nähe, zu denen ich gerufen werde: Im Grunde genommen müsste ich mich aufteilen können, denn die vielen

Anrufe, die nicht nur aus allen Regionen Deutschlands, sondern auch aus entlegenen Winkeln der Erde bei mir eingehen, sind kaum zu bewältigen. Natürlich kann ich nicht zu einzelnen Pferden quer durch die Welt reisen.

Verständlicherweise kann ich bei all den Terminen und langen Fahrten nicht immer pünktlich sein, auf ein paar Stunden mehr oder weniger kommt es bei mir nicht an. Doch nicht etwa, weil ich andere gerne warten lasse, nein, ich vermeide jede Form von Hektik, so gut es irgend geht. Meiner Tätigkeit ist Stress ohnehin sehr abträglich, denn die Tiere spüren ihn sofort.

Ich für meinen Teil habe mehrere Strategien, um Stress zu begegnen und ausgeglichen zu sein. Ich versuche einfach, mich nicht aus der Ruhe bringen zu lassen. Meistens gelingt es mir, sehr zum Leidwesen meiner Mitmenschen. Meine kleinen Hobbys, die von genüsslicher Art sind und denen ich nebenher frönen kann, tragen dazu bei. Allerdings werden meine Stressabwehrmechanismen von meinem Hausarzt anders gesehen. Erst kürzlich meinte er: »Bei deinem Bluthochdruck musst du abnehmen, Diät halten und darfst auf keinen Fall rauchen.« Ja, aber das sind sie doch, die kleinen Sünden, die mir das Leben versüßen.

Mein Tag beginnt damit, dass ich meinen Tee im Bett genieße. So kommt mein Kreislauf erst richtig in Schwung. Tee am Morgen vertreibt Kummer und Sorgen. Beim Frühstück überfliege ich die Zeitung und lese vor allem, wo wieder mal geblitzt wird. Am Morgen, während der Fahrt zu meinem ersten Kunden, sehne ich mich schon nach einer schönen, geschmackvollen Brasil-Zigarre. Mein Zigarrenvorrat im Auto läuft niemals Gefahr, zur Neige zu gehen. Mal rauche ich Zigarillos – meine Rauchwaren für Kurzstrecken –, dann wieder dicke vollmundige Zigarren, die auch am besten zu meiner Figur passen. Das sind meine Langstrecken-Rauchwaren.

Was immer auch die Leute denken mögen, wenn sie sehen, wie viel ich rauche: Zigarren gehören nun mal zu mir. In Wahrheit rede ich mir ein, dass Zigarrenrauchen eh nicht so schädlich ist, denn man raucht sie nicht auf Lunge, nein, Zigarren pafft man.

Was den Stress betrifft, so beuge ich diesem Leiden also durch eine ruhigere Gangart vor. Und wenn ich merke, dass ich dennoch einmal in Stress gerate, dann ordne ich meine Sinne, indem ich zwischendurch mal abschalte. Entweder trinke ich ein paar Tassen von unserem unvergleichlichen Ostfriesentee oder esse eine Kleinigkeit zwischendurch. Dabei höre ich gute Musik im Radio. Nun, für meinen Geschmack gute Musik, denn bei meinem Autoradio sind alle Programmplätze mit demselben Sender, NDR 1 Radio, programmiert.

Meine Leidenschaft für deutsche Schlager bekam auch ein Filmteam von Sat 1 zu spüren, das letztes Jahr eine Reportage über mich drehte. Man wollte mich genauso darstellen, wie ich bin, mit all meinen kleinen Macken, und dazu gehört neben dem Zigarrenrauchen eben auch diese Musikleidenschaft. Der Kameramann stieg also zu mir ins Auto und filmte, wie ich eine leckere Zigarre rauchte. Zum Zigarrenrauchen nehme ich mir ab und zu auch die Zeit, die ich eigentlich gar nicht habe.

Nun filmt der Mann also los, aber nach wenigen Kilometern schon winkt er ab, er könne nichts mehr sehen, da die Linse von dem Qualm beschlagen sei. Also auf zur Tankstelle, ein Tuch wird gekauft, das die Scheibe vom Teer befreit und die Linse vor dem Beschlagen schützt. Die Aufnahmen werden nun gut. Aber während dieser Filmaktion spielt mein Lieblingssender, und der Tontechniker hinten im Auto sagt zum Kameramann: »Drück die Kassette rein, diese Musik halt ich nicht aus.«

Der andere vorne neben mir fragt: »Was ist denn auf der Kassette?«

»ABBA«, sage ich.

Daraufhin schiebt der Kameramann die Kassette rein. Was nun erklingt, ist »O du Fröhliche«.

»Das sind Weihnachtslieder«, schreit der Typ von hinten, »und das im Juli, das gibt es doch nicht.«

Und der Kameramann: »Eh du, das sind Weihnachtslieder, das ist gar nicht ABBA!«

»Doch, doch«, antwortete ich, »das ist Abba Heitschi Bumbeitschi!« Daraufhin wollten alle nur noch NDR 1 hören.

Das Leben nicht zu ernst nehmen, auch das ist Teil meiner ganz individuellen Stressbewältigung. Klar, das mit dem Zigarrenrauchen ist nicht gerade eine gesunde Alternative. Als ich den Dreck auf dem Tuch sah, mit dem der Kameramann meine Autoscheibe reinigte, fragte ich mich insgeheim: Wenn die Scheibe vom Rauchen so voller Teer ist, wie sieht dann wohl meine Lunge aus? Wahrscheinlich bekomme ich später keine Beerdigung, sondern werde als Sondermüll entsorgt!

Aber wenn man mich so sieht, mit einer guten Zigarre in der Hand, dann erkennt mich fast jeder – das ist der Knochenbrecher, wie man ihn im Fernsehen gesehen hat. Dieses Markenzeichen passt einfach zu meiner Mentalität, ich übe mich in Gelassenheit und reagiere trotzdem sehr spontan. Erzähle hin und wieder mal einen Witz, lache viel. Rede gerne mit Menschen, scheue mich nicht zu diskutieren, wenn mir was nicht passt, auch wenn ich für den anderen eine unbequeme Meinung vertrete. Kurz und gut, ich liebe die Geselligkeit mit allem Drum und Dran. Bin ich aber einmal traurig, dann zeige ich es und schäme mich nicht, wenn Tränen fließen. Denn so ist das Leben, mit all den dazugehörigen Gefühlen. Habe ich eine große Wut im Bauch, so schreie ich sie heraus, sind Schuldige anwesend, werden sie sogleich zurechtgestaucht. Ergibt sich eine Situation, wo es recht gemütlich ist, man miteinander lacht und singt, dann nehme ich mir Zeit. Das ist Balsam für meine Seele.

Auf der anderen Seite bin ich mir auch im Klaren, dass ich durch meine Wesensart wiederum anderen Menschen Stress bereite. Die warten auf mich, und ich verspäte mich heillos. Umso größer ist allerdings die Freude über meine Ankunft, wenn ich endlich da bin. Dann widme ich meine ganze Aufmerksamkeit den Pferden, und gleich geht es allen besser.

Und siehe da, plötzlich haben auch die Menschen Zeit, die gerade noch fluchten, weil sie durch meine Unpünktlichkeit aufgehalten wurden. Wer hat nur die Uhr erfunden? Ich kann das jetzt mit ausbaden. Da wir wissen, wie spät es ist, wissen wir leider auch, was wir nicht geschafft haben.

Nein, Teetrinken im Bett, NDR 1 und Zigarrenrauchen sind noch nicht all meine kleinen Laster. Da ist noch die tägliche Nahrungsaufnahme – Essen, auch das ein himmlisches Vergnügen. Wo immer ich bin, wird etwas gegessen, das für diese Gegend typisch ist. Vor Jahren kam ich in die Heimat unseres Altkanzlers Kohl. Natürlich bestellte ich mir seine Lieblingsspeise, Saumagen, und ließ mir vom Koch erklären, was das denn überhaupt ist. Das Gericht schmeckte mir übrigens vorzüglich.

Im Norden Deutschlands kann ich meine Zeit aufgrund der Sammeltermine recht effizient einteilen. Sie haben für mich den Vorteil, dass ich nicht wegen jedem einzelnen Fall eine lange Autofahrt auf mich nehmen muss, denn die kostet

Zeit und Geld, und der einzelne Kunde profitiert davon, dass die Spritkosten auf alle Kunden des jeweiligen Behandlungsortes umgelegt werden. Und wenn ich beispielsweise in einem Reitstall mehrere Pferde behandle, dann ist das für den einzelnen Pferdehalter viel interessanter, als wenn ich nur zu ihm alleine käme. Während ich mich einem Pferd widme, stehen die anderen Halter, deren Pferde noch warten, dabei und kommen so in den Genuss von allerlei Anregungen und Tipps.

Heute ist ein »Sammeltag« in der Gegend von Nienburg angesagt, und ich nehme Sie mal auf so eine Behandlungstour mit.

Eine längere Autofahrt, womöglich mit zahlreichen Baustellen und Staus, erwartet uns – also jede Menge Stressquellen … Eine Freundin, Gundi, die Fotoaufnahmen macht, begleitet mich. Gestern war »Kummertag« in der Reha, also habe ich in Filsum übernachtet, bin früh aufgestanden und habe noch die Pferde in der Klinik versorgt, ehe ich mich auf den Weg begeben habe. Wie überall in Norddeutschland kenne ich auch bei Nienburg viele Pferdezüchter, Gestüte und Reitställe.

Als Erstes fahre ich zu einem Reitstall, den ich noch nicht kenne. Irgendjemand hat einen Bericht über den Knochenbrecher im Internet ausgedruckt, ans Schwarze Brett gehängt und einen Termin für diejenigen organisiert, die ihr Pferd von mir behandeln lassen wollen. Fast alle Pferdehalter hier sind Mädchen und Frauen – wie in den meisten Reitställen. Es ist etwas später geworden als geplant – wie so oft, wenn ich weite Strecken zu bewältigen habe. Das liegt nun mal in der Natur der Sache: Wenn ich nicht gerade im Stau stehe, dann bimmelt laufend das Telefon oder es schiebt sich noch ein anderer Behandlungstermin dazwischen.

Das erste Pferd, das an die Reihe kommt, ist ein zehnjähriger brauner Wallach. Ich lasse ihn mir von seiner Besitzerin im Schritt auf der Stallgasse vorführen. Dann will ich ihn beim Rückwärtsrichten sehen. Die Halterin hat Schwierigkeiten, ihr Pferd zu dieser Gangart zu animieren. Dabei bedarf es keiner Kraft: Ich zeige ihr, wie man dem Pferd durch leichten Druck auf zwei meridiane Punkte rechts und links an der Brust den Impuls zum Rückwärtsrichten geben kann. Ein mehrfaches »Oh« von den Umstehenden, » … so geht das?«

Mit den Augen habe ich mir bereits ein Bild gemacht, wo die Blockaden liegen, und während ich mit dem Abtasten fortfahre, bestätigt sich meine Vermutung: Die Blockaden liegen vorwiegend im Kreuzbeinbereich, der mittleren Wirbelpartie an der Kruppe. Nachdem ich die betreffenden Nerven freigelegt habe, nehme ich mir die linke Hinterhand vor. Ich taste weiter bis zum Griffelbein. Die Halterin des Pferdes, eine junge Frau, will genau wissen, was ich im Einzelnen tue. Ich erkläre ihr den Verlauf der Nerven.

Weiter erkläre ich der jungen Frau, wo gewisse meridiane Punkte sitzen und dass ich, indem ich sie durch den Druck meiner Finger stimuliere, bestimmte Reflexe auslöse. Wenn die Reflexe stimmen, ist das Pferd auch wieder durchlässig. Es genügt jedoch nicht, den Bereich, in dem die Hauptursache einer Bewegungsstörung liegt, wieder zu lösen, meist ist der ganze Bewegungsapparat betroffen. Also nehme ich mir auch die anderen Partien vor.

Schließlich lasse ich mir den Wallach nochmals vorführen und überprüfe, ob das Auffußen wieder in einer Linie erfolgt, der Schweif in einer geraden Linie herabfällt und die ursprünglichen Unregelmäßigkeiten behoben sind. Alles passt. Noch einen Blick ins Maul, denn die Erfahrung hat mich gelehrt, dass manches Übel in den Zähnen wurzelt. Wie erwartet, finde ich an den hinteren Backenzähnen Zahnhaken. Hier ist ein Termin mit dem Tierarzt angesagt, der die Haken abschleifen wird. Um mit der elektrischen Zahnschleifmaschine überhaupt so weit hinten im Pferdemaul hantieren zu können, wird er dem Wallach eine Beruhigungsspritze geben.

Zahnhaken wirken sich negativ auf das Wohlbefinden des Pferdes aus, weil sich das Zahnfleisch daran aufreibt und dem Pferd das Maul wehtut. Das führt zum einen dazu, dass es schlecht kauen kann, und unter anderem versteifen sich die Muskeln am Atlas, dem ersten Halswirbel, der den Kopf trägt. Mit der Zeit entstehen Verspannungen im ganzen Rücken. Nach der Zahnbehandlung, so empfehle ich der Reiterin, sollte sie ihrem Pferd etwa eine Woche lang vor dem Aufzäumen einen Apfel geben, das sorgt für einen angenehmen Geschmack im Maul und regt die Kautätigkeit an.

Außerdem gebe ich der Reiterin den Tipp, ihrem Pferd vor dem Warmreiten den Rücken zu stretchen. Man stellt sich dazu hinter das Pferd und fährt beidseitig der Kruppe jeweils mit dem Zeigefinger vom höchsten Punkt der Kruppe bis zum Schweifansatz und übt mit den Fingern leichten Druck aus. (Diese Übung finden Sie im Übungsteil am Ende des Buches.) Das Pferd wölbt zunächst die Kruppe nach oben, macht dabei ein Hohlkreuz und zum Schluss eine Art Katzenbuckel, indem es die Kruppe wieder einzieht. Durch die Stimulierung der Druckpunkte auf der Kruppe werden Reflexe ausgelöst und der gesamte Kruppenbereich gelockert. Diese Dehnübung vor dem Reiten ersetzt zwar nicht die Aufwärmphase, sorgt aber schon einmal dafür, dass das Pferd den Rücken entspannt und durchlässiger wird.

Wenn ich ein Pferd behandelt habe, gebe ich dem dazugehörigen Menschen noch Tipps, wie er dazu beitragen kann, dass das Tier in Tritt bleibt. Es nützt nichts, nach dem Einrenken Pferd und Reiter ihrem Schicksal zu überlassen. Jetzt kommt es darauf an, dass die Muskeln besonders an der Schwachstelle wieder richtig aufgebaut werden. Dazu muss das Pferd gezielt gearbeitet werden, ansonsten ist es nur eine Frage der Zeit, bis sich wieder eine Lahmheit einstellt.

Das nächste Pferd, wieder ein brauner Wallach. Seine Halterin erklärt mir: »Beim Voltigieren kippt er mit der linken Hinterhand nach innen, außerdem streift er sich mit dem linken Fuß am rechten Fesselträger. Woran liegt das wohl? Und in der letzten Zeit braucht er mindestens zwanzig Minuten, um richtig warm zu werden.«

»Tja, dieses Problem sehe ich bei Voltigierpferden immer wieder, das kommt von der extremen einseitigen Belastung«, erkläre ich der jungen Frau. Tatsächlich ist es so, dass die meisten Voltigierpferde nur auf der linken Hand arbeiten – weil unter den Menschen die Rechtshänder überwiegen und die Voltigiergruppen daher von links aufspringen.

Ich taste den Wallach am ganzen Körper ab und löse die Blockaden, die vor allem im linken Hüftbereich liegen. Doch nicht nur dort, der Wallach ist im Rücken total steif und hat Spat, schmerzhafte Knochenauftreibungen in den Gelenkspalten der Sprunggelenke. Auch diese Form der Arthrose kommt daher, dass die Gelenke einseitig belastet werden.

»Du musst die Aufwärmphase verlängern, abwechselnd Schritt und Trab gehen. Und nach dem Voltigieren muss die Schrittphase mindestens genauso lang sein wie die der schnellen Gänge«, rate ich der Reiterin.

Nach dem Einrenken lasse ich mir das Pferd im Schritt auf der Stallgasse vorführen, sehe, dass es x-beinig steht und nicht gerade, wie es richtig wäre.

»Außerdem benötigt dein Pferd einen Spatbeschlag, das bedeutet, dass der Schmied in diesem Fall hinten auf der Innenseite jeweils einen Keil zwischen Huf und Eisen macht.«

»Ja weiß denn der Schmied, was zu tun ist?«, fragt das Mädchen.

Ein junger Schmied ist gerade dabei, Hufe auszuschneiden, man ruft ihn hinzu. Ich erkläre ihm das Problem und was wir an der Reha bei einer solchen Hufstellung machen. Er fängt an, mit mir zu diskutieren, sichtlich beleidigt, weil ich mir erlaube, ihm einen Rat zu erteilen. Ich geb's auf, soll er ruhig seinen Stiefel weitermachen, wenn er meint, mit seinen knappen 25 Jahren alles besser zu wissen.

Ich werde später, in einem Kapitel über Pferdehaltung, noch einmal auf die Hufbeschlagskunst zurückkommen. Ein leidiges Thema, denn gute Hufschmiede sind vom Aussterben bedroht. Nein, ich übertreibe nicht. Bei dem, was ich so zu sehen bekomme, sträuben sich mir oftmals die Haare.

Abschließend ein Blick ins Maul des Pferdes: Zeit zum Zähneraspeln. Das sollte normalerweise mindestens einmal im Jahr gemacht werden. Früher war das nicht nötig, da fütterte man den Pferden noch ganzen Hafer, und sie mussten noch ordentlich kauen. Aber heutzutage, bei Quetschhafer und Pellets, die meist auf dem Futterplan stehen, muss nachgeholfen werden.

Die Halterin des Wallachs macht eine Ausbildung zur Physiotherapeutin und will alles genau wissen. »Seit einiger Zeit lege ich ihm regelmäßig eine Magnetfelddecke auf den Rücken. Ist das gut für ihn?«

»Ja, das kann nicht schaden, aber man muss es über einen längeren Zeitraum hinweg machen«, sage ich. »Wir arbeiten in der Klinik auch mit der Magnetfeldtherapie und haben gute Erfahrungen damit gemacht.«

Der nächste Problemfall. Um uns herum haben sich einige neugierige Reiterinnen versammelt, die das Geschehen aufmerksam beobachten. Viele Fragen werden mir gestellt – man merkt, dass ich zum ersten Mal hier bin. Bei uns in Filsum kennt man meine Behandlung, dorthin kommen oftmals dieselben Pferdehalter und -züchter. Außerdem ist in der Ecke die Tradition der Knochenbrecher zu Hause, da gibt es nichts mehr zu fragen.

Noch ein Voltigierpferd, und wieder stelle ich Spat fest. Dieses Pferd benötigt ebenfalls einen Spezialbeschlag. Nochmals betone ich, dass nur die Stellung der Hinterhand durch einen Spezialbeschlag verändert werden darf. Bei einem Pferd, das älter als vier Jahre ist, darf die Stellung der Vorderhand nicht mehr korrigiert werden!

Nach der Behandlung gebe ich auch dieser Halterin den Tipp, genauso lange Schritt zu gehen wie zuvor in den schnellen Gängen. Und nur ein zügiger Schritt hat die notwendige Wirkung. Nur so kann man erreichen, dass die Milchsäure abgebaut und nicht von den Muskeln eingelagert wird. Selbst in der Natur können wir beobachten, dass ein Pferd nach einer Flucht zügig Schritt geht, zwischendurch grast es immer wieder mal kurz, dann folgt wieder eine Schrittphase und so fort.

Noch einige Pferde kommen an die Reihe, ein jedes mit einer anderen Bewegungsstörung. Schließlich sind sämtliche Patienten versorgt. In den kommenden Wochen wird sich erweisen, ob alle meine Ratschläge auf fruchtbaren Boden gefallen sind …

Jetzt fahre ich zu einem Privathaus in Garbsen, wo eine

ältere Dame und ihre Tochter mehrere Pferde halten. Sie haben sehr schöne, geräumige Boxen mit zweigeteilten Türen, so dass die Pferde neugierig herausgucken können.

Die Hannoveraner Stute, die die Tochter mir im Schritt vorführt, macht mir Sorgen. Das 15-jährige Pferd läuft mit einem erheblichen Rechtsdrall. Ich sehe sofort, dass hier Schlimmeres passiert sein muss.

»Und, Krach mit dem Hufschmied gehabt?«, frage ich zunächst. Die Stute hat keine Eisen, aber die Hufe müssen dringend ausgeschnitten werden.

»Nein, das nicht. Er ist längst bestellt, aber hatte einfach noch keine Zeit vorbeizukommen.« So ist das mit einem guten Hufschmied, entweder er kommt oder er kommt nicht …

»Wann haben Sie denn zum ersten Mal bemerkt, dass die ganz schief ist?«, frage ich.

»Ach, vor vierzehn Tagen, länger nicht.«

Oder vor ein paar Wochen?, denke ich bei mir. Wahrscheinlich ist die braune Stute auf der Weide ausgerutscht und hat die Hinterbeine gegrätscht. Dabei müssen die Bänder gerissen sein. Ein Pferd kann einen Bänderriss nur dadurch wieder ausgleichen, dass die Muskeln ordentlich aufgebaut werden, die dann die Funktion der Bänder mit übernehmen. Also muss die linke Seite an der Longe trainiert werden.

Das will ich jetzt demonstrieren. Beim Longieren auf der linken Hand ist der Trab vollkommen unruhig und instabil, der Rücken schwingt überhaupt nicht, zunächst ist keinerlei Biegung da, und der Kopf schaut nach außen. Das Pferd hätte nach dem Unfall auf keinen Fall mehr auf die Weide gedurft. Jetzt muss die Stute erst mal ruhig stehen, zweimal am Tag soll sie 15 Minuten longiert werden, allerdings nur auf der linken Hand und abwechselnd im Trab und im

Schritt. Ein Fünkchen Hoffnung habe ich noch, mehr leider nicht. Sie ist eine so schöne Hannoveraner Stute, es wäre wirklich schade um dieses Pferd.

So viele Pferde, und jedes ein anderes Schicksal, denke ich auf meinen Touren oft. Man muss sich da schon ein dickes Fell zulegen, um sich nicht jedes einzelne zu Herzen zu nehmen.

Jetzt steht noch ein Sammeltermin in einem Reitstall an, den ich gut kenne, Korn-Finke in Berenbostel. Auf diesen Termin freue ich mich, denn dort habe ich auch den jungen Fuchswallach meines Vaters in Beritt gegeben. Jetzt will ich sehen, wie ihm die Ausbildung bekommt. Auch treffe ich dort meinen Freund Friedrich Gosslar, den ich schon seit Jahren kenne. Ein ganz großer Pferdemann, der im Landgestüt Celle gelernt hat und sich vor allem in der Fahrausbildung junger Pferde einen Namen gemacht hat. Auch Dirty Harry, unseren Fuchs, hatte ich zu ihm gegeben, damit er vor dem Beritt in den Genuss eines Fahrtrainings kommt. Das kann einem jungen Pferd nur gut tun, der Rücken wird gestärkt, und es lernt, sich lenken zu lassen, was wiederum wichtig ist für den Beritt.

Zuerst einmal setze ich mich zu Friedrich ins Reiterstübchen. Zeit für einen Klönschnack muss sein. Friedrich ist ein alter Hase im Hannoveraner Pferdezirkus, und da gibt es immer was zu erzählen.

Bevor ich mir die Problemfälle vornehme, lasse ich mir Dirty Harry vom Bereiter vorführen. Ich will doch sehen, wie er sich unterm Sattel präsentiert. Meine Erwartungen werden noch übertroffen: Welch herrliche Bewegungen, ausdrucksstark und sehr rittig. Auch der Bereiter ist begeistert. Wirklich ein Prachtpferd, kein Wunder bei dieser Abstammung (Daydream X Schwarzdorn-Praelat). Was für ein Gefühl, zu sehen, dass sich ein »Zögling« so herrlich entwickelt, er ist wirklich eine Augenweide.

So, nun muss ich aber an die Arbeit, Pferde und Reiter warten bereits. Aber hier kennt man mich, keiner quängelt und drängt – kann ich zuerst, ich muss zur Arbeit, ich habe noch einen Termin –, keine entnervten Gesichter, die Leute haben sich schon darauf eingestellt, dass die Uhr des Knochenbrechers ein wenig anders geht.

Auch hier liegen die vielfältigsten Probleme vor. Und etwas fällt auf: Hier wie dort haben es die Reiter eilig, ins Reiterstübchen zu kommen. Nach der Arbeit wird generell zu wenig Schritt geritten.

Als ich dem ersten Pferd, das am Atlas stark blockiert ist, in die Nüstern blase, die linke Hand an der betreffenden Stelle, und leise ein paar Worte vor mich hin murmle, spüre ich die fragenden Blicke der Reiter auf mir. Ich konzentriere mich ganz stark auf den blockierten Bereich und versuche dabei, meine Gedanken in Form von Energie zu übertragen. Über meinen Atem werden bestimmte Hormone freigesetzt, die zusätzlich dazu beitragen, das Pferd in Richtung meiner Gedanken zu lenken. Man glaubt ja gar nicht, was Pferde alles mit ihrem Geruchssinn aufnehmen.

Manche mögen denken: Voodoozauber oder esoterischer Quatsch? Jeder kann davon halten, was er will. Ähnlich wie beim Handauflegen findet auch hier eine Energieübertragung statt. Und dass verschiedene Gedanken über die Hormonsteuerung unterschiedliche Gerüche hervorbringen, können wir alle erfahren. Hat ein Mensch Angst, wittert das Tier das sofort und reagiert ebenfalls negativ, strahlt er Ruhe und Gelassenheit aus, wird auch das Tier besänftigt.

Ganz zum Schluss führt mir ein Mädchen ihre trächtige Stute vor: Kaum zu glauben, aber sie ist bereits 23 Jahre alt!

»Na«, sage ich zu meiner Begleiterin Gundi, »ihr wollt mit 40 schon aufhören mit dem Kinderkriegen, da nehmt euch aber mal ein Beispiel an den Pferden, die können das noch mit 70!«

Wenn ich mir den Zustand der Stute so anschaue, gibt es allerdings wenig zu lachen. Sie muss wohl ausgerutscht sein und hat sich dabei ganz schön verstaucht. Während ich sie behutsam wieder einrenke, sage ich zu dem Mädchen: »Da habt ihr aber noch mal Glück gehabt. Deine Stute ist nur ganz knapp an Messer und Gabel vorbeigeschrammt.«

Auch wenn die Situation ernst ist, so versuche ich stets, ihr den Stachel zu nehmen und die Anspannung von Pferd und Halter zu lösen; in diesem Fall ist es ja tatsächlich gut ausgegangen. Für die Umstehenden gibt es auf diese Weise meistens was zu lachen, was ihnen wiederum die Wartezeit verkürzt. Wenn es aber tatsächlich ernst wird, erlaube ich mir derartige Späße nicht. Denn ich weiß, was es für einen Besitzer bedeutet, gesagt zu bekommen, dass er sein Pferd aufgeben muss. Da gehört dann einiges Fingerspitzengefühl dazu, eine solche Botschaft zu überbringen …

Der Nachmittag ist vorbei, längst wollte ich auf dem Weg nach Hause sein, wo die Klinikpferde auf mich warten. Aber Opa und eine Freundin kümmern sich inzwischen um die Patienten. Jetzt, nach getaner Arbeit, will ich nicht sofort aufbrechen. Mit ein paar Reitern und Friedrich setze ich mich wieder ins Casino. Wir trinken eine Cola, jemand hat Kuchen mitgebracht. Es gibt so viel zu erzählen. Über die jungen Pferde und ihre Abstammung, über Züchter und Turniere, die anstehen, über Hengste und ihre Fruchtbarkeit, ihre Vererbungstendenzen.

»Ich habe jetzt drei Fohlen vom Hengst soundso, die kommen richtig gut«, sagt Friedrich.

»Ach«, sage ich, »der hat nur den Nachteil, dass seine Nachkommen meistens kreuzlahm sind.«

»Mach mich nicht bange, das ist ja ein Mist!« Friedrich blickt mich ganz entsetzt an.

»Ach wieso, für mich nich. Die krieg ich dann alle zum Einrenken.«

Großes Gelächter, Friedrich schaut wieder ganz entspannt, war ja bloß ein Spaß. So geht es noch eine Weile hin und her, dann mache ich mich auf den Weg.

Doch schon klingelt das Telefon. Eine Bekannte aus Köln, deren Pferde ich regelmäßig behandle, ist auf dem Weg nach Filsum. Diesmal nicht mit einem ihrer Pferde, nein, ihr Rottweiler hat einen ganz steifen Nacken. Nun, Hunde sind nicht gerade meine Spezialität, aber ich will die Bekannte nicht enttäuschen. Da ich den Rottweiler bereits einmal eingerenkt habe, weiß ich, dass er ein ernst zu nehmendes Problem hat. Ohne eine Röntgenaufnahme will ich nichts mehr unternehmen, denn der Nackenwirbelbereich ist heikel, ich will ihm ja nicht das Genick brechen. Wir treffen uns also auf halber Strecke bei einer Tierärztin, die ich kenne. Das Röntgenbild zeigt tatsächlich einen Bandscheibenvorfall im Nacken.

Ich lasse mir den Rottweiler im Schritt vorführen und sehe, dass er den Kopf ganz schief trägt. In diesem Fall werde ich vom Einrenken absehen, das ist zu gefährlich. »Als Erstes muss der Hund veterinärmedizinisch behandelt werden. Und er muss mindestens zehn Kilo abnehmen!« Diesen Ratschlag gebe ich ihr mit auf den Weg, alles andere hat keinen Sinn.

Ein langer Tag geht zu Ende. Auf der Rückfahrt lasse ich ihn nochmals Revue passieren. So vieles geht mir durch den Kopf: all die Pferde und Menschen, denen ich auf den Sammeltouren begegne. Am Abend, wenn ich eine Reihe von Pferden behandelt habe – jedes mit einem anderen Problem, ein jedes von eigenem Charakter –, bin ich vollkommen ausgelaugt. Zum einen habe ich einen ziemlichen »Knochenjob«, und zum anderen erfordert er äußerste Konzentration. Bin ich mit dem Geist nicht dabei, dann klappt das mit dem Nervenfühlen auch nicht.

Jeden Morgen, den ich losmuss, denke ich mit Grausen daran, wie viel Zeit ich wieder im Auto verbringen werde. Darum haben wir für Pferdehalter, die wegen akuten Problemen nicht mehr warten können oder die abseits der gängigen Sammeltouren liegen, zwei Kummertage pro Woche in der Pferde-Reha in Filsum eingerichtet. Diese festen Tage – jeweils samstags und montags – haben sich bereits bewährt. Von weit her machen sich Mensch und Tier auf den Weg, um in Filsum nach anderen Möglichkeiten der Behandlung zu suchen. Auch in unserer Gegend haben sich diese festen Tage herumgesprochen, und oft kommen die Leute an diesen Tagen auch ohne vorherige Terminabsprache vorbei, das Einzige, was sie mitbringen müssen, ist Geduld.

Neben den althergebrachten Methoden und Naturrezepten, neben Homöopathie und Nervenfühlen hat auch hier in Filsum die Technik Einzug gehalten. Magnetfeldtherapie und Laserakupunktur setzen wir mit großem Erfolg ein, Pferdesauna (die erste Deutschlands) und Aquatrainer für Pferde wirken unterstützend bei den Therapien. Und den Pferden macht es sichtlich Spaß. Will ein Pferd beim ersten Mal nur unwillig in die hölzerne Box gehen, lässt es sich bereits beim nächsten Mal nicht lange bitten. Für den Stoffwechsel ist das Saunieren ideal. Und die Wärme löst Verspannungen, so dass das Einrenken hinterher umso effektiver ist. Auch bei Husten und Erkältungen erzielen wir mit dieser Behandlung große Erfolge. Von Fall zu Fall lassen wir die Pferde täglich zweimal saunieren oder aber – bei schwerem Husten etwa – jeden zweiten Tag und dazwischen inhalieren.

Im Aquatrainer machen die Pferde eine Art Kneipptherapie in Verbindung mit Wassergymnastik. Eine ideale Methode, um die Rückenmuskulatur zu festigen, wobei die Gelenke geschont werden. Die Wassertemperatur beträgt hier um die 12° Celsius.

Ein ganz wichtiger Bestandteil der Reha ist die Schmiede, die wir erst kürzlich in Betrieb genommen haben. Mein alter Freund und Wegbegleiter Johann Willms kommt an den festen Tagen in die Klinik, und so kann jeder, der vor Ort keinen Hufschmied seines Vertrauens hat, vom Können dieses alten Hasen profitieren.

Zwei Tierärzte aus der Gegend besuchen nach Bedarf die Rehaklinik, denn manchmal ist auch eine veterinärmedizinische Versorgung notwendig. Auch eine Zahnbehandlung oder eine Trächtigkeitsuntersuchung kann bei uns von einem Tierarzt durchgeführt werden. Auf diese Weise lassen sich an einem Tag – oder während eines mehrtägigen Aufenthalts – mehrere Fliegen mit einer Klappe schlagen.

Nicht immer jedoch sind unsere Mittel ausreichend, um ein Pferd von seinem Leiden zu kurieren. Es kommt eben auch vor, dass ich einen Patienten weiterschicke in eine Tierklinik, weil es auch in der Chiropraktik und bei den Naturheilverfahren, die in unserer Reha angewandt werden, Behandlungsgrenzen gibt. Manchmal habe ich schon das Gefühl, die Leute denken, ich sei der liebe Gott. Sicher, so leicht gebe ich nicht auf, mag das Problem auch unlösbar erscheinen. Für manche Pferdebesitzer, die darauf hoffen, dass der Knochenbrecher ihr Pferd schon wieder hinkriegt, kann eine endgültige Diagnose ganz schön ernüchternd sein. Und dennoch werde ich aus meiner Einschätzung keinen Hehl machen. Wenn ich also merke, dass ich mit meinem Latein am Ende bin, einem Tier nicht mehr helfen kann, wird es zu einem Veterinär oder in das nächste Klinikum geschickt. Oder aber ich empfehle den Weg zum Schlachter, um das Tier zu erlösen. So traurig das im ersten Moment ist, manchmal aber ist dies der letzte Ausweg.

Oft werde ich gefragt, welche Voraussetzungen man braucht, um die Heilmethoden anzuwenden, die wir uns in Filsum angeeignet haben. Chiropraktiker wie auch Heilpraktiker oder Osteopath für Pferde sind in Deutschland Berufsbezeichnungen, die sich jeder ans Revers heften kann, da sie keine spezielle Ausbildung erfordern. Jeder, der die Meinung vertritt, er sei in dieser Branche mehr oder weniger erfolgreich tätig, darf sich so nennen. Der Gesetzgeber lässt hier eine Lücke in der Berufsbezeichnung.

Wie mit der Chiropraktik verhält es sich auch mit anderen Methoden, die im Sektor Tierheilpraktik anzutreffen sind. Privatschulen oder von einzelnen Personen angebotene Wochenendkurse locken mit Abschlüssen und Diplomen verschiedenster Art. Sogar Fernkurse für Tierheilpraktiker werden angeboten – kein Wunder, dass sich immer mehr Scharlatane in diesen Heilberufen tummeln! Doch was nützt einem ein Zertifikat von einem Schnelllehrgang, wenn einem die nötige Erfahrung fehlt? Ob man mit einer dieser Methoden Erfolg hat, hängt allein vom Können und der Reputation ab, die man sich allmählich erwirbt. Man ist auf Mund-zu-Mund-Propaganda angewiesen. Sind die Kunden zufrieden mit den Ergebnissen, die man erzielt, kommen sie wieder und empfehlen einen weiter.

Mancher junge Mensch, dem ich sage, dass es hierzulande, abgesehen von Schnelllehrgängen, keine Ausbildungsstätten für Chiropraktik gibt, fragt mich, ob er bei mir hospitieren kann. Zwar bin ich ein absoluter Einzelgänger, helfe aber gerne interessierten Menschen weiter, die auch die körperliche Voraussetzung für diese Tätigkeit mitbringen. Es kommt also schon mal vor, dass ich für einen gewissen Zeitraum einen Praktikanten aufnehme. Aber die Regel ist es nicht.

Einmal hat mich ein Australier für einige Wochen begleitet. Er stellte sich recht geschickt an, und am Ende seines Praktikums war er immerhin so weit, einfachere Lahmheiten bei einem Pferd zu erkennen und in den Griff zu bekommen. Das Nervenfühlen allerdings ist nicht seine Sache. Neulich rief er mich an und erzählte mir, dass er in seiner Heimat inzwischen als Pferdechiropraktiker arbeite und recht gut davon leben könne.

Die mechanische Arbeit der Chiropraktik kann sich jeder aneignen, der Interesse und einigermaßen Geschick mitbringt: wie man Muskeln dehnt oder das Skelett an den Stellen erweitert, wo Nerven blockiert sind. Durch gezielte Bewegungen ist es möglich, verschobene Wirbel wieder in Position zu bringen.

Die Schwierigkeit im Beruf des Knochenbrechers liegt woanders. Worauf es vor allen Dingen ankommt, sind die Feinfühligkeit und eine gute Beurteilungsgabe der Tiere im Schritt.

Warum sollte die Beurteilung der Tiere im Schritt erfolgen, wo doch beinahe jeder eine Lahmheit erkennen kann, wenn das Pferd trabt? Die Antwort ist ganz einfach: Tiere, die seit längerem eine Lahmheit aufweisen und nicht behandelt wurden, belasten sich im Vorwärtsgehen nur einseitig. Daher zeigt das Pferd im Trab häufig auf dem an sich gesunden Bein eine Lahmheit, die durch eine Überbelastung des Bewegungsapparates entstanden ist. Im Schritt jedoch kann ein Pferd nicht mogeln, wenn man genau hinschaut. Nun gut, Übung spielt sicherlich auch eine Rolle. Denn nur mit viel Erfahrung und dem richtigen Blick kann man beurteilen, wo Lahmheiten auftreten und wo sie herkommen. Jeder Fall ist spannend wie ein Krimi, jeder Fall will gelöst werden.

Manchmal spiele ich mit dem Gedanken, selbst Lehrgänge abzuhalten, in denen ich den Tierhaltern vermittle, worauf es zu achten gilt und wie sie ihr Auge bei der Beurteilung ihrer Pferde schulen können. Längst hätte ich es schon getan, doch woher die Zeit nehmen …

Sein Auge in puncto Unregelmäßigkeiten beim Pferd zu schulen, ist für den Pferdehalter ebenso wichtig wie für den, der es werden möchte, der sich ein Pferd anschaffen will. Fehlersuche ist das A und O im Umgang mit Pferden. Durch die Früherkennung von Störungen des Bewegungsapparates kann Schlimmeres, wie etwa der Verschleiß der Gelenke, vermieden werden. Rechtzeitig Fehler zu erkennen ist auch der kostengünstigste und beste Weg, sein Pferd in Tritt zu halten.

Die Lücke in der Gesetzgebung trägt immer wieder dazu bei, dass es seitens der Veterinärmediziner zu Unmut über die selbst ernannten Tierheilpraktiker kommt. Oft fühlen sich Veterinäre durch unsere Zunft in einem Wettbewerbsnachteil, sie fürchten, Kunden an uns zu verlieren.

Wie sehr die Grauzone in der Berufsbezeichnung Tierheilpraktik zu Streit und Missverständnissen zwischen Veterinären und Tierheilpraktikern führen kann, zeigt folgender Fall, der vor dem Oberlandesgericht Hamm entschieden wurde:

Wie jeder Arzt, so braucht auch der (Human-)Heilpraktiker für die Ausübung seines Berufes eine staatliche Genehmigung bzw. Zulassung. Bei Tierheilpraktikern ist die Berufszulassung nicht geregelt. Eine Tierärztekammer warf daher einer Tierheilpraktikerin einen Wettbewerbsverstoß vor. Sie wurde verklagt und sollte es in Zukunft unterlassen, die Berufsbezeichnung Tierheilpraktikerin zu führen.

Das Gericht gab zunächst der klagenden Tierärztekammer Recht, weil die Bezeichnung Tierheilpraktiker sich stark an die Bezeichnung Heilpraktiker anlehne, so dass die Öffentlichkeit glaube, dass auch der Tierheilpraktiker eine staatliche Genehmigung habe, was nicht zutrifft. In der Revision jedoch wies das Gericht die Klage der Tierärztekammer ab, mit der Begründung, dass der Wettbewerb unter Tierärzten und Tierheilpraktikern dadurch nicht nachteilig beeinflusst werde und ein Schutzbedürfnis für die betroffene Allgemeinheit der Tierhalter nicht erkennbar sei (Oberlandesgericht Hamm, AZ.: 4 U 89/94).

Gründe für Streitereien vor Gericht gibt es in der Praxis offenbar immer wieder. Leider, denn ich bin dafür, Zwistigkeiten mit dem Betroffenen direkt auszutragen. Da kommt es beispielsweise vor, dass ein Tierheilpraktiker ein Tier behandelt hat; ein anderer hört davon und vertritt die Meinung, er könne das besser. Und schon ist der Streit vorprogrammiert.

Nicht immer halten die Tierheilpraktiker, was sie versprechen. Richtig und sachkundig angewandt jedoch, bietet die Naturheilkunde den Vorteil, dass nur mechanische und homöopathische Methoden eingesetzt werden. Warum nicht die Natur mit ihren längst noch nicht ausgeschöpften Möglichkeiten wirken lassen? Muss denn immer gleich mit Kanonen auf Spatzen geschossen werden? Nur zu oft werden Cortison und Antibiotika oder andere Medikamente eingesetzt, ohne darüber nachzudenken, ob es nicht einen unbedenklicheren Weg der Behandlung gibt.

Was meine Arbeit betrifft, so bin ich darauf bedacht, mit den Tierärzten gut zusammenzuarbeiten, denn im Grunde kommen Heil- und Chiropraktiker der studierten Zunft sich kaum in die Quere. Mein Fazit lautet: Es gibt einen Weg des Miteinanders, wir müssen nur bereit sein, ihn zu gehen. Denn auch in der Humanmedizin hat sich gezeigt, dass die herkömmlichen Behandlungsmethoden sehr wohl mit denen der Homöopathie und anderen Naturheilverfahren koppelbar sind. Und in diesem Sinne verstehe ich auch meine Arbeit.

Das, was wir heute an der Rehaklinik praktizieren – dieses Zusammenspiel verschiedener heilpraktischer Therapien in Verbindung mit veterinärmedizinischer Betreuung – ist das Ergebnis jahrelanger Erfahrung und »Neugier«.

Immer auf der Suche nach Neuem, wollte es der Zufall, dass ich eines Tages einem alten Mann begegnete, der ein Meister in der Kunst des Rutengehens ist. Mit Hilfe seiner Rute gelingt es ihm, sowohl Wasseradern als auch Erdstrahlen zu orten. Als ich ihn das erste Mal begleitete, fiel mir auf, dass er zunächst ohne Wünschelrute um das Haus herumging, das entstrahlt werden sollte. Dabei zeichnete er sorgfältig den Grundriss auf.

Danach wiederholte er seinen Rundgang, diesmal mit der Rute. Zuerst zeichnete er den Verlauf der Wasseradern ein, dann bestimmte er deren Fließrichtung. Als Nächstes ortete er den Verlauf der Erdstrahlen. Anhand dieser Karten gab er seine Einschätzung ab, welche Gesundheitsprobleme in welchen Räumen auftreten konnten. Seine Trefferquote war beeindruckend.

Mein Interesse war geweckt, ich fragte mich, wie die Sache wohl funktionierte. Vor allem wollte ich wissen, ob auch ich in der Lage wäre, Erdstrahlen und Wasseradern zu orten. Als ich den alten Mann fragte, ob ich das Rutengehen wohl auch lernen könne, sagte er zu mir: »Ich kann mir vorstellen, dass einer, der Nerven fühlen, auch mit der Rute arbeiten kann.«

Dann gab er mir seine Rute und zeigte mir, wie man sie richtig hält. »Lauf los, du wirst schon merken, ob sich etwas tut!«, ermunterte er mich. Nach etwa zwölf Metern spürte ich, dass eine Kraft die Rute nach unten zog, bis sie sich bog. Also stand fest: Wasser suchen, das konnte ich, jetzt galt es, die Sache mit den Erdstrahlen zu versuchen.

Der Mann erklärte mir: »Um das auszuprobieren, müssen wir die Rute einstellen und sie dort markieren, wo Erdstrahlung angezeigt wird.« Die Rute war auf Wasserstrahlen »eingestellt«, das heißt sie war an den Stellen der beiden Griffe gekennzeichnet, wo Wasseradern angezeigt wurden. Jetzt wollte ich aber Erdstrahlen suchen, also testete ich, an welchen Stellen der Griffe ich sie hierfür anfassen musste. Die Wünschelrute, die ich heute benutze, ist eine gegabelte Metallgerte, die aus einem Kupfer-Messing-Draht mit Plastikhülle besteht. Es gibt aber auch andere Metalllegierungen oder Holzruten.

Auch das Orten der Erdstrahlen gelang mir nach und nach. Ja, ich hatte eine »Ader« für das Wünschelrutengehen, es war an der Zeit, diese Fertigkeit zu schulen. Immer wieder trafen der Wünschelrutenmann und ich uns in seinem Heimatort in Westfalen, und meine Übungen gerieten von Mal zu Mal besser. Es dauerte nicht lange, und ich konnte guten Gewissens sagen, dass ich diese Methode beherrschte.

An Gelegenheiten, sie zu erproben, fehlte es mir nicht. Zahlreiche Pferde zeigten in ihren Boxen ein merkwürdiges Verhalten. Mit der Rute pendelte ich die Boxen aus. Die vielen Erfahrungswerte, die ich im Laufe der Zeit sammelte, wurden für mich zur Wissenschaft. Mehr denn je bin ich der Überzeugung, dass manche Verhaltensstörungen, wie Koppen und Weben, zum Teil auch in der Erde begründet sind. Nicht nur Langeweile lässt bei einem Pferd diese Untugenden entstehen, nein, auch Erdstrahlen und Wasseradern spielen eine große Rolle. Für mich ist das ganz einleuchtend: In der Natur kann ein Pferd sich die Stelle selber wählen, wo es sich ausruhen will. Wir aber geben ihm seinen Ruheplatz vor, und oft ist er nicht geeignet für dieses Tier. Ein weiteres Problem kommt hinzu: Ein bis zwei Stunden Arbeit sind für ein Fluchttier, das mit der Bewegung lebt, einfach zu wenig. Darum treten auch immer häufiger Darmprobleme auf, Koliken sind vorprogrammiert.

Unsere eigenen Pferde am Hof wie auch die Klinikpatienten sind in Boxen untergebracht, die entstrahlt sind. Denn, nachdem ich mir das Orten der Strahlen angeeignet hatte, wollte ich auch wissen, wie ich ein Gebäude von Strahlung befreien kann. Immer wieder stelle ich fest, dass Tiere, die in neutralen Strahlungsfeldern leben, es leichter haben im Leben. Auch die Leistungsbereitschaft steigt wieder. Also, wenn man schon nicht die Möglichkeit hat, Tiere tagsüber in Ausläufen zu halten, dann sollten wir unseren Kameraden das Leben in der Box durch Entstrahlung lebenswerter gestalten.

Wie beeinflussen Wasseradern und Erdstrahlen nun die Gesundheit und das Wohlbefinden von Lebewesen? Wie können wir uns vorstellen, was in der Erde geschieht? Und warum sind diese Strahlen so gesundheitsschädlich? Jeder hat schon davon gehört, jedoch können die wenigsten erklären, wie Wasseradern und Erdstrahlen sich auf Organismen auswirken. Physikalisch sind Erdstrahlen nicht nachweisbar, aber wie viele andere bin ich überzeugt davon, dass es sie gibt. Gemäß meinem Leitspruch: Zwischen Himmel und Erde gibt es viele Dinge, die der Mensch nicht begreifen kann …

Zahlreiche Wasseradern verlaufen in der Erde, und sie verhalten sich im Prinzip wie überirdische Flüsse: Sie suchen den kürzesten Weg zum Meer. Jetzt stellen wir uns die Wasserader einmal als Linie vor, die in eine Richtung verläuft. Quer dazu verlaufen die Erdstrahlen, die stets zur Wasserader hingezogen werden. Erdstrahlen gibt es links und rechts drehend, sie ziehen sich gegenseitig an wie verschiedene Pole, aber immer zur Wasserader hin. Und die Wasserader zieht alle Erdstrahlungen in Fließrichtung mit. In der Erde gibt es erdmagnetische Felder, die bestimmte Strukturen aufweisen, so genannte Gitternetze, die sich wie ein unsichtbares Muster durch die Erde ziehen.

Das erdmagnetische Muster, das von der äußeren Erdsphäre herrührt, bezeichnet man nach seinem Entdecker als das Hartmannsche Globalgitter. Besonders stark sind die magnetischen Schwingungen dort, wo sich zwei Erdstrahlungslinien kreuzen oder wo Doppellinien auftreten. An diesen Gitterkreuzen kommt es zu einer Schwingungswellenkonfusion oder wie es in der Fachsprache heißt zu Interferenzen. Diese Interferenzen nun können sich schädlich auf Gesundheit und Wohlbefinden von Lebewesen auswirken. Wasseradern sind an sich ungefährlich für die Gesundheit, sie wirken sich aber unheilvoll aus, wenn sie die Schwingungen erdmagnetischer Interferenzen speichern.

Früher behalfen sich die Menschen dadurch, die Wasserader mit der Rute zu suchen und die Betten zum Beispiel an einer anderen Stelle im Zimmer aufzustellen. Damit ist man der Strahlenbelastung schon einmal entscheidend aus dem Weg gegangen. Man kann aber auch die Erdstrahlen beeinflussen. Das Entstrahlen oder Abschirmen von Gebäuden besteht darin, dass man die Strahlungsfelder stört, mit dem Ergebnis, dass die Erdstrahlen sich wieder den kürzesten Weg suchen, um zur Wasserader zu gelangen. Voraussetzung für das Abschirmen ist, dass man genau bestimmt, wo Erdstrahlen und Wasseradern verlaufen. Mit Hilfe einer Rute sucht man die Strahlungsfelder. Die Störung verursachen wir, indem wir eine Kupferspirale quer auf die Wasserader und auf die Strahlungsfelder setzen. Diese Spiralen werden genau an dieser Stelle eingegraben, so tief, dass bei eventuellen Bodenarbeiten die Spirale nicht beschädigt werden kann.

Dass Metallschleifen erdmagnetische Interferenzen stören, wussten übrigens auch schon unsere Vorfahren. Womöglich kam das Hufeisen über Hauseingängen auf diese Weise zu seinem Ruf als Glücksbringer, denn es wirkt ebenfalls als abschirmende Metallschleife.

Erdstrahlen beeinflussen ganz unterschiedlich die Gesundheit von Mensch und Tier. Es können Stoffwechselprobleme, Müdigkeit, Gliederschmerzen bis hin zu rheumatischen Erscheinungsbildern auftreten. Kleine Kinder, die ihr Bett auf links drehenden Strahlungen haben, brauchen länger, um trocken zu werden, auch das Einschlafen fällt den Kindern schwer. Der Schlaf ist nur von kurzer Dauer, immer wieder wachen sie auf. Bei Frauen können Unterleibsprobleme auftreten, bei Männern Magenprobleme und Gelenkschmerzen. – Wie Sie bemerken, erzählen mir auch manchmal die Pferdehalter von ihren Wehwehchen und gesundheitlichen Beschwerden.

Relativ häufig fahre ich nach Schleswig-Holstein, wo ich etliche Kunden habe. So sehe ich auch immer mal wieder die Züchter von meiner kleinen Püppi. Bei einer Tasse Kaffee und einem Stück Kuchen saßen wir vor kurzem an einem schönen Herbsttag zusammen, redeten über dies und das. Dabei fiel mir auf, dass es Herrn Lemke Senior nicht gut ging.

Als ich mich nach seinem Befinden erkundigte, gab er mir zur Antwort: »Mir geht es echt bescheiden. Meine Hände sind ganz geschwollen, und ich habe große Schmerzen in den Gelenken.«

»Was sagt denn der Doktor?«, fragte ich.

»Hören Sie bloß auf mit dem Doktor. Der sagt, das ist Rheuma. Ich gehe jetzt zum Heilpraktiker, der hat mir schon mal in einer anderen Sache so gut geholfen. Aber bislang schlägt wohl nichts an.«

»Herr Lemke, geben Sie mir mal Ihre Hand«, forderte ich ihn auf.

»Aber bitte nicht daran herumbrechen«, sagte er und schaute mich ganz ängstlich an. Er dachte wohl, ich wollte seine Hand einrenken.

»Nein, nein«, beschwichtigte ich ihn und grinste. Dann tastete ich seine Finger ab und stellte fest, dass sich die Gelenke keineswegs rheumatisch anfühlten. Ich nahm mein Pendel und pendelte die Hand ab. Das Pendel schlug links herum. »Da haben wir es, das habe ich mir gedacht«, murmelte ich.

»Was ist das nun für ein Hokuspokus?«, fragte mich Herr Lemke.

»Erdstrahlung oder eine Wasserader«, erklärte ich. Alle schauten mich ganz merkwürdig an, ihre Blicke sprachen Bände, und ich konnte förmlich ihre Gedanken lesen. Aber ich war mir ziemlich sicher und sagte: »Das werden wir in den Griff bekommen.«

Stets hatte mich dieser ältere Herr freundlich und warmherzig behandelt, außerdem ist Herr Lemke der Züchter von Püppi, da wollte ich erst recht beweisen, dass meine Vermutung stimmte, und ihm dabei helfen, sein Leiden zu kurieren.

Eine Woche später bin ich wieder gekommen und habe das Haus entstrahlt. Herr Lemke schaute mir erwartungsvoll dabei zu und fragte, als ich fertig war: »War das schon alles, Herr Hanken?«

»Ja«, sagte ich, »und zu Weihnachten können Sie wieder Fußball spielen.« Er lachte und meinte, er hätte nichts dagegen, wenn es so käme.

Einige Wochen verstrichen, der Winter war inzwischen eingekehrt, und auf einer Holstein-Tour besuchte ich Familie Lemke erneut.

Herr Lemke begrüßte mich strahlend, zeigte mir seine Hände und sagte: »Meine Hände sind ganz schön abgeschwollen, fast so dünn wir vorher, und die Schmerzen sind nur noch gering, da kann ich gut mit leben.«

Als ich sah, dass es ihm sichtlich besser ging als bei meinem letzten Besuch, war meine Freude groß. Da kann man sehen, was Erdstrahlen und Wasseradern bei einem Menschen bewirken können

Doch zurück zu unseren Vierbeinern: Pferde reagieren auf besonders sensible Weise auf Wasseradern und Erdstrahlen. Neben dem bereits erwähnten Koppen und Weben kann man feststellen, dass sie schlechter fressen und bei der Arbeit weniger Leistungsbereitschaft zeigen. Und junge Pferde, die überwiegend dieser Strahlung ausgesetzt sind, entwickeln sich womöglich nicht so, wie man sich das wünschen würde.

Einmal kam ich in einen Reitstall, dessen Besitzer sich nicht mehr zu helfen wusste: »Meine Pferde saufen so viel und lassen immer die Tränken überlaufen. Jede Woche muss ich die Boxen misten, weil alles unter Wasser steht.« Auch in diesem Fall stellte ich Erdstrahlung fest. Nachdem wir den Stall entstrahlt hatten, waren die Tiere drei Tage lang noch etwas unruhig – das liegt am Entzug der Strahlung –, dann stellte sich wie erwartet der Erfolg ein. Die Pferde waren ausgeglichen wie nie zuvor. Kein Pferd spielte mehr mit den Tränken herum, und die Boxen blieben trocken.

Katzen jedoch lieben Erdstrahlen, machen sich immer auf und davon, wenn wir abgeschirmt haben. Hunde dagegen sind wiederum sehr empfindlich gegenüber magnetischen Strahlen. Oft beobachte ich, dass sie sich wieder in ihr Körbchen legen und friedlich schlafen, nachdem ein Haus entstrahlt wurde. Zuvor hatten sie den für sie bestimmten Ruheplatz gemieden und sich andere Liegeplätze ausgesucht.

Das Orten und Abschirmen von Wasseradern und Erdstrahlen, das Auspendeln oder all die unterschiedlichen Methoden aus der Naturheilkunde: Mein Wissensdurst war unstillbar, und noch immer bin ich auf der Suche nach neuen Erkenntnissen. Auf diese Weise ist – seit ich angefangen habe, mir meinen Lebensunterhalt mit dem Einrenken von Pferden zu verdienen – eins zum anderen gekommen: Mein Behandlungsrepertoire wuchs mit der Zeit und der Erfahrung, die die Praxis mit sich bringt, so dass ich heute nicht nur zu Pferden gerufen werde, wenn es ums Einrenken geht.

Von Anfang an bin ich für alle möglichen Wege offen gewesen, um die Tiere von ihrem Leid zu befreien. Mit dem Nervenfühlen und Einrenken hat alles begonnen sowie mit der Behandlung äußerlicher Blessuren unter Zuhilfenahme von Naturheilmitteln aus unserem alten Familienschatz.

Dann sind die modernen Hilfsmittel hinzugekommen, die wir heute in der Reha einsetzen. Und die Sache mit den Erd- und Wasserstrahlen, das Auspendeln und Besprechen – diese Fähigkeiten sind mir wohl gegeben. Das Schicksal wollte es so, dass ich immer wieder Menschen begegne, die diese Anlagen in mir zum Vorschein bringen.

Mit der Zeit hat sich mein Wirkungskreis enorm vergrößert. Und dann hat die Buschtrommel den Ruf des »Knochenbrechers« in die Welt hinausgetragen. Das kam alles so unverhofft, dass ich mich bisweilen frage, wie die Leute nur auf meinen Namen kommen, wenn ich plötzlich einen Anruf aus einem Land erhalte, von dem ich bislang noch nicht einmal wusste, dass es existiert …

Ebenso scheine ich auch kuriose Begebenheiten anzuziehen wie ein Magnet. Durch meine vielen Fahrten quer durch Deutschland und in andere Länder, durch die vielen Leute, deren Bekanntschaft ich in dem großen Pferdezirkus mache, bringe ich auch hin und wieder Menschen zusammen, und so entstehen die seltsamsten Verbindungen.

Eine Geschichte ganz anderer Art stammt aus meiner Anfangszeit als Knochenbrecher. Das Interesse an Pferden hatte mich mit Christian Keimer zusammengeführt, der in der Nähe von Stockholm einen großen landwirtschaftlichen Betrieb bewirtschaftet, wo er auch Pferde züchtet. Seine Haupttätigkeit besteht jedoch im Pelzhandel. Irgendwann erzählte er mir, dass die Pelzpreise so angezogen hätten, dass sich der Handel nicht mehr lohne. Nur in Russland stünden die Chancen noch gut, günstig an Pelze zu kommen. Der Handel mit dem damals noch kommunistischen Russland sei jedoch extrem schwierig. Kurz und gut, er klagte mir also sein Leid.

Zufälligerweise hatte ich in Bern – ich war gerade in der Schweiz und in Liechtenstein in Sachen Pferden unterwegs gewesen – einen Russen kennen gelernt, der sich »Groß-fürst« Peter Ischoff nannte. Ein Nachfahre der Zarenfamilie, wie er mir versicherte.

»Kein Problem«, sagte ich also zu meinem Freund Christian, »ich kenne einen Russen, der kann dir da bestimmt weiterhelfen.«

Gesagt, getan. Ich rief Ischoff an und fragte ihn, ob er meinem Freund behilflich sein könne. Klar konnte er das, er kannte den russischen Handelsattaché in Bern, der wurde sofort kontaktiert, und wenig später war Christian auch schon unterwegs zu einer Pelzfarm irgendwo am Rande Sibiriens.

Christian freute sich riesig über die Reise, doch das Ganze wurde ein Abenteuer pur: Die Pelzfarm lag in einer gottverlassenen Gegend, der Winter war hereingebrochen, und er und sein russischer Begleiter konnten die Farm nur mit Hundeschlitten erreichen. Das Blöde war nur, dass in der zweiten Nacht alle bis auf drei der Schlittenhunde von Wölfen verspeist wurden. Zu wenige, um die Rückreise antreten zu können. Noch dazu war am Tag zuvor erst der wöchentliche Postflieger da gewesen, und die eingekauften Lebensmittel reichten nur für wenige Tage. Also mussten sie sich anderweitig behelfen, in der Wildnis gar nicht so einfach für einen Zivilisationsmenschen aus Stockholm. Der Speiseplan bestand aus Kartoffeln und beinahe nichts als Kartoffeln, und als die zur Neige gingen, mussten sie ein paar Nerze opfern, um wenigstens etwas Fleischbrühe zu sich zu nehmen. Nun, eine kulinarische Reise war das nicht. Ganz schön hart für einen verwöhnten Westgaumen …

Zwei Wochen lang mussten die beiden in der Wildnis ausharren, waren weder telefonisch noch telegraphisch erreichbar. Auch der Postflieger blieb aufgrund des Wetters aus. Erst als die Schneesituation es zuließ, wurden sie mit einem Schneegefährt abgeholt. Als Christian zurück war, hager, mit eingefallenen Wangen und ziemlich gebeutelt, bekam ich was zu hören: »Schöne Reise hast du mir da eingebrockt, ich hätte verhungern können in der Eiseskälte oder von Wölfen verspeist werden …«

»Nun, aber auf diese Weise bist du doch zu deinen Pelzen gekommen, oder?«, entgegnete ich.

Tja, so ist es, wenn man in ferne Länder reist und sich auf unbekannte Abenteuer einlässt.

Die witzigsten Begegnungen habe ich, wenn ich irgendwo Rast mache. Unlängst war ich mit zwei Züchtern in Holstein unterwegs. Vom Hunger geplagt, kehrten wir in einem Gasthof zur Mittagszeit ein. Wir nahmen an einem größeren Tisch Platz, wo bereits ein Ehepaar saß. Während des Essens unterhielten wir uns über Chiropraktik bei Pferden.

Kaum hatten wir das Thema angeschnitten, unterbrach uns die Frau: »Also wir haben den besten Chiropraktiker weit und breit. Es gibt sowieso nur einen, der das vernünftig kann!«

»So, wer denn?«, fragte ich die Dame.

»Nur einer kann das, und das ist dieser ostfriesische Knochenbrecher, Tamme Hanken. Die anderen sind alles nur Nachgemachte!«

Das ging runter wie Öl! Ich hatte dieses Paar noch nie in meinem Leben gesehen, aber sie behaupteten, dass ich ihre Pferde behandle. Und die Frau wusste nur in den höchsten Tönen vom Knochenbrecher zu berichten. Jetzt kamen wir so richtig in Fahrt, die Unterhaltung war genau nach meinem Sinn: Je mehr wir dagegen hielten, desto mehr drehte die Dame auf. Bislang hatte ich gar nicht gewusst, was ich alles konnte, welche Wunder ich vollbracht hatte. Die Frau war kaum zu bremsen, ihr Mann kam gar nicht erst zu Wort.

Wir amüsierten uns köstlich, gerne hätten wir die Unterhaltung fortgeführt, doch irgendwann mussten wir weiter. Als wir bezahlt hatten, sagte ich zu der Frau: »Nett, mit Ihnen gesprochen zu haben, hier noch meine Visitenkarte, falls Sie mal einen Chiropraktiker brauchen.« Eben noch äußerst gesprächig, fiel der Dame nun nichts mehr ein.

Draußen vor dem Haus warfen wir noch einen Blick durchs Fenster in die Gaststube, und als sie uns bemerkte, schaute sie ganz tief in ihren Teller. Ihre Gedanken konnte ich erahnen: Wenn ich doch nur im Erdboden versinken würde!

Klein ist die Welt

Die Geschichte mit den Leuten, die von ihrem Knochenbrecher schwärmten, ohne ihn zu kennen, hat
mich sehr amüsiert. Aber sie ist kein Einzelfall. Immer
wieder mache ich die kuriosesten Bekanntschaften. So kamen auch die diversen Reisen zustande, die ich im Laufe
der Jahre unternommen habe. Nicht etwa, um Urlaub zu
machen.

So einen richtigen Urlaub, wie ihn sich andere Leute regelmäßig gönnen, kenne ich nicht. Überall wo ich auftau-
che, lahmen irgendwelche Pferde. Kaum hat mich einer erkannt, dann geht es auch schon los: Der Knochenbrecher
macht Urlaub bei uns, der kann schnell mal helfen. Geschickt wird das Thema Pferde aufgegriffen, und dann,
nach ein paar Bier, bringt man das Gespräch auf den Punkt.
Meist läuft es nach dem gleichen Schema ab: Du, Tamme,
du bist doch der beste Knochenbrecher weit und breit! Ja,
es ist so, mein Pferd lahmt nämlich. Der lahmt schon so
lange, ich wollte ihn schon schlachten lassen, aber meine
Frau und die Kinder – das verstehst du doch Tamme, oder?
Der Urlaub verläuft dann anders, als ursprünglich geplant.
Denn ich lasse niemanden im Regen stehen, wenn ich ihm
und seinem Pferd helfen kann.

Ich habe kein Problem damit, im Urlaub Pferde einzurenken, nein, ein Problem ist es eher für meine Lebensge-

fährtin, die sich danach sehnt, dass ich auch einmal Zeit für sie habe. So zum Beispiel in unserem gemeinsamen Urlaub in Spanien. Endlich, dachte ich, zwei Wochen behandlungsfreie Zeit, keine Pferde einrenken und stattdessen Beine hochlegen. Dachte ich, aber es kam ganz anders. Kaum waren wir angekommen, traf ich den Bekannten eines Bekannten, mit dem ich die Pferdemesse Equitana in Essen besucht hatte. Dieser Mann hatte mit Andalusiern zu tun, und schon war es vorbei mit meinem Urlaub. »Mensch Tamme, dass ich dich hier treffe, das ist ja ein Zufall. So ein Glück, könntest du nicht mal …?« Natürlich konnte ich mal schnell ein Pferd einrenken, aber bei dem einen Mal ist es nicht geblieben. Dass ich lahme Pferde behandle, sprach sich rum wie ein Lauffeuer. Tja, und Anita hatte das Nachsehen.

Inzwischen reist Anita allein oder zusammen mit Freundinnen in die Sonne. Das ist nun mal das Los eines Knochenbrechers und seiner Familie. Aber ich will nicht klagen, fast jeden Tag erlebe ich neue, oft komische und immer spannende Geschichten. Urlaubsreisen gehen mir also gar nicht ab. Wenn ich wollte, könnte ich ständig in Sachen Pferde unterwegs sein, oft bekomme ich Einladungen aus dem Ausland. Meist von Leuten, die ich gar nicht kenne. Über die Buschtrommel haben sie von mir gehört. Auch die Fernsehreportagen über den »Knochenbrecher« haben dazu beigetragen, dass er außerhalb Ostfrieslands gefragt ist. Und der Zufall hat die Hand im Spiel.

Die Reisen, die ich unternehme, dienen also nicht der körperlichen Ertüchtigung. Nein, wenn der Knochenbrecher unterwegs ist, muss er arbeiten und nichts als arbeiten! Auch im Ausland spricht man übrigens vom »Knochenbrecher«. Manche versuchen dann, den Ausdruck in ihre Sprache zu übersetzen. Bei unserer ersten Begegnung lachte Monty Roberts, als er diese Berufsbezeichnung hörte. »Bonebreaker«, sagte er, »aber das Beste daran ist, dass er auch noch so aussieht!«

Mittlerweile gehen die Pferdeleute davon aus, dass ein Knochenbrecher etwas stärker gebaut ist. Dabei hat das Einrenken als solches recht wenig mit Kraft zu tun, die richtige Technik und das Gefühl sind es, die den Erfolg bringen.

Dass ich an einem gewissen Königshof war, um die Kutschpferde einzurenken, hat in der Presse inzwischen die Runde gemacht. Ich hatte mich dazu verpflichtet, Stillschweigen darüber zu wahren, und dass dennoch darüber geschrieben wurde, hat die Leute dort sehr verärgert. Deshalb kein weiteres Wort mehr darüber …

Während der letzten Jahre war ich in so vielen »adligen« und prominenten Reitställen, mehrmals auch in einem arabischen Land (auch dort wünschen die Leute nicht, dass ihre Namen in die Öffentlichkeit getragen werden …). Alleine die Geschichten, die ich an diesen Orten erlebt habe, könnten Bücher füllen. Aber bei einem Job wie meinem ist Diskretion das A und O, beinahe vergleichbar der ärztlichen Schweigepflicht. Und wenn ich nun anfinge, überall rumzuprahlen, wo und bei wem ich Pferde behandle und was ich dort so erlebe, dann wäre ich diese Kundschaft bald los.

Auf der anderen Seite sind mir die »normalen« Kunden, die mit ihren Tieren und Problemen zu mir kommen, mindestens ebenso lieb. Und die haben auch nichts dagegen, wenn ich Geschichten von ihnen und ihren Vierbeinern erzähle.

Natürlich bin ich oft in Holland unterwegs, die Grenze ist nicht weit, und früher schon, als ich noch Kaltblüter suchte für unsere Stutenmilchfarm, habe ich zahlreiche Reisen dorthin unternommen. Vor ein paar Jahren wurde ich wieder einmal zu kranken Pferden nach Holland gerufen. Ein befreundeter Züchter, über den der Kontakt kam, begleitete mich bei meiner Tour zu veschiedenen Ställen in Holland. Hier gibt es noch viele Kaltblüter, die sich beim Einrenken recht stur anstellen, aber Dickköpfe untereinander kommen schon irgendwie klar …

Es war Mai, und überall hingen bunte Fahnen aus den Fenstern, alles war orange geschmückt, in allen Dörfern und Städten herrschte Festtagsstimmung. Irgendwo tankten wir, und beim Zahlen sagte ich zum Tankwart: »Das finde ich aber gut, dass ihr alles bunt schmückt, wenn ein Deutscher Holland bereist!«

Da erwiderte der Tankwart: »Das hättest du mal vorher sagen müssen, dann hätte ich dir keinen Diesel verkauft!«

Gegen Abend erzählte ich einem holländischen Bekannten, dass der Tankwart so komisch war und was ich im Spaß zu ihm gesagt hatte. Er klärte mich auf: »Aber heute wird der Befreiungstag gefeiert in Holland, ist doch klar, dass keiner die Deutschen leiden kann, bei dem, was sie im Zweiten Weltkrieg angerichtet haben. Vor allem nicht an solch einem Tag!«

Jetzt ging mir ein Lichtlein auf, und ich verstand natürlich, dass der Tankwart ein Problem mit mir hatte.

Ein Ostfriese in Österreich – so könnte man meine Reisen in den Alpenstaat betiteln. Gerne erinnere ich mich an die Anfangszeit meiner Österreichtouren vor ungefähr vier Jahren zurück. Mein Kumpel Eckehart Busch, der in der Nähe des Dümmersees im Oldenburger Münsterland mit seiner Frau eine kleine Pferdezucht betreibt, hat zahlreiche Bekannte in Österreich.

Irgendwann sagte er zu mir: »Tamme, willst du nicht einmal mit nach Kössen, da wird ein Turnier auf Schnee abgehalten?«

Es gibt nur zwei Schneeturniere auf der Welt, das in Kössen und eines in Sankt Gallen. Ich überlegte nicht lange und sagte zu. Die Gegend um Kössen bedeutet für einen Ostfriesen eine totale Umstellung. Das Gelände ist schief, man kann nicht halb so weit in die Ferne schauen wie in Ostfriesland. Und dann erst das Gehen, bergauf, bergab. Meine Füße bekamen Blasen, meine Beine taten weh, und bald hatte ich die Nase voll vom Laufen. Muskelkater vom Feinsten. Und dann war auch noch alles voll Schnee. Schon am zweiten Tag wurden winterfeste Stiefel gekauft. Nachts träumte ich von meiner Heimat, diesen so ebenen Wegen, wo man herrlich unbeschwert gehen kann. Aber wir waren nun mal in Österreich im Gebirge.

Wenig später war ein Hüttenabend auf einer Skihütte angesagt. Der Aufstieg war sehr beschwerlich, aber anschließend rodelten wir mit dem Schlitten hinunter. Eine kleine fröhliche Runde hatte sich gebildet. Wir aßen Kaiserschmarrn, tranken Jagertee und genossen zahlreiche Obstler. Das Bier war so dünn wie die Bergluft, man trank es, und schon wollte es wieder hinaus. In der warmen Hütte kam ich mir vor wie ein wandelnder Durchlauferhitzer. Das Turnier war international. Und so waren auch Jeff Billington, René Tebbel, Dirk Hafemeister und andere aus der internationalen Reitszene mit uns zur Hütte aufgestiegen. Aber nun stand uns die Abfahrt ins Tal bevor. Noch nie zuvor hatte ich gerodelt, wusste nichts über Bremstechniken, geschweige denn wie man einen Schlitten lenkt.

An der Hüttenwand lehnte eine Reihe von Schlitten. Ich schnappte mir ein Modell, das recht sportlich aussah, doch da sagte der Wirt zu mir: »Der ist zu schnell, du brauchst den langsamsten Schlitten mit ganz breiten Kufen.«

Nun, der wird es wohl wissen, dachte ich bei mir. Und als man mir den Schlitten brachte, einen großen, robust gebauten Rodelschlitten, fragte ich mich im ersten Moment: Und wo ist der Haflinger, der den zieht? Ich setzte mich auf das Ungetüm, zündete mir erst mal eine Zigarre an und rodelte los. Ganz langsam kam das Ding in Gang, aber dann wurde es schneller und schneller. Ich rauchte meine Zigarre nicht, sondern sie glühte mir entgegen – und Funken flogen. Später in der Nacht meinten die anderen, dass dieser Funkenflug besonders gut ausgeschaut hatte während meiner Abfahrt.

Dann geschah es: Ich wollte eine Linkskurve nehmen, aber der Schlitten fuhr geradeaus und mit gewaltiger Wucht in eine hohe Schneewehe hinein. Wolken von Pulverschnee stoben auf und löschten meine Zigarre, und ich saß mitsamt dem Schlitten in der Wehe fest, nur mein Kopf schaute noch heraus. Da war ich erst einmal bedient.

So ein blöder Schlitten, der lässt sich nicht einmal richtig lenken, maulte ich, setzte mich wieder auf das Ding und ab ging es. Irgendwann hatte ich den Bogen heraus, wie man richtig Kurven fährt. Nun ging es zu Tal, mit dem Getöse einer Lawine raste ich die Piste hinab. Sogar Überholmanöver gelangen mir ganz leicht. Was für ein Erlebnis!

Als ich vom Schlitten stieg, hörte ich so manchen die abenteuerlichsten Geschichten erzählen – in welch mächtige Schneewehen er hineingerodelt sei, wie vielen Hindernissen er hatte ausweichen müssen und welch lebensgefährliche Stürze er überlebt hatte. Als jeder seine Geschichten zum Besten gegeben hatte, spürte ich plötzlich, dass ich kalte Füße bekam, und bei genauem Hinschauen bemerkte ich, dass die Absätze an meinen Schuhen fehlten: Sie waren meiner Bremstechnik zum Opfer gefallen!

Nie zuvor hatte ich ein Springturnier auf Schnee besucht – noch dazu eines mit dieser internationalen Beteiligung. In den folgenden Jahren ließ ich kein Schneeturnier aus, diese Turniere machen süchtig. Die Attraktion ist natürlich, dass sie auf Schnee stattfinden, aber darüber hinaus wird in Kössen auch immer guter Pferdesport geboten.

Es blieb nicht aus: Diverse Pferde waren nicht richtig in Tritt, so wurde aus meiner Vergnügungsfahrt schon wieder ein Arbeitsurlaub. Aber es macht ja Spaß! Seither fahre ich jedes Jahr nach Österreich, nicht nur zum Schneeturnier, sondern vor allem, um Pferde zu behandeln. Bei diesem Schneeturnier habe ich nämlich Claudia kennen gelernt, eine österreichische Bereiterin, die zahlreiche Freunde und Bekannte im Pferdesport hat. Und allerorten gibt es Pferde, die nicht richtig laufen. Regelmäßig besuche ich nun Gestüte und Ställe in der Nähe von Salzburg, bei Linz oder in Wels bei Innsbruck.

Claudias Kontakte im Reitsport reichen auch über die österreichischen Landesgrenzen hinaus. Eines Tages rief sie an und fragte, was ich von einem kleinen Abstecher auf die Isle of Man halte.

»Wo ist das denn?«, fragte ich sie.

Auf dieser Insel, zwischen England und Irland gelegen, gibt es einen sehr noblen Reitstall, und dort arbeitete Claudias Freundin Silvia, ebenfalls eine Österreicherin, als Bereiterin. Klar, auch dort lahmten Pferde, und Claudia erzählte der Freundin von diesem ostfriesischen Knochenbrecher. Inzwischen war ich schon zweimal auf der Isle of Man, das erste Mal vor etwas mehr als drei Jahren mit meiner Lebensgefährtin, und dann voriges Jahr noch einmal.

Das Klima dort ist eher mild, ganz anders als in Irland etwa, und dementsprechend üppig ist die Vegetation. Für mich als alten Hobbygärtner war das eine wahre Pracht. Ich hatte eigentlich ein raues Klima erwartet mit viel Regen und wenig Sonne, na so etwa wie bei uns in Ostfriesland, aber dann diese Vegetation. Palmen wachsen auf der Insel und andere Gewächse, die man dort nicht vermutet. Als ich letztes Jahr im Frühling bei der Landung aus dem Fenster schaute, schien die ganze Insel mit gelben Farbtupfern übersät: Das waren Osterglocken, die gerade in voller Blüte standen.

Aber zunächst einmal fiel mir bei meinem ersten Besuch auf, dass alle auf der falschen Seite fahren. So ein Blödsinn, warum können die nicht rechts fahren, wie es sich gehört? Silvia holte uns am Flughafen ab – ich war heilfroh, dass ich das Auto nicht lenken musste, das hätte ins Auge gehen können – und begleitete uns zu ihrem Arbeitsplatz: Ballaseyr.

Das Gestüt gehört einer Amerikanerin, der Besitzerin des größten Getreidekontors der Welt. Und dieser Stall auf der Isle of Man ist nur einer von vielen, die ihr gehören – überall dort auf dem Globus, wo es am schönsten ist. Ballaseyr ist höchst professionell geführt, und die Pferde erhalten ein vorzügliches Training.

Dass Geld keine Rolle spielt, ist bei solchen Besitzverhältnissen klar. Immer wieder werden junge Elitepferde dazugekauft, vor allem bei uns in Deutschland. Erst neulich war die Nachfolgerin von Silvia bei uns. Von Aachen aus, wo sie das internationale Springturnier besuchte, machte die deutschstämmige Bereiterin einen Abstecher in unsere Gegend, um Ausschau nach neuen Talenten für den Stall zu halten.

Ich hatte ihr von einer jungen Fuchsstute erzählt, die ein befreundeter Züchter und Gestütsbesitzer verkaufen wollte. Eine dieser typischen Familien in unserer Gegend, wo sich alles nur um Pferde dreht, alle fünf Kinder sind im Reitsport tätig. Nun, diese Stute ist etwas ganz Besonderes, beste Abstammung und ein wahres Dressurtalent, das bisher im Profisport nicht eingesetzt wurde.

Ich fuhr mit Anita, der Bereiterin von Ballaseyr, zu diesem Gestüt, damit sie das Pferd testen konnte. Sie setzte sich in den Sattel, und wir bekamen eine Kostprobe dessen zu sehen, was dieses Pferd draufhat. Da es sich um eine stattliche Summe handelte, die die Stute kosten würde, wurde am nächsten Tag auch ein Video von der Dressurvorführung gemacht. Anita würde es mitnehmen und dem Leiter von Ballaseyr zeigen, und wer weiß, wenn alle zufrieden sind, wird die Fuchsstute womöglich eine Inselbewohnerin.

So ist das in der Pferdeszene: Vieles läuft über Verbindungen. Einer sucht ein bestimmtes Pferd, ein anderer will eines verkaufen, ein Dritter kennt die beiden, und schon ist alles in die Wege geleitet. Auf diese Weise kommt man oftmals günstiger und schneller an Pferde heran als auf den Eliteauktionen.

Aber zurück zur Insel. Bei unserem ersten Besuch blieben wir eine Woche, und während ich die meiste Zeit im Stall Pferde behandelte, schaute meine Lebensgefährtin sich die Insel an. Auf dem Rückflug mussten wir in London Heathrow umsteigen. Allerdings war die Umsteigezeit viel zu knapp bemessen, und bis wir uns in dem Gewimmel durchgefragt hatten, flog uns der Flieger glatt vor der Nase davon. So ist das, wenn die Ostfriesen sich in die große weite Welt hinauswagen!

Auf diese Weise kamen wir zu einer ungewollten Verlängerungsnacht in London. Im Hotel angekommen, öffnete ich meine Reisetasche, und da krabbelte zu allem Überfluss auch noch einer dieser Inselbewohner heraus, die den Menschen dort das Leben schwer machen: eine riesengroße Kakerlake. Bei allem, was ich tagtäglich zu sehen bekomme, ekle ich mich nicht so schnell, aber diese Viecher mochte ich nun wirklich nicht leiden. Sind sie einmal da, wird man sie nicht so leicht wieder los, weil sie unheimlich resistent sind. Auf keinen Fall darf man sie zertreten, denn sonst kleben einem Tausende von Eiern an der Sohle, die sich auf ihr neues Zuhause freuen, in welches man sie mitschleppt. Aber dieses Tier war so flink, dass an Zertreten gar nicht zu denken war. Schnurstracks krabbelte es unters Bett und versteckte sich so gut, dass ich es nicht mehr fand.

In dieser Nacht habe ich kein Auge zugetan, obwohl ich in meiner knapp bemessenen Zeit sonst überall und in beinahe jeder Lage schlafe wie ein Murmeltier!

Am nächsten Tag, als wir endlich zu Hause ankamen, packte ich die Reisetasche, so wie sie war, mitsamt dem ganzen Inhalt, zog Kleidung und Schuhe aus, warf alles auf einen Haufen und zündete ihn an. Ich wollte endlich wieder in Ruhe schlafen.

Bei meinem zweiten Besuch auf der Isle of Man war gerade ein Filmteam der BBC auf dem Gestüt. Malerisch gelegen, mit dem exklusiven Flair der elitären Pferdeszene, bot es den idealen Hintergrund, um einen englischen Krimi zu drehen. Als die hörten, dass da jemand Pferde einrenkt, hatte plötzlich die ganze Crew Rückenschmerzen und jeder wollte von mir chiropraktisch behandelt werden.

1997 stand meine erste Reise nach Lima, in die Hauptstadt von Peru, auf dem Programm. Wie kommt denn der Hanken nach Lima?, werden sie sich nun fragen. Auf einer meiner Touren durch Schleswig-Holstein lernte ich ein ungewöhnliches Trio kennen. Die drei – zwei Männer und eine Frau – hatten mehreres gemeinsam: Sie lebten getrennt von ihren Partnern, liebten Pferde und hatten den Mut gefasst, ein ganz neues Leben an einem neuen Ort anzufangen.

Eines Tages erzählten sie mir: »Wir fahren nach Lima, in Carlos' alte Heimat!«

»Was wollt ihr denn in Lima?«

»Ganz einfach: Wir eröffnen dort ein Küchenstudio! Die Pferde, Hund und Katze, alle, die wir lieben, fliegen mit rüber.«

Gesagt, getan. Der ganze Hausstand, alles, was sie in Deutschland besaßen, wurde zu barer Münze gemacht, und ab ging's nach Lima!

Wie konnte es anders sein, in Lima gab es eine Reitanlage mit vielen lahmenden Pferden. Da erinnerten sich die drei an ihren alten Freund, den Knochenbrecher aus Ostfriesland. Eines Tages erhielt ich ihren Anruf: Eine begüterte Dame lud mich ein, nach Lima zu reisen, sie würde alles bezahlen, damit ich dort ihre Pferde behandelte. So kommt man in die weite Welt, durch Mundpropaganda.

Die Reitanlage befindet sich am Stadtrand, und viele Diplomaten, unter anderem der französische Botschafter, Industrielle und andere wohlhabende Kreise hatten dort ihre Pferde stehen. Weder ist die Veterinärmedizin in Peru auf dem hiesigen Stand, noch kannte man meine Art, Lahmheiten zu kurieren. Ich hatte es auch nicht anders erwartet.

Die Indios jedoch besuchen noch heute Schamanen, wenn sie krank sind. Schamanen pflegen die aus Urzeiten überlieferte Heilkunst der Indianer. Mich faszinierte, dass ihre Heilmethoden durchaus zu vergleichen sind mit der überlieferten Naturheilkunde der ostfriesischen Knochenbrecher. Dass ich für die Indios auch eine Art von Schamane war, habe ich gleich gespürt. Und weil ich mich für ihre Heilkunst interessierte, brachten sie mich zu einem der berühmtesten Schamanen im Lande. Doch dazu später mehr.

Und wie habe ich mich mit den Menschen dort verständigt? Nun, wie bereits gesagt, überall auf der Welt sprechen Pferdeleute dieselbe Sprache. Wenn man den Besitzer einmal nicht so recht versteht, dann hilft ihm sein Pferd mit seinen vielfältigen Ausdrucksmöglichkeiten. Und dann gibt es Momente, in denen man in die Augen der Menschen schaut, und es ist Liebe, Leidenschaft und Stolz, was man in ihrem Blick lesen kann. Die Sprache des Herzens!

Lima ist eine jener Metropolen Südamerikas, die für uns Europäer von unvorstellbarem Ausmaß und voller brodelnden Lebens sind. Zusammen mit der am Pazifik gelegenen Hafenstadt Callao bildet sie eine unübersichtliche Ansammlung von unterschiedlichsten Behausungen, in denen über sechs Millionen Einwohner leben. Während die Menschen früher vom Fischfang lebten, existiert dieser Wirtschaftszweig heute kaum noch. Das Wasser ist durch Industrie- und ungeklärte Abwässer aus den überquellenden Wohngebieten inzwischen so verschmutzt, dass die Fische weggeblieben sind und die Fischindustrie zusammengebrochen ist. Mit dem Ergebnis, dass immer weniger Menschen heute Arbeit finden und Armut und Elend überall zu sehen sind.

Die indianischen Peruaner, von der Geschichte arg gebeutelt, sind noch heute von Hass erfüllt, wenn es um die Spanier geht, die ihr Land im 16. Jahrhundert gewaltsam in Besitz nahmen. Obwohl man ihnen alles raubte, was ihre Kultur ausmachte, versuchen sie, sich wieder auf ihre alten Traditionen zu besinnen. Was ist ein Volk, wenn man ihm seine Sprache und Religion wegnimmt? Die Spanier zwangen den Indios ihre ganze Lebensweise auf, alles, was die

Kultur eines Volkes ausmacht. Daran ist dieses Volk zerbrochen. Gott möge es geben, dass diese kleinen und so freundlichen Indios eines Tages wieder zu ihrer Identität zurückfinden.

Diese Menschen leben in aller Bescheidenheit, weil sie für Billiglöhne arbeiten müssen. Es versteht sich von selbst, dass auch die Arbeit in den Ställen ausschließlich von Indios erledigt wird. Auf den Reitanlagen, die ich besuchte, sah ich, wie gut sie mit Pferden umgehen können. An der Rennbahn in Lima haben sich ganze Familien angesiedelt und leben in der Nähe der Tiere, die sie versorgen müssen. Hier hat alles seinen geordneten Lauf, die Menschen, die hier arbeiten, haben zumindest ihr Auskommen und ein wenig Anerkennung. Aufgrund ihrer Statur eignen sich die Indios besonders als Jockeys. Gerne beobachtete ich sie beim Training auf der Rennbahn, wo sie ohne Rennsattel reiten. Die Pferde werden liebevoll umsorgt: Jeden Tag nach der Arbeit führt man sie zum Schwimmen in ein langes Schwimmbecken.

Schön für die Pferde, bei den tropischen Temperaturen, die in Peru herrschen. Ich dagegen hatte ziemlich mit der hohen Luftfeuchtigkeit und der Hitze zu kämpfen. Bei der anstrengenden Arbeit schwitzte ich extrem, die Kleidung wurde sofort klamm und klebte mir am Leib, aber nach einiger Zeit hatte ich mich an diesen Zustand gewöhnt. Trotz des ungewohnten Klimas war die Reise in dieses Land eine wunderbare Erfahrung für mich. Und es sollte auch nicht die Letzte gewesen sein.

Die Indios wussten zu Beginn nicht so recht, was sie mit mir anfangen sollten, war ich doch so groß, so schwer und so weiß! Ich spürte, wie sie mich zunächst aus sicherer Entfernung musterten.

Bald erfuhr ich auch den Grund ihres seltsamen Benehmens mir gegenüber. Drei Tage nach meiner Ankunft erzählte mir jemand von einer alten Weissagung aus der Inkazeit: Zur Jahrtausendwende würde ein großer weißer Mann ins Land kommen und Menschen und Tiere mit seinen bloßen Händen heilen. Nicht nur einmal, nein mehrere Male würde dieser Mann das Land bereisen, und schließlich würden auch die Fische wieder zurückkommen, und allen Menschen sollte Wohlstand widerfahren.

Ich wusste gar nicht, wie mir geschah, aber plötzlich wurde gemunkelt: Das könnte er sein, der ist so groß und so weiß – und er heilt mit den Händen. Die Indios sahen in mir die Verkörperung einer Weissagung!

An eine kleine Episode erinnere ich mich immer wieder gerne zurück. Mit Freunden ging ich in der Stadt spazieren, und wir wollten gerade eine Straße überqueren. Das ist in Lima nicht so einfach, weil keiner anhält, jeder fährt mit seinem Auto – wenn man die Gefährte so nennen möchte – stur geradeaus, egal, welches Lebewesen ihm in die Quere kommt. Es war brütend heiß, und ich lief also in kurzer Hose durch Lima und wollte ganz einfach eine Straße überqueren.

Und da geschah etwas, was einem kleinen Wunder gleichkam. Wie auf Kommando blieben alle Fahrzeuge abrupt stehen, und die Autofahrer schauten mich mit aufgerissenen Augen und voller Staunen an. Noch heute bin ich mir nicht ganz sicher, warum dieses kleine Wunder passierte.

Hatten die Leute über mich in der Zeitung gelesen, war es meine für ihre Verhältnisse riesenhafte Gestalt, oder hatten meine schneeweißen Beine die Autofahrer dazu animiert, etwas zu tun, was sie sonst nie taten: nämlich einfach anzuhalten? Bis zu diesem Tag war es mein kleines Geheimnis gewesen: Ich habe tatsächlich die weißesten Beine Ostfrieslands, denn zu Hause verzichte ich darauf, sie mit kurzen Hosen zur Schau zu stellen. Aber in diesen heißen Breitengraden hatte ich mit dem Tabu gebrochen.

Am Morgen desselben Tages hatte ich in einer Reitanlage Pferde eingerenkt und zum Schluss ein Rennpferd auf der Bahn behandelt. Der Trainer lud mich ein, mit ihm in eine Sauna zu fahren. Eine Sauna war nicht unbedingt das, was ich nötig hatte, aber da ich neugierig war, sagte ich spontan zu. Die Anlage war sehr gepflegt, jedoch war es in der Umkleidekabine recht eng für mich.

Nun, für die hiesigen Menschen ist der Platz sicherlich ausreichend, dachte ich. Die gleichen Größenverhältnisse herrschten auch in der Sauna. Die Tür war so klein, dass ich mich gebückt und mit einer seitlichen Drehung durch das Türloch hineinzwängen musste. Kaum war ich drinnen, befielen mich auch schon verschiedene Befürchtungen. Ich zwängte meinen Körper wieder hinaus und erkundigte mich erst einmal beim Personal, ob man in der Sauna aufgeht oder ob man zusammenschrumpft. Denn wenn es tatsächlich so wäre, dass man noch an Volumen zunimmt, wie sollte ich da wieder herauskommen? Aber alles ging gut, das Saunieren war zwar anstrengend, danach fühlte ich mich aber fit und erholt.

Anschließend wollte ich mir eine Massage gönnen, um meine eigenen Verspannungen zu lindern. Als ich den Massageraum betrat, blickte ich ungläubig auf die zierliche Frau, die mich massieren sollte. Sie ging mir gerade mal bis zum Nabel. Der Massagetisch war nicht länger als ein Schreibtisch und viel zu schmal. Als man das Problem erfasst hatte, wurde schnell improvisiert. Man rückte vier Tische zusammen, die sich über zwei Kabinen erstreckten. So war die Fläche groß genug für mich, aber dann stellte ich fest, dass jeder Tisch ein Arbeitsplatz mit einer dazugehörigen Masseurin war – und schon fingen vier Frauen an, mich zu kneten. Ich kam mir vor wie in einem Ameisenhaufen. Alle hatten Spaß an der Sache, auch die Mädels, für die ich sicherlich so etwas wie eine Großbaustelle war …

Überhaupt kam ich prima zurecht mit den Peruanern. Alle sind freundlich, besonders zu den Deutschen. Warum auch immer. Na ja, vielleicht, weil sie wegen der Geschichte mit der Eroberung die Spanier, Portugiesen und Franzosen nicht mögen?

Auch die Verständigung klappte, es fand sich immer jemand, der deutsch spricht. Meist sind es Auswanderer oder deren Nachkommen. Das es in Südamerika viele davon gibt, ist ja hinlänglich bekannt … Und an den Reitanlagen verkehren zahlreiche Diplomaten, darunter auch deutsche.

Wie überall ist das Essen auch im Ausland ein wichtiger Bestandteil meines Lebens. Wenn ich verreise, dann bin ich neugierig auf die jeweilige Küche, und so wollte ich auch in Lima vorwiegend Landestypisches kosten. Nachdem ich wieder einmal den Tag damit verbracht hatte, Pferde zu behandeln, wurde ich abends zum Essen eingeladen.

Im Lokal angekommen, schaute ich mich neugierig um. Kein Zweifel, es handelte sich nicht um irgendeine Spelunke, sondern um ein gepflegtes Restaurant. Der Ober kam an unseren Tisch, begrüßte jeden mit Handschlag und reichte uns die Speisekarte. Nun gut, Hunger hatte ich für drei. Das Problem war nur, dass ich keine der spanisch geschriebenen Speisen entziffern konnte.

Um mir keine Blöße zu geben, sagte ich zu mir: Tamme, du bestellst dir jetzt etwas mit einem melodiösen Namen, Asta La Festa oder so etwas in der Art, das wird dann schon das Richtige sein. So hielt ich es auch, als der Kellner kam, um unsere Bestellung aufzunehmen, sang ich meine nur so runter. In diesem Moment starrte mich jeder sprach-

los an. Na, dachte ich, jetzt wissen es alle, ich bin ein Fein-
schmecker.

Nach einer Viertelstunde kam ein Silberteller mit einem
Stück Fleisch von einem mir unbekannten Tier darauf und
mit Früchten garniert. Das sah lecker aus, das Wasser lief
mir im Mund zusammen. Das Tier war gefüllt mit gewürz-
tem Reis, und darüber war eine delikate Sauce geträufelt.
Ein wahrer Gaumenschmaus wartete da auf mich. Ich fing
an zu essen, und es schmeckte vorzüglich, hatte ich doch
auch Hunger für drei.

Bald hatte ich alles verzehrt, auch der letzte Knochen lag
fein säuberlich abgenagt auf dem Teller. Nach der pikanten
Mahlzeit mit den exotischen Gewürzen hatte ich auch
reichlich Durst. Ich gönnte mir gerade einen Cognac, als
der Koch an unseren Tisch kam. Er war von kleiner Gestalt
und sah asiatisch aus, ich tippte auf Chinese. Seine Koch-
mütze hing auf Halbmast, als er sich an mich wandte und
mir etwas erzählte.

»Was will der von mir?«, fragte ich meinen Dolmetscher.

»Er möchte dir gerne zeigen, wie er dein Menü zubereitet hat.«

»Mir soll's recht sein«, erwiderte ich und folgte dem
Koch in die Küche. Mir wurde leicht mulmig, als ich auf
der linken Seite vier Reihen Käfige übereinander gestapelt
sah. Mit Kreaturen, die wohl nicht einmal Grzimek alle
hätte benennen können. Der Koch führte mich nun zu einem Käfig mit einer Katze, und im Handumdrehen war das
Tier erlegt, zerkleinert und fix und fertig zubereitet.

Dann kam der Moment, als das Tier auf dem Teller lag,
mit Früchten garniert und überträufelt mit einer Sauce.
Jetzt ging mir ein Licht auf, es war genau das Gericht, das
ich verzehrt hatte. Oha! Gleichzeitig mit einem seltsamen
Kribbeln im Bauch kam mir das Sprichwort in Erinnerung,

dass Katzen sieben Leben haben. Meine hatte wohl erst sechs verwirkt, denn bald darauf hatte ich das Gefühl, dass sie wieder zu leben begann. In meiner Verzweiflung sah ich nur einen Ausweg und fing an, das siebte Leben in einer großen Menge von Cognac zu ertränken. Seither rate ich jedem, bestelle niemals ein Gericht in einer fremden Sprache, das du nicht kennst, oder aber bestell dir gleich etwas Hochprozentiges dazu!

In den nächsten Tagen war ein Besuch beim Schamanen angesagt. Zwar war er nicht auf Pferde spezialisiert, aber dennoch wollte ich seine Heilmethoden kennen lernen. Es ist immer das Gleiche: Menschen, die heilerische Fähigkeiten haben, verstehen sich auch ohne Worte, als wären sie verbunden durch einen unsichtbaren Draht. Obwohl ich die Sprache des Schamanen nicht spreche, habe ich den Kern seiner Arbeit verstanden.

Leute vom Rennstall brachten mich mit ihm zusammen. Die Indios, die dort als Pferdepfleger arbeiten, haben nicht das Geld für einen Arzt, und wenn ihnen etwas fehlt, gehen sie – wie seit uralten Zeiten – zum Schamanen. Aber das würden sie wohl auch tun, wenn sie das Geld für einen Arzt hätten. Wir fuhren also zu seinem Wirkungsort mitten in Lima, an einer Stelle, wo einmal ein Inkatempel gestanden hatte. Überreste sind kaum mehr zu sehen, aber der Ort gilt heute noch als Heiligtum, und Fotografieren ist nicht erlaubt.

Der Schamane, ein altes runzliges Männchen, empfängt seine Patienten in einer einfachen Behausung auf dem Areal. Er legt keinen sonderlichen Wert auf westliche Besucher, doch die zahlreichen Amerikaner, die zu ihm kommen, weist er dennoch nicht ab. Nun, auch ein Schamane muss in der heutigen Zeit sein Leben mit barer Münze bestreiten. Warum sollte er da die verlockenden Dollars verachten? Dafür kann er dann andere, die nichts haben, kostenlos behandeln.

Den Krankheiten seiner Patienten begegnet er mit einer Mischung aus Geistheilung, alten Ritualen und Naturheilverfahren. Die Leute kommen mit allen möglichen Gebrechen zu ihm, ob es nun kleinere Beschwerden sind wie Warzen oder Hautausschlag oder aber unheilbare Krankheiten.

Und meistens scheinen seine Therapien anzuschlagen, wie die Leute mir erzählten. Manches habe ich auch wieder erkannt, das Handauflegen etwa. Überhaupt hat sein Wirken sehr viel mit Energieübertragung zu tun. Zusätzlich wendet er selbst hergestellte Salben und Tinkturen an, die aus Substanzen bestehen, die er keinem Menschen verrät. Das würde ich an seiner Stelle auch nicht tun …

Nicht nur mit medizinischen Problemen kommen die Menschen zu ihm. Auch wenn es um die Vertreibung böser Geister geht oder darum, jemanden, der einem Schaden zugefügt hat, mit einem bösen Geist zu belegen, wendet man sich an ihn. Voodoo heißt das Zauberwort und gehört in Peru beinahe zum Leben wie hierzulande der Zahnarzt. Fasziniert hat mich das schon, denn auch in Ostfriesland ist der alte Geisterglaube in manchen Gegenden noch lebendig.

Die Begegnung mit dem Schamanen hat mich tief berührt. Von solchen Menschen geht eine Ausstrahlung aus, die man erlebt haben muss und die in Worte zu fassen unmöglich ist. Und einmal mehr gilt: Es gibt mehr zwischen Himmel und Erde, als wir Menschen begreifen können. Jedes Volk, auf jedem Kontinent, hat seine eigenen Heilmethoden und bringt Menschen mit ganz besonderen heilerischen Fähigkeiten hervor.

Diese Reise nach Peru war eine Erfahrung, die ich nie vergessen werde. Und sie sollte zu meiner Freude auch nicht die Letzte gewesen sein.

Bereits ein Vierteljahr später wurde ich abermals nach Lima eingeladen. Eigentlich wollte ich nur zwei Wochen bleiben, aber dann brauchte ich weitere sechs Wochen, um Südamerika zu durchqueren … Die Reitsportszene in Südamerika ist relativ klein und überschaubar, und man kennt sich. Wie überall gilt: Es sind immer privilegierte Leute, die sich dieses teure Hobby leisten können. In kurzer Zeit hatte sich wie ein Lauffeuer herumgesprochen, dass der Knochenbrecher aus Deutschland wieder kommt. Kaum war ich in Lima, hieß es: »Du, Tamme, ein Freund aus Chile hat angerufen, der hat einen Rennstall in der Nähe von Santiago, der Hauptstadt von Chile, hättest du nicht Lust, dorthin zu fliegen?«

Ja, warum eigentlich nicht, dachte ich mir, die Reise wurde ja bezahlt, und ich sagte kurzerhand zu. Kaum hatte ich in Lima alle Pferde behandelt, flog ich weiter nach Santiago, wo mich der chilenische Freund meiner Freunde aus Lima am Flughafen abholte.

An der Reitanlage warteten etliche Pferde auf mich, die alle nicht in Tritt waren, darunter auch Rennpferde. Das ganze Ambiente war sehr nobel, nur reiche Leute können es sich leisten, ihre Pferde in diesem Stall einzustellen. Verständigungsprobleme hatte ich auch in Santiago nicht, denn wie schon in Lima gibt es dort viele Deutsche oder Deutschstämmige. Und auch in Chile arbeiten ausschließlich Indios in den Ställen oder verdingen sich als Jockeys.

Von Chile habe ich nicht viel gesehen, weil ich alle Hände voll zu tun hatte. Aber das geht mir meistens so, wenn ich irgendwo bin, es gelingt mir einfach nicht, nur so für Urlaubszwecke ein paar Tage anzuhängen, denn schon warten irgendwo die nächsten Pferde.

Der Freund aus Santiago von den Freunden in Lima hatte nämlich einen Bekannten in Argentinien. Klar, ist ja auch nur um die Ecke. Also, kaum war ich in Chile fertig, ging's weiter nach Buenos Aires, wo mich dieser argentinische Bekannte vom chilenischen Freund meiner Freunde in Lima abholte.

Mit dem Auto fuhren wir eine Ewigkeit durch nicht enden wollende Weiden. Unzählige Rinder, die man bei uns in Form von saftigen Steaks so schätzt, grasen dort sowie jede Menge Pferde. Ich konnte mich an dem Anblick gar nicht satt sehen.

Auch wenn ich in Norddeutschland so über Land fahre, halte ich immer Ausschau nach Pferden. Hin und wieder mache ich am Straßenrand Rast, dann betrachte ich Stuten und ihre Fohlen oder eine Herde junger Hengste aus der Nähe. Gefällt mir ein Tier besonders gut, dann juckt es mich in den Fingern, und ich würde am liebsten zum Bauer gehen und ihm das Tier abkaufen. Ist auch schon vorgekommen. Aber meistens muss ich mich bremsen, denn mein Vater züchtet ja selbst und wir brauchen die restlichen Boxen für die Klinikpferde.

Doch Argentinien mit seinen wild lebenden Pferden auf Grasland – so weit das Auge reicht – war eine ganz neue Erfahrung. Von solchen Weiden können die armen Boxenpferde bei uns nur träumen.

Das Gestüt mit dem angegliederten Rennstall voller edler Galopper ähnelte den zahlreichen anderen, die ich auf diesem Kontinent bereits gesehen hatte. Wieder gab es alle Hände voll zu tun. Keine Zeit also, um Ausflüge zu unternehmen.

Kaum zu glauben, wie im Flug waren vier Wochen vergangen – ich hatte einen halben Kontinent überquert und wurde doch längst zu Hause in der Wesermarsch erwartet. Anita, meine Lebensgefährtin, nahm inzwischen wohl an, dass ich gar nicht mehr zurückkommen würde. Und dann musste ich abermals verlängern, weil …

Der argentinische Bekannte des chilenischen Freundes meiner Freunde in Peru hatte wiederum einen Bekannten in Los Angeles, der anfragte, ob ich nicht mal eben nach Kalifornien kommen könnte … Also machte ich nochmals einen Umweg, diesmal nach Nordamerika. In einer Anlage in der Nähe von Los Angeles gab es natürlich zahlreiche Rennpferde, die lahmten.

Zwei edle Galopper waren kurz zuvor von einem bekannten amerikanischen Chiropraktiker eingerenkt worden. Doch bei beiden stellte sich das gleiche Übel wieder ein. Nachdem ich sie behandelt und das entsprechende Aufbauprogramm mit dem Trainer durchgesprochen hatte, waren sie nach wenigen Tagen wieder einsatzbereit. Ich hatte meine übliche Methode angewandt. Für die Leute dort aber war ich so etwas wie ein Wunderdoktor.

Zurück in der Heimat erhielt ich immer wieder einen Anruf von drüben. Ich sollte einen Abstecher nach Kalifornien machen. Aber so schnell wollte ich mir das nicht antun.

Kein Mensch mit normaler Körpergröße kann sich vorstellen, mit welchen Hindernissen ein Mann meines Körperbaus in einem Flieger zu kämpfen hat. Allein die Sitze sind eine Katastrophe – auch wenn ich jedes Mal in die erste Klasse »upgraded« wurde – und erst die Toiletten … Da gibt es in der first class all die leckeren Speisen und Getränke, und alles ist eitel Sonnenschein, doch dann kommt der Moment, wo man sich mal eben frisch machen

will. Und feststellt, dass die Türöffnung wohl eher für Lili-
putaner gedacht ist ... Da gibt es nur eins: ausharren bis
zum Zwischenstopp – auf dem Flug nach Lima in Cara-
cas –, in sieben Stunden! Die Zeit bis dahin konnte ich dann
mit Entspannungsübungen überbrücken ...

Fliegen gehört daher nicht gerade zu meiner Leidenschaft!

Auch die traurigsten Erinnerungen und leidvollsten Erfahrungen lösen sich förmlich in Luft auf, wenn ein neues Pferd angeschafft wird und man beobachtet, wie es sich in seiner neuen Umgebung einlebt. Wie lustig das sein kann, das sehe ich an unserer jungen Pferdedame Püppi. Vier Monate schon ist sie bei uns, sie fühlt sich in ihrem neuen Zuhause sichtlich wohl.

Auch ihr Zustand hat sich stark gebessert; das sieht man auch daran, dass sie anfängt, frech zu werden. Erst kürzlich, bei der alltäglichen Behandlung mit dem Lasergerät, die sie sehr genießt, hat sie mir gezeigt, was ich – ihrer Meinung nach – zu tun habe. Gerade an der Stelle hinter den Ohren, wo auch die Hauptursache der Störungen liegt, da möchte sie am liebsten stundenlang gelasert werden. Aber der Rücken muss ebenfalls behandelt werden; doch fahre ich mit dem Lasergerät den gesamten Rücken hinab, wird sie sauer. Sie bockt herum, will einfach nicht mehr still halten, das geht sogar so weit, dass sie versucht, mich mal eben zu beißen.

Wenn ich nicht aufpasse, dann verpasst sie mir blaue Flecken. Ab und zu schafft sie das auch, dann gibt es erst einmal einen Klaps, daraufhin – wen wundert das – mault sie herum. Diese kleine Stute stellt sich an wie eine Filmdiva, dreht einem den Hintern zu, und man ist ihrer Blicke nicht

Kleines Bild: *Mena, Tammes erstes Pferd*
Großes Bild: *Mit seiner Cousine auf Mena*

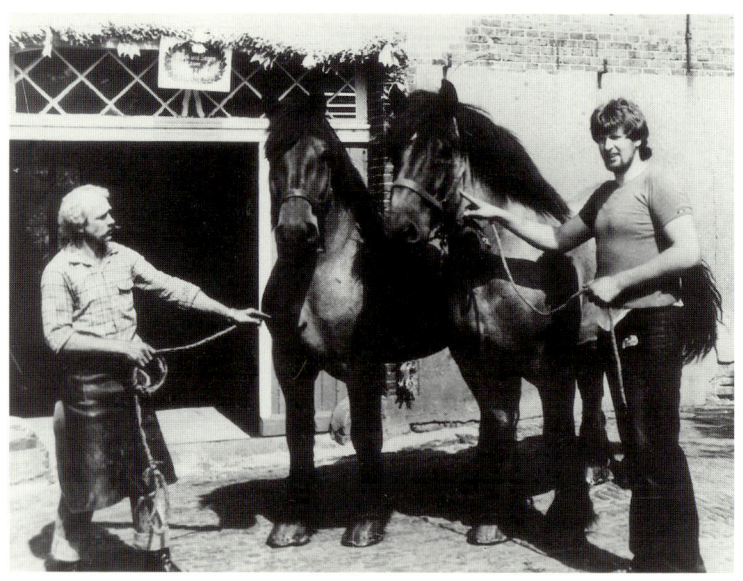

Damals: Mit Johann Willms 1982 bei der Schmiedeeinweihung in Jade (Wesermarsch)

Heute: Tamme Hankens Weggefährte beim Lauftest nach dem Beschlagen

Wünschelrutengang

Hankens Elternhaus in Filsum: ein typisch ostfriesischer Hof aus Klinkerstein

Mit Opa Hanken und Charly (30 Jahre alt!)

Zwei Neuzugänge an der Reha in Filsum: Püppi und Reni freunden sich an.

Zwei Lusitanos beim Saunieren

Der »Kummertag« beginnt mit einer Warteschlange.

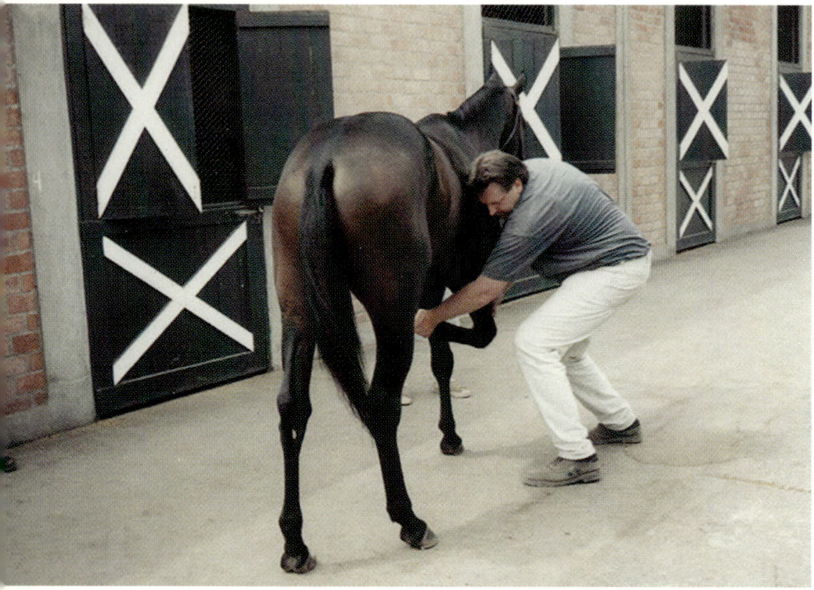

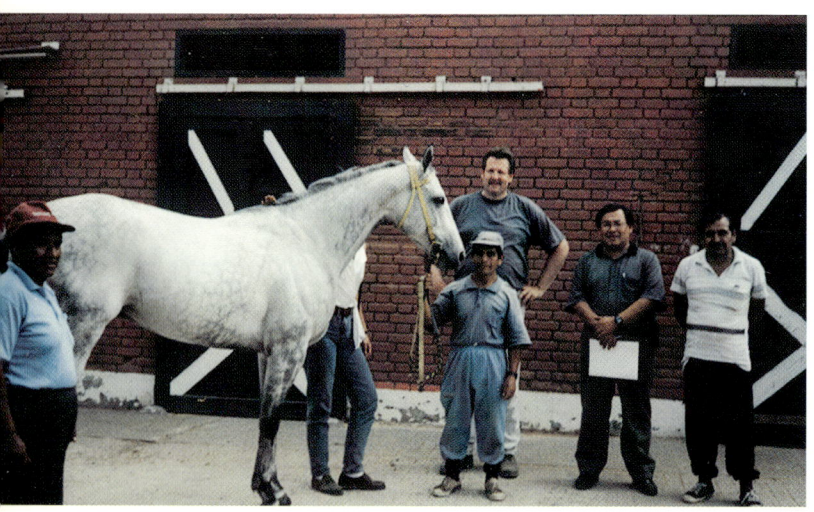

Beim Einrenken in Peru

Eine alte indianische Weissagung: Ein großer weißer Mann wird kommen ...

Pferdetransport auf Peruanisch

Und nach der Arbeit das Vergnügen: ein Schwimmbecken für
Rennpferde in Lima

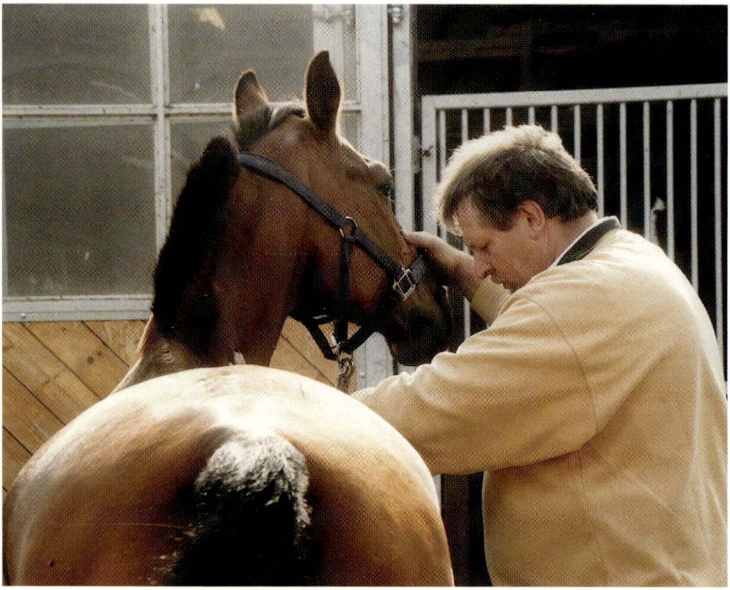

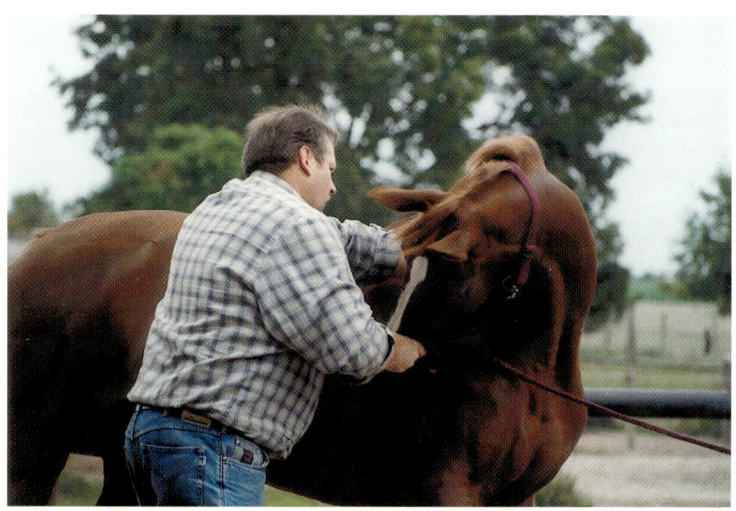

Konzentration pur

Auf den richtigen Reflex kommt es an.

Mit Dirty Harry

*Ellen Gräpel, die
bekannte Barock-
Reiterin, mit einem
ihrer Andalusier*

*Auf Einrenktour in Mecklenburg-Vorpommern. Zwei Schwer-
gewichte: Ein Boulonnais (edelste Kaltblutrasse) und ein Ostfriese*

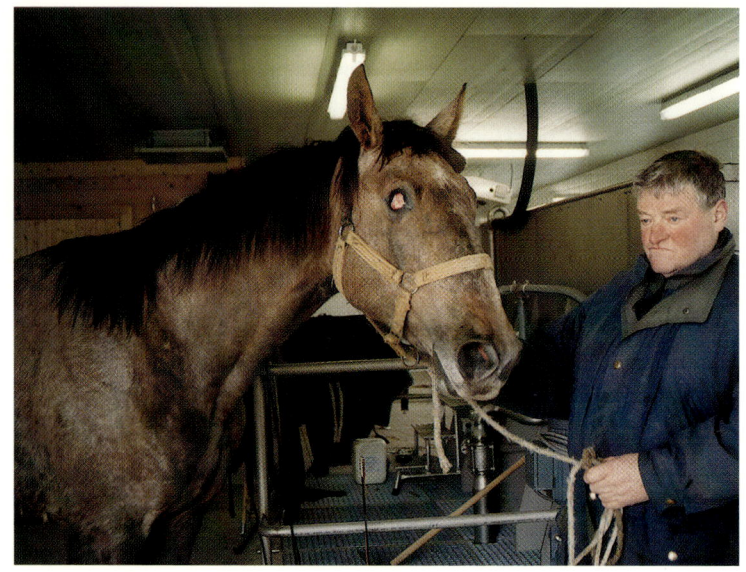

Die erblindete Stute mit Tetanus und Halswirbelsyndrom vor der Behandlung ...

... und nachher

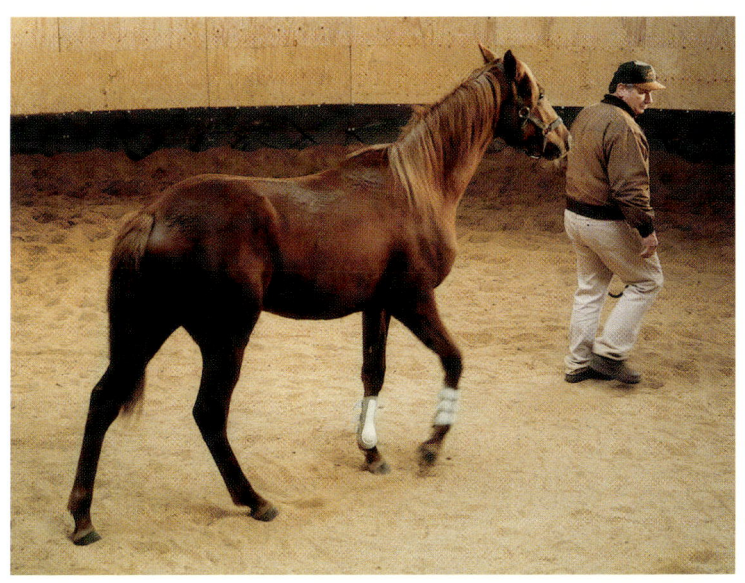

Monty Roberts hält Zwiesprache mit einem jungen Pferd (Gestüt Fährhof).

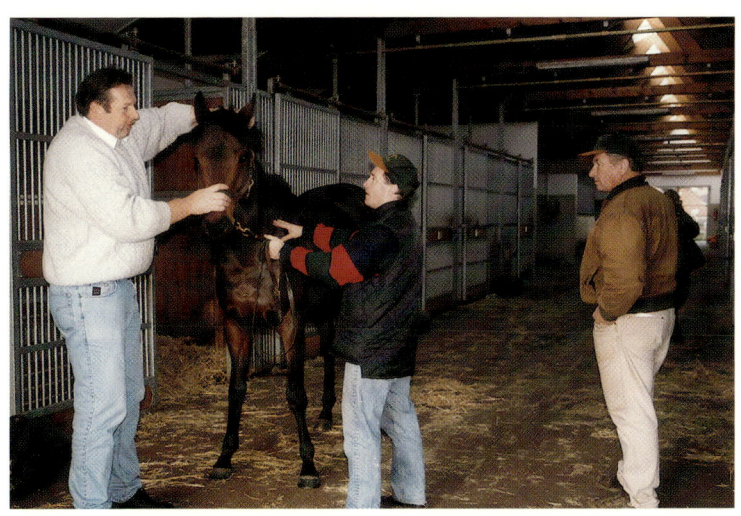

Bei der Behandlung von Stargalopper und Sorgenkind Lacantun, gehalten von Simon Stokes. Monty Roberts schaut zu.

*Pferdemarkt im
holländischen Zuidlaren*

Der Knochenbrecher mit zwei ostfriesischen Pferdehändlern

Beim Galoppderby in Hamburg (2001), mit Pferdefotograf Bernd Eylers

Bild oben: *Franz Althoff mit einem seiner Stars aus dem Zirkus »Zauberwald«*

Bild rechts: *Besuch im Hoppegarten in Berlin, zusammen mit Trainer Martin Rölke*

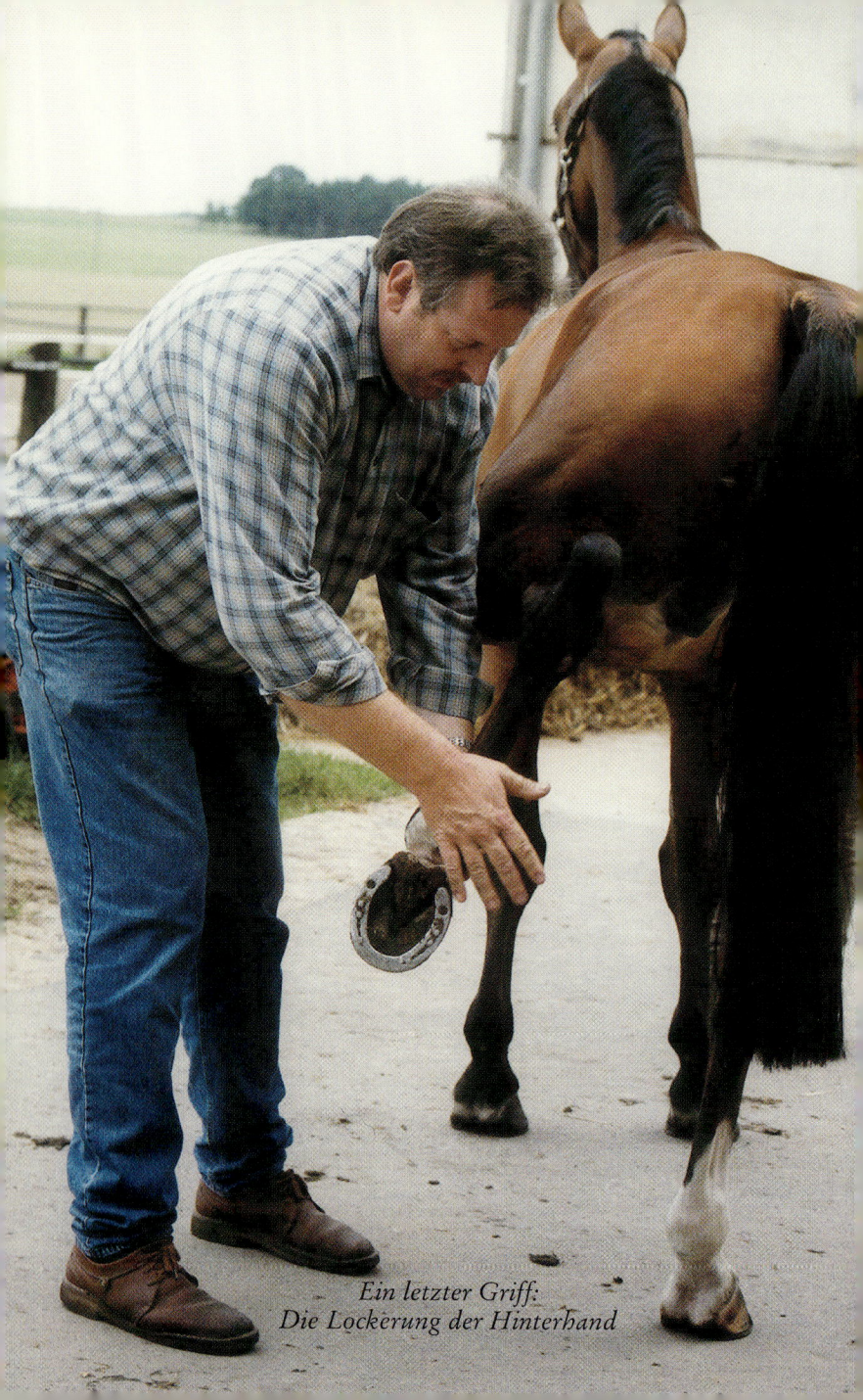

Ein letzter Griff:
Die Lockerung der Hinterhand

mehr würdig. Oder sie droht – legt die Ohren an und deutet mit einem Hinterbein. Aber sie schlägt niemals zu. Nach der Behandlung kommt das Schönste für sie, wir vertragen uns wieder. Denn sie hat eine Schwäche: Püppi ist absolut bestechlich. Was lässt sie nicht alles für ein Leckerli über sich ergehen.

Püppi hat auch schon eine ganz eigene Lebenseinstellung entwickelt, sie ist so neugierig, dass sie ihre Nase überall reinstecken muss. Alles wird untersucht, neue Patienten, die in die Reha kommen und in einer Box in ihrer Nähe untergebracht werden, nimmt sie genau unter die Lupe. Gerne demonstriert sie ihnen, wie gut sie schon wieder gehen kann. Manchmal habe ich den Eindruck, ein Kind zu beobachten: Alles, was neu ist, wird einem gezeigt, und in all ihren Gesten sieht man ihr an, wie glücklich sie ist. Auch kleine Fohlen entwickeln sich zu eigenständigen Persönlichkeiten.

Püppi ist eine kleine Angeberin, in allem muss sie übertreiben. Wenn sie zurück in ihre Box soll, dann weigert sie sich erst einmal hineinzugehen; hab ich sie endlich so weit, dann beißt sie ins Stroh und schmeißt damit um sich, dabei ist wildes Bocken angesagt. Die Laute, die sie von sich gibt, sind kein Wiehern, nein, mehr ein übermütiges Quieken. Natürlich wissen Pferde ganz genau, wenn sie einen Sonderstatus genießen. – Irgendjemand muss dieser Dame erzählt haben, dass sie in einem Buch eine nicht ganz unwesentliche Rolle spielt. Entsprechend spielt sie sich vor ihren Artgenossen auf und denkt nicht im Traum daran, sich anzupassen.

In der Natur dagegen ist das anders, die Mutterstute sorgt sich um die Erziehung ihres Fohlens, und nach dem Absetzen von der Mutter wird eine Rangfolge unter den Artgenossen erstritten, der Erziehungsprozess geht weiter.

Im Herdenverband lernen die jungen Tiere die wichtigsten Umgangsformen. Deshalb sind Pferde, die in Herdenverbänden aufgewachsen sind, auch für den Menschen viel umgänglicher und fügen sich schneller in eine Gruppe ein.

All das fehlt der verwöhnten Püppi, denn aufgrund ihrer Krankheit musste ich sie erstklassig versorgen. Doch die Unartigkeiten werden ihr wieder vergehen. Im Frühsommer fliegt Püppi raus und muss auf die Weide, wo sie in einer Herde mit Stuten und Fohlen in der freien Natur leben wird. Hier wird sie ganz sicher umlernen. Dann wird aus dem kleinen verwöhnten Mädchen eine Pferdedame mit Benehmen. In der Gruppe regeln Pferde das schon unter sich.

Die Bewegungen der zierlichen Stute sind erheblich besser geworden, auch die Koordination und das Gleichgewicht, und diese Verbesserung lässt mich hoffen, dass alle Verletzungen wieder ausheilen. Was ein Glück, dass wir sie zu uns geholt haben. Tagtäglich führt sie uns vor, dass sie gesund werden will!

Pferdeflüsterer & Co.

Die Begegnung mit dem Schamanen in Peru war für mich eine ebenso wichtige Erfahrung wie die ein oder andere Bekanntschaft mit Menschen, die eine außergewöhnliche Begabung haben im Umgang mit Pferden.

Ich will diese Menschen Pferdeflüsterer nennen, obwohl sie mit Robert Redford fast nichts zu tun haben. Wer glaubt, dass Pferde nicht reden können, dem muss ich heftig widersprechen. Die eigentliche Magie in der Kommunikation mit Pferden liegt im Umgang mit ihnen, in allem, was den Kontakt zwischen Tier und Mensch ausmacht. Nur, weil man Pferde nicht hören kann, ist das lange noch kein Beweis dafür, dass sie nicht kommunizieren können! Auch taubstumme Menschen gestikulieren mit Hilfe von Handzeichen, und jeder, der die Zeichen gelernt hat, kann sich mit ihnen unterhalten.

Sollten wir unsere Tiere nicht besser anschauen, vor allem ihr Verhalten untereinander genau beobachten, damit wir ihre Sprache verstehen lernen? Es ist für uns Menschen so einfach, alles, was wir nicht verstehen, als Blödsinn abzutun, doch das kann nicht der richtige Weg sein. Zum Glück gibt es Menschen, die dazu berufen sind, die Sprache der Pferde zu sprechen, und daraus einen Beruf gemacht haben: den des Pferdeflüsterers.

Was verstehen wir eigentlich unter dem Begriff »Pferdeflüsterer«? Die meisten denken jetzt wahrscheinlich an den Kinofilm, der sich als absoluter Straßenfeger entpuppt hat. Das lebende Vorbild zu Buch und Film ist jedoch Monty Roberts, mit dem ich mehrmals zusammentraf. Der Pferdetrainer aus den USA ist wohl der bekannteste Vertreter einer Bewegung, die sich den gewaltfreien Umgang mit Pferden auf ihre Fahnen geschrieben hat. Seine Bücher stehen im Regal eines jeden Pferdefreundes, und seine so genannte »Join-up-Methode« muss ich nicht näher erläutern.

Doch nicht nur, wenn es darum geht, Wildpferde zu zähmen und Jungpferde zu trainieren, nein, in jeglicher Hinsicht ist Monty ein wahrer Pferdemann, der sie wirklich spricht, die Sprache der Pferde. Viele wertvolle Anregungen gibt er den Menschen mit auf den Weg, wenn es darum geht, ihre geliebten Vierbeiner besser verstehen zu lernen.

Längst ist Monty mehr als nur ein amerikanisches Phänomen, Pferdehalter aus aller Herren Ländern rufen ihn zu Hilfe. Er bringt Jungpferden bei, sich satteln zu lassen, ohne es als Zwang zu empfinden; Pferden, die Platzangst haben und nicht in die Startboxen gehen wollen, nimmt er die Angst und gibt ihnen das Vertrauen in ihre Umgebung zurück. Dies und vieles mehr vermittelt Monty Roberts den Tieren. Hat er mit einem »Problempferd« in seiner ruhigen Art gearbeitet – mittels einer kaum wahrnehmbaren Zwiesprache mit dem Tier –, ist der vorherige Stress für Pferdehalter, Reiter und in erster Linie für das Pferd wie weggeblasen.

Unlängst hatte ich das Vergnügen, diesen Mann bei seiner Arbeit auf dem Gestüt Fährhof in Sottrum bei Bremen beobachten zu können. Hier hat die Familie Jacobs ein Vollblutgestüt mit Rennpferden aufgebaut, das seinesgleichen sucht. Strenge Vorschriften, dazu gehört auch, dass nicht jeder das Gelände betreten darf, schützen die Gesundheit der Rennpferde. Die Galopper, die hier gezüchtet werden, zählen zu den erfolgreichsten Europas und sind von den einschlägigen Rennbahnen nicht wegzudenken.

Trotz unserer »Sprachbarriere« konnten wir uns hervorragend verständigen. Na ja, wer Pferde versteht, wird doch auch Menschen verstehen, die nur eine andere Landessprache sprechen.

Als ich Monty so zuschaute, sagte ich mir: Es ist schon eigenartig – man weiß so viel über Pferde und lernt doch nie aus. Wie junge Pferde fast spielerisch Zugang zu uns Menschen finden. Wie sie ohne Worte und nur durch ihre Körperhaltung zu uns sprechen. Wir müssen sie nur beobachten, dann lernen wir verstehen, was sie uns sagen wollen.

Diese Art der Verständigung ist wahrscheinlich die ehrlichste Kommunikationsform, die es gibt. Immer wieder werden Stimmen laut, beispielsweise in Fachzeitschriften, die Monty Roberts' Arbeit als Schabernack abtun. Sollen die Leute doch reden, was sie wollen; dieser Mann musste sich den Neid der Menschen hart erarbeiten!

Nach den beeindruckenden Kostproben seines Könnens hörte Monty auch mir geduldig zu, als ich von meiner Arbeit sprach. Die Art, wie ich Pferde behandle, schien ihm nicht geläufig zu sein. Doch was sollen all die Worte, allein die Praxis zählt. Schließlich berichtete er mir von einem Hengst des Gestüts, dessen letzter Start ein Jahr zurücklag.

Lacantun, ein Spitzengalopper, der letztjährige Hamburger Derbyfavorit und einer der schnellsten Galopper Europas, lahmte, und niemand konnte sagen, warum. Die besten Tierärzte, Chiropraktiker und andere Hippologen, die sich auf Pferdeheilung spezialisiert haben, wurden zu diesem Hengst gerufen. Aber keiner vermochte dem Vollbluthengst zu helfen. Und Monty meinte, es würde ihn schon wundern, wenn ich ihn wieder an den Start brächte. Ich dagegen dachte bei mir: Genau die Art Herausforderung, die ich liebe!

Nun kam der Moment, da der Vollblüter auf die Stallgasse geführt wurde. Während er an mir vorbeilief, sprachen seine Bewegungen und seine ganze Haltung auf eine Weise zu mir, dass ich ihn sogleich verstand. Nach wenigen Minuten schon stand meine Diagnose fest. Das Pferd hatte so große Störungen im Nervenfluss – bedingt durch eingeklemmte Nerven im Hals und Rückenbereich –, dass es die Gehirnsignale nicht mehr richtig umsetzen konnte und der Bewegungsablauf unkoordiniert war. Auch sein Hufzustand zeugte von einem sehr labilen Gesundheitszustand.

Nach dieser ersten Diagnose tastete ich den Vollblüter vom Kopf bis zum Schweif und runter zu den Hufen ab und begann mit den ersten Einrenkungsgriffen. Das Tier war zunächst etwas verängstigt. Das kommt immer wieder bei Galoppern vor, denn sie werden durch meine Größe – im Vergleich zu der eher schmächtigen Gestalt der Jockeys – eingeschüchtert. Nach den ersten Sekunden gibt sich das meist.

Als ich den Hals einrenkte, winkte Monty ab, ihm erschien meine Behandlung wohl etwas rabiat. Aber dann verstand er das Verhalten des Hengstes plötzlich nicht mehr: Lammfromm stand er da und ließ einfach alles über sich ergehen; und am Ende meiner Behandlung war er so entspannt, dass er sich ganz ruhig und locker in seine Box führen ließ. Die anfängliche Angst war wie weggeblasen, stattdessen hatte er Vertrauen zu mir gefasst.

Monty war bass erstaunt über meine Behandlung. Auch nach seiner bevorstehenden Abreise in die USA würde er von Simon Stokes, dem Leiter des Trainingszentrums vom Fährhof, über die Fortschritte Lacantuns auf dem Laufenden gehalten werden.

In der darauf folgenden Woche fuhr ich zusammen mit Johann Willms, meinem alten Weggefährten und unserem jetzigen Klinikschmied, noch einmal zum Fährhof, um den Hengst neu zu beschlagen. Beim Probelaufen in der Halle trabte und galoppierte er bereits ganz ansehnlich.

Der behutsame Trainingsaufbau ist jetzt sehr entscheidend für den Erfolg meiner Behandlung. Ein Pferd, das über ein Jahr nicht mehr gelaufen ist, ist steif und leidet unter Verspannungen. Langsam muss es wieder ans Training herangeführt werden. Die Muskeln müssen wieder aufgebaut und elastisch werden.

Ich war gespannt, wie sie anschlagen würde, und sein Trainer Andreas Wöhler, einer der erfolgreichsten Galopper-Trainer, versprach mir, von Zeit zu Zeit über seinen Zustand zu berichten.

Ich frage mich manchmal, warum immer weniger Menschen in der Lage sind, die Bedürfnisse ihrer Pferde auch nur annähernd zu verstehen. Selbst die einfachsten Zeichen der Körpersprache werden nicht mehr verstanden. Woher kommt das? Wahrscheinlich liegt das daran, dass wir die größten Räuber auf dem ganzen Globus sind. Nicht einmal vor uns selbst machen wir Halt! Der Mensch hat durch sein Verhalten nicht nur dazugewonnen, er hat im gleichen Maße auch verloren. Wo ist das Wissen unserer Vorfahren geblieben, was ist aus unserem Instinkt geworden? Haben wir die Beziehung zur Natur vollkommen verloren?

Ja, aber dafür haben wir unseren Verstand so schön ausgebildet und denken unaufhörlich. Aber kommt auch mal was Vernünftiges dabei heraus? Das mag ein jeder für sich entscheiden. Wenn wir wirklich eine Chance haben wollen, müssen wir wieder lernen, im Einklang mit der Natur zu leben. Das Verstehen der Körpersprache könnte uns vieles

einfacher machen, nicht nur im Umgang mit unseren Vierbeinern. Auch die Menschen unter sich könnten einander
besser verstehen, verstünden sie diese Sprache. Wie der frü-
here Landwirtschaftsminister Josef Ertl einst zu sagen
pflegte: »Selbst mit Rindviechern redet man, die brüllt man
nicht nur an!«

Monty Roberts ist also einer dieser seltenen Menschen,
die heutzutage die Gabe haben, mit Pferden in ihrer Sprache zu kommunizieren. Nichts weiter als seinen Körper
benötigt er, um selbst wilde Pferde an die Hand zu bekommen.

Es gibt außer ihm noch andere wahrhaft große Pferdekenner, auch hier bei uns in Deutschland. Einige dieser
Pferdemänner sind in der Manege zu Hause. Mit zweien
hatte ich das Glück zusammenzutreffen.

Eine liebe Freundin aus Bremen, Angela Keller, die früher Amateurjockey war und deren Leidenschaft nun die
andalusische Reitweise ist, hat gute Kontakte zum legendären Zirkus Zauberwald. Angela selbst ist sehr bewandert in
der Freiheitsdressur. Ihren jungen Andalusier Jaleo, der
lange verletzt war, dressiert sie mit viel Freude und großem
Erfolg. Es ist eine Wucht, den beiden zuzuschauen. Schon
bei einer kleinen, an sich harmlosen Dressurübung, wenn
der Andalusier auf Angelas Kommando hin beispielsweise
einem wildfremden Menschen eine auf dem Boden liegende
Gerte apportiert, geht einem das Herz auf.

Im Winter 2000 war es so weit, der Zirkus gastierte in
Osnabrück, und wir wurden persönlich zu einer Vorstellung eingeladen. »Zauberwald«, der berühmte Pferdezirkus, oder besser gesagt das Pferdemusical mit den edlen
Hengsten, darunter Araber, Andalusier und Friesen, steht
unter der Leitung von Günther Fröhlich und Franz Althoff.

Fröhlich, ein großer Pferdemann, hat sich unter anderem einen Namen gemacht mit der Dressur von Friesen, einer Rasse, die vom Aussterben bedroht war, sich seit einigen Jahren aber wieder größter Beliebtheit erfreut. Althoff gab vor Jahren seinen berühmten Familienbetrieb auf, um einen neuen Zugang zum Zirkus zu finden – in dem Pferde im Mittelpunkt stehen.

Zuvor hatte ich mir kaum Gedanken darüber gemacht, was hinter den Kulissen dieses perfekt inszenierten Märchens alles geschehen muss, damit die Vorstellung so leicht und traumhaft wirkt. Aber hinterher war mir klar, dass nur »Pferdeflüsterer« diese Harmonie und Perfektion mit den Tieren erreichen können.

Wir kamen etwas vor Vorstellungsbeginn. Herr Fröhlich, ein Pferdemann durch und durch, zeigte uns die Arbeit hinter den Kulissen. Alles funktioniert scheinbar reibungslos, jeder – ob Mensch oder Pferd – hat seinen Platz in diesem großen Räderwerk. Um die 200 Menschen sind beteiligt, das will gut organisiert sein. Doch vor allem beeindruckte mich, wie gut die Pferde in Schuss sind.

Hinter der Bühne läuft alles ohne polternde Betriebsamkeit ab, jeder Handgriff wird leise, bedacht und in Harmonie mit dem Ganzen ausgeführt. Hier sind absolute Profis am Werk, ja mehr als das, eben Menschen, die den Umgang mit diesen edlen Tieren im Blut haben. Alles greift ineinander, jeder ist flexibel und multitalentiert. Läuft eine Kleinigkeit schief, wird sofort und für Außenstehende unmerklich improvisiert. Für jedes Pferd gibt es ein Ersatztier, im Falle, dass es erkrankt oder sich verletzt.

Schließlich ging der Vorhang auf, die Vorstellung begann und war so märchenhaft, dass ich noch jetzt ins Schwärmen gerate. Die Inszenierung erzählt eine Geschichte voller Magie – ganz ohne Worte. Die Artisten sind von Weltklasse, und dennoch, die wahren Hauptdarsteller sind die Pferde. Immer wieder fragte ich mich, wer hat den Tieren das alles beigebracht, alles sieht so ungezwungen aus.

Mein Wissensdurst sollte bald gestillt werden. Nachdem ich schon vor der Vorstellung mit Günther Fröhlich fachsimpeln durfte, machte er mich nach der Vorstellung mit Franz Althoff bekannt. Das anfängliche Beschnuppern ging bald in einen vertrauten Austausch über; das erlebe ich immer wieder mit Menschen, die eine magische Begabung im Umgang mit Pferden haben.

Wir redeten über Verhaltensmuster von Pferden, und als ich auf Monty Roberts zu sprechen kam, erwiderte Althoff, dass er diesen Mann sehr schätze, aber seine Herangehensweise nichts Neues sei. Denn im Zirkus wird seit eh und je mit der gewaltfreien, auf Partnerschaft basierenden Freiheitsdressur gearbeitet, die durch Monty Roberts bekannt wurde. Die hohe Kunst der Dressur kann nur gelingen, wenn sie in Freundschaft zwischen Mensch und Tier erfolgt. Ohne Respekt vor dem Pferd und in Unkenntnis seiner Verhaltensmuster ist sie zum Scheitern verurteilt.

Pferde in der Freiheitsdressur haben Spaß an ihrer Arbeit, sie lernen schnell, und eine Grundregel ist, es darf nie langweilig werden. Denn sonst verlieren sie die Lust und arbeiten nicht mehr richtig mit. Das ist oft ein Problem für den Freizeitreiter. Wir tun unseren Pferden nichts Gutes, wenn wir sie unterbeschäftigen, denn sie sind neugierig und lernbereit. Man muss nur wissen, wie man sie zu neuen Übungen motiviert – das ist die Kunst dabei.

Die Grundlage der Freiheitsdressur ist, dass wir eine Vertrauensbasis herstellen. Außerdem müssen wir erreichen, dass das Pferd uns als Alphatier – als Leittier – akzeptiert. Unser Freund will lernen, aber er möchte auch gelobt und mit leckeren Sachen wie einem Stückchen Zucker oder einer Karotte belohnt werden. Aber mehr noch lieben es Pferde, wenn man sie in den Arm nimmt oder ihnen lobend auf den Hals klopft: »Toll, das hast du fein gemacht.«

Und wenn es etwas Neues gelernt hat, gelobt und mit einer Möhre belohnt wird, dann kann man förmlich sehen, wie stolz es ist. Auf diese Weise – im Zusammenspiel aus immer wiederkehrenden Bewegungsabläufen, Körpersprache und Lob – macht dem Pferd die Arbeit auch richtig Spaß.

Lange habe ich über unser Gespräch nachgedacht. Männer wie Günther Fröhlich und Franz Althoff können nur deshalb einen so großen Erfolg in der Freiheitsdressur haben, weil sie sie auf freundschaftlicher Basis praktizieren. Sicherlich, manchmal muss man ein Tier auch in seine Schranken weisen, mitunter auch bestrafen, aber man muss dabei sehr sensibel und gezielt vorgehen: Auch in der Natur bestrafen sich Pferde untereinander, aber wenn ein Tier seine Unterlegenheit signalisiert, wird die Auseinandersetzung beendet.

Leider gibt es Menschen, die erst recht aufdrehen und den Überlegenen spielen, wenn sie beim anderen Angst und Schwäche verspüren. Das tun Menschen untereinander und, nur allzu oft, auch gegenüber ihren Tieren.

Beim Zirkus, so schien es mir, herrschen andere Regeln als draußen in unserer vom Geldverdienen geprägten Welt. Wie in einer großen intakten Familie leben hier alle Beteiligten in einer Gemeinschaft, in der jeder sich auf den anderen verlassen kann und können muss. Vorrang vor allem haben jedoch die Pferde.

Hier herrscht auch noch eine Atmosphäre der Menschlichkeit und Wärme. Das fiel mir auf, als ich vor der Vorstellung beobachtete, wie sich Zirkusangehörige darum kümmerten, dass in der ersten Reihe Behinderte in ihren

Rollstühlen einen guten Platz bekamen; und alte Menschen wurden zu ihren Sitzplätzen begleitet. Nicht zu vergessen die vielen glücklichen Kinder, deren Augen wie kleine Sterne leuchten und die den Traum vom Zauberwald mit nach Hause nehmen.

Obwohl ich nicht gerade ein Romantiker bin, hat mich jener Abend berührt. In unserem gefühlskalten Hightech-Zeitalter, wo Kinder der Großstadt kaum mehr die einheimischen Tiere kennen, ist ein solches Erlebnis besonders wertvoll. Manchmal frage ich mich, wohin das alles noch führt: Nintendo und andere Computerspiele, dazu noch das Gewalt verherrlichende Fernsehen, was soll aus unseren Kids denn werden? Wie sollen sie lernen, was Gefühle bedeuten? In dieser Welt sind Betriebe wie der Zirkus Gold wert. Was aber, wenn es sie eines Tages nur noch im Archiv der Sendehäuser gibt? Dann wird die Welt noch kälter, als sie es ohnehin schon ist.

Liebe Eltern und Großeltern, nehmt eure Kinder und Enkel an die Hand und besucht mal einen Zirkus, wenn er in der Stadt gastiert. Tiere riechen und fühlen und erleben, was sie können, das tut Kindern gut.

An diesem Abend in Osnabrück habe ich zwei Pferde gratis, praktisch als Gastgeschenk, behandelt. Franz Althoff meinte, er habe so eine chiropraktische Behandlung bei Pferden noch nie gesehen. Und dennoch war ihm auf Anhieb klar, was jeder meiner Handgriffe bewirken sollte.

Jedes Mal aufs Neue ist es ein besonderer Genuss für mich, mit Pferdekennern über Pferde zu reden. Dann ist jeder Abend plötzlich zu kurz. Und ich frage mich, wo ist sie geblieben, die Zeit.

Kummertage

Die Pferde-Reha Filsum besteht nun seit etwas mehr als zwei Jahren, und der Andrang an den beiden »Kummertagen«, wie ich die festen Tage in der Rehaklinik nenne, wird immer größer.

Oft reiht sich ein Pferdeanhänger an den Nächsten, Menschen und Pferde müssen manchmal reichlich Geduld aufbringen, aber es kommt jeder dran. Die Behandlungsmöglichkeiten hier in Filsum sind inzwischen so vielfältig, dass nur noch Patienten abgewiesen werden müssen, die eine aufwendige veterinärmedizinische Betreuung in einer Spezialklinik brauchen, beispielsweise operiert werden müssen. Verschiedene heilpraktische Apparaturen, die entsprechenden therapeutischen Maßnahmen und zwei Tierärzte, die wir von Fall zu Fall hinzuziehen, machen es möglich, dass inzwischen auch kompliziertere Krankheitsbilder behandelt werden können. Trotz all der technischen Errungenschaften ist es immer noch meine Arbeit mit den bloßen Händen, meine Art, mit den Tieren – und den dazugehörigen Menschen – umzugehen, die Letztere magnetisch anzieht.

Längst ist die Zeit vorbei, wo ein Pferd einfach nur lahmte, dann eingerenkt wurde und nach kurzer Zeit wieder fit war. Heute sind die Krankheitsbilder oft so vielschichtig, dass eine Diagnose einigen Aufwand erfordert, ebenso wie die anschließende Behandlung. Das hat mehrere Gründe: Während in unserer Gegend die Pferdehaltung eine gewachsene Sache ist – »Knochenbrecher« gab es hier schon immer, die lahmende Pferde behandelten –, gibt es andernorts diese Traditionen nicht. Die Pferdehaltung nimmt jedoch bundesweit ständig zu, obwohl zum Teil die nötige Erfahrung bei den Pferdehaltern fehlt. Da werden Fehler in der Haltung, im Umgang mit den Pferden oder in der Fütterung gemacht, und so manches schlägt sich in gesundheitlichen Problemen nieder. Auf der anderen Seite hat man heute eine Vielfalt an Behandlungsmöglichkeiten, die es früher nicht gab, und so werden auch die Probleme, mit denen wir konfrontiert werden, automatisch immer komplexer.

Und dass man alles versucht, verdanken die Pferde ja nicht nur dem emotionalen Faktor, der bei vielen Menschen eine Rolle spielt. Viele Pferde, die mir anvertraut werden, haben auch einen sehr hoch anzusetzenden Wert, beispielsweise den Zuchtwert, auch wenn sie bereits an einer Klinik austherapiert wurden.

Unlängst kam ein kostbares Pferd mit schwer wiegenden Problemen zu uns in die Klinik. Meurer's Le Patron, bislang noch auf der internationalen Bühne unter seinem Reiter René Tebbel als Springpferd zu Hause, musste pausieren. Zu den akuten Störungen im Bewegungsablauf kamen Lungenprobleme hinzu. Der Besitzer hatte Meurer's Le Patron von Klinik zu Klinik gefahren, überall hatten Veterinäre ihr Möglichstes getan. Und dennoch: Das gesundheitliche Befinden des Pferdes verschlechterte sich zunehmend. Schließlich wurde ich gerufen. Ich ließ mir den Wallach vorführen, und bald war mir klar, wo ich mit meiner Behandlung ansetzen musste.

Am darauf folgenden Tag wurde das Elitepferd zu mir in die Pferde-Reha gebracht. Zunächst behandelte ich es chiropraktisch, um den Bewegungsablauf wieder einzustellen. Im Rücken befinden sich Nerven, die dafür sorgen, dass sich die Rippen beim Einatmen und beim Husten öffnen. Diese Nerven waren blockiert. Nachdem ich die Blockaden gelöst hatte, stimulierte ich die Nerven mit Hilfe eines Punktlasers.

Diese Behandlung erstreckte sich über einen Zeitraum von sieben Tagen. Außerdem gaben wir dem Wallach Vitamin B-Komplex ins Futter. Um die Durchblutung anzuregen, bekam er jeden Tag eine ordentliche Portion Knoblauch.

Viele Pferde mögen es nicht, wenn man dem Futter Knoblauch beimengt. Deshalb pressen wir circa vier Zehen aus und geben dem Pferd den Knoblauch mittels einer Spritze direkt ins Maul. Nicht nur der Gesundheit des Menschen, auch der von Pferden ist dieses Mittel zuträglich. Wie mein Vater zu sagen pflegt: Knoblauch ist gesund, aber macht einsam! Und wenn ich abends beim Griechen mal wieder meiner Knoblauchleidenschaft gefrönt habe, sucht er morgens beim Frühstück das Weite. Ja, auch die Pferde riechen recht streng, wenn sie eine ordentliche Portion davon gefressen haben.

Als Nächstes wollten wir erreichen, dass die Atmung wieder normal wurde. Jetzt war also Saunieren angesagt. Bei jedem Saunagang bekam der Wallach einen Aufguss mit ätherischen Ölen. Bald stellte sich der Erfolg ein: Das Pferd hustete jetzt leicht, die Rippen dehnten sich wieder, und die feuchte Saunaluft löste den Schleim. Als ich jedoch genau hinsah, bemerkte ich, dass Meurer's Le Patron Sägemehl aushustete.

Nun war mir klar, wie es zu dem Atmungsproblem gekommen war. Ziemlich gefräßig, war das Pferd immer bauchiger geworden, also hatte man es auf Sägemehl gestellt.

Und während es jeden einzelnen Heuhalm aus dem Sägemehl herausklaubte, atmete es zu viel Staub und Sägemehl
ein. Durch die Blockade der Rippen konnte es außerdem
nicht mehr ordentlich abhusten. Daher bekam der Wallach
Luftprobleme, und die Lunge wurde angegriffen. Ein Kreislauf, der in einem chronischen Leiden enden kann.

Heute springt Meurer's Le Patron wieder wie in alten Tagen. Das Pferd hatte eine wahre Odyssee an Klinikbesuchen
hinter sich, ohne Erfolg. Der Aufenthalt in der Pferde-Reha
hatte nicht ganz drei Wochen gedauert, und es war geheilt –
mit vollkommen unbedenklichen Naturheilmethoden.

Bei diesem Fall zeigte sich, dass es auf das richtige Zusammenspiel der vorhandenen Mittel ankommt.

Trotz dieser Erfolge, die mich immer wieder in meiner
Arbeit bestätigen, weiß ich, dass ich nicht viel weiß. Die
ganze Symptomatik ist derart komplex, dass ich nie aufhören werde dazuzulernen. Jeder einzelne Nerv im Rücken
eines Pferdes hat eine doppelte Funktion: Zum einen spielt
das Nervensystem eine Rolle bei der Bewegungskoordination, und zum anderen steht es in Bezug zu den inneren
Organen des Pferdes. Viele dieser Funktionen kenne ich,
jedoch längst nicht alle. Aber das Leben geht weiter, und
ich werde lernen, so lange ich kann.

Aus Wilhelmshaven kam unlängst eine Pferdehalterin mit
ihrem Pferd in die Klinik. Die Stute hatte Platzangst im
Hänger und konnte daher nur allein transportiert werden.
Früher einmal war sie erfolgreich S-Dressur gegangen, aber
zu dem Zeitpunkt, da sie mir vorgestellt wurde, war sie
vollkommen steif. Nur noch etwas Schritt und noch weniger Trab waren möglich. Woher kamen die Schmerzen, unter denen die Stute sichtlich litt? Nun, die Muskeln waren
extrem übersäuert.

Was ist die Ursache? Wird das Pferd bei einem Überangebot an eiweißhaltigem und kohlehydratreichem Futter in Arbeit genommen, setzt eine erhöhte Energiegewinnung ein. Doch die Stoffwechselprodukte in den Muskeln können nicht ausreichend abgebaut werden, dabei entsteht Milchsäure, und die Zellen der Muskulatur können beschädigt werden.

Auch wir Menschen kennen das: Wenn wir kurz vor dem Sport reichlich essen, dann bekommen wir Muskelkrämpfe, beim Pferd ist das genauso.

Steif werden die Tiere erst dann, wenn nach der eigentlichen Arbeit nicht genug Schritt gegangen wird. Beim Schritt wird die Durchblutung aufrechterhalten, und dadurch wird einer Übersäuerung vorgebeugt.

Der Gefahr der Übersäuerung kann man also durch ausgiebiges Schrittgehen entgegenwirken. Nur dann bleiben die Muskeln geschmeidig. Ein Pferd mit übersäuerten Muskeln läuft in der Arbeit anfänglich immer steif, erst wenn es warm geworden ist, kann es sich besser bewegen. Jedes Mal verspürt es zunächst Muskelkater, wenn mit der Arbeit begonnen wird. Und wen wundert es da noch, dass es die Freude daran verliert?

Was war hier zu tun? Zuerst einmal führten wir die Stute in die Sauna. Schwitzen, dachte ich, das ist immer gut. Aber selbst nach dem zweiten Saunagang war sie noch nicht richtig ins Schwitzen geraten. Na gut, ich gönnte ihr erst einmal eine Pause, um sie am Abend erneut saunieren zu lassen. Und jetzt gelang es mir, das Tier zum Schwitzen zu bringen. Von Tag zu Tag schwitzte die Stute leichter, und je mehr sie entschlackte, desto gangfreudiger wurde sie.

Erst am dritten Tag waren ihre Muskeln so weit entspannt, dass ich sie vernünftig einrenken konnte. Jetzt fiel uns auch auf, dass die Stute immer ruhiger wurde und die

Bewegung allmählich zurückkam. Bevor sie von ihrer Besitzerin abgeholt wurde, bekam sie rundum einen neuen Hufbeschlag. Schon nach kurzer Zeit wurde das Dressurpferd, das aufgrund seiner Steifheit zwei Jahre nicht mehr geritten worden war, wieder in den Sport genommen.

Was will uns dieser Fall sagen? An diesem Beispiel aus meiner Praxis ist zu erkennen, dass ein Pferd nur dann korrekt gehen kann, wenn auch die Muskelwerte stimmen. Schmerzen entstehen durch Übersäuerung der Muskeln; hält dieser Zustand an, führt das zu Muskelverkürzungen. Doch die Muskeln können zum Glück größtenteils regeneriert werden.

Das Dressurpferd aus Wilhelmshaven ist kein Einzelfall. Immer wieder bringt man mir Pferde mit einem so genannten Verschlag oder Kreuzverschlag, einer Muskelerkrankung, die infolge einer schlimmen Stoffwechselstörung auftritt. Ein Verschlag kann aber auch durch Stress im Zusammenhang mit körperlicher Überanstrengung hervorgerufen werden. Oder eben durch ein Überangebot an hoch energetischem Futter.

Eine weitere Folge dieser Art der Überfütterung kann die Hufrehe sein, eine Entzündung im Inneren des Hufes. Das Pferd bekommt extrem starke Muskelschmerzen und stellt die Vorderhufe weit nach vorne und die Hinterhufe weit nach hinten. Die Atmung wird schneller, bemerkbar an den Flanken. Unabhängig vom Zeitpunkt des Krankheitsausbruchs – manchmal liegt er erst einen, oft aber auch bereits mehrere Tage zurück –, fangen wir mit einem Aderlass an. Bei einem Großpferd ist es nicht unüblich, bis zu zehn Liter Blut abzulassen. Deutlich kann man die Stoffwechselvergiftung an der Konsistenz des Blutes erkennen: Das Serum ist meist so fett, dass es sich wie Schmierseife anfühlt. Ein Aderlass wird dem Pferd keineswegs schaden, denn man gibt dem Organismus die Möglichkeit, das Blut zu erneuern.

In einem nächsten Schritt werden die Hufe begutachtet. In manchen Fällen senkt und/oder dreht sich das Hufbein bei einer Hufrehe. Wenn dem so ist, schneiden wir den Huf aus und versehen ihn mit einem Spezialbeschlag aus einem geschlossenen Eisen mit Hufpolster zur Unterstützung der Sohle. Hat die Sohle einen Gegendruck von unten, dann kann sich logischerweise auch das Hufbein nicht mehr senken.

Anschließend kommt das Pferd in die Sauna. Bis zu fünf Tagen wird täglich oder jeden zweiten Tag sauniert, und anschließend ist Stretching angesagt. Außerdem wird das Pferd in Maßen bewegt – im Schritt oder an der Longe. Allerdings ist dieser Teil des Therapieprogramms abhängig vom Schmerzzustand des jeweiligen Pferdes. Manchmal hat ein Tier extreme Schmerzen, dann ziehen wir einen Tierarzt für eine entsprechende Schmerztherapie hinzu.

Schon bald stellen sich die ersten Erfolge ein, das Tier wirkt entspannt und locker. Nach dem Saunieren oder nach der Arbeit gibt man den Pferden über einen gewissen Zeitraum hinweg Elektrolyte – Mineralsalze, die die Regulierung der Körperflüssigkeit unterstützen. Denn nur wenn der Wasserhaushalt ausgeglichen ist, kann der Körper durch den Stoffwechsel ausreichend entgiftet werden.

Heute war ein anstrengender Tag, ich war mal wieder auf Sammeltour und hatte mir doch zu viel vorgenommen. Bei all den langen Fahrten, die meine Arbeit so mit sich bringt, muss ich mich vor allem über eines ärgern: Der Dieselpreis steigt und steigt, das Ganze nennt man dann Ökosteuer. Ich möchte mal wissen, was die mit all den Steuereinnahmen machen: Die Straßen sind teilweise in so einem maroden Zustand, dass ich, wenn ich aus dem Auto steige, sämtliche Knochen spüre. Dazu kommen noch die ewigen Staus, verursacht durch Baustellen, die, so habe ich festgestellt, vor allem dann eingerichtet werden, wenn Schulferien sind. Damit alle Urlauber sehen, wie schwer die Straßenarbeit ist. Wenn ich meine Kunden so ausnehmen würde wie der Staat seine Bürger, würden alle kranken Pferde zum Schlachter kommen, weil die Halter sich die Behandlungskosten nicht mehr leisten könnten!

Jedoch allein der Gedanke, an einem Tag – mag er noch so viel Ärger mit sich bringen – wieder ein paar Pferde von ihren Schmerzen befreit zu haben, beflügelt mich. Dieses Glücksgefühl kann man nur erleben, wenn die Liebe zum Beruf seine Schattenseiten überragt, in meinem Fall eben die Autofahrerei.

Es gibt andere Dinge, die mich bisweilen ärgern. Zum Beispiel, dass ein Pferdehalter nicht in der Lage ist, sein Pferd festzuhalten. Immer wieder erlebe ich Situationen, in denen mein Leben auf dem Spiel steht. Dann wundere ich mich darüber, wie schmal er ist, der Grat zwischen Leben und Tod. Alle Menschen, die eine Tätigkeit am Pferd ausüben, sind einer gewissen Gefahr ausgesetzt. Angst wäre ein falscher Ratgeber, aber in Respekt vor der Kreatur Vorsicht walten zu lassen, speziell im Umgang mit Pferden, das ist auf jeden Fall angebracht.

Hin und wieder, das muss ich gestehen, werde ich auch etwas leichtsinnig. Vor allem dann, wenn ich längere Zeit Pferde behandelt habe, die ziemlich brav waren. Tiere, die trotz ihrer Schmerzen meine Behandlung mit Geduld ertragen haben. Man arbeitet doch gleich sorgloser. Irgendwann ist es dann so weit, selbstsicher geht man, ohne den Hauch einer Gefahr zu wittern, an ein Pferd heran. Und plötzlich, wie ein Blitz aus heiterem Himmel, schlägt das Pferd gezielt aus. Wieder hat es mich erwischt, blaue Flecken sind kein Thema, die stecke ich so weg. Sie erinnern mich jedoch daran, wie knapp ich an einer lebensbedrohlichen Verletzung vorbeigeschrammt bin. Bislang hatte ich sehr viel Glück; manchmal glaube, dass es mein Schutzengel war, der Schlimmeres verhindert hat. Wirklich ein prima Typ, der da ein Auge auf mich hat …

Irgendwann, wenn meine Uhr abgelaufen ist, würde ich mir wünschen, bei meiner Arbeit den Tod zu finden. Ein Schlag auf den Punkt, schnell, zielgenau und endgültig. Oder vielleicht ein Herzstillstand inmitten von Pferden, ja das wäre ein Ende ganz nach meinem Sinn.

Immer wieder fragen die Leute, hast du keine Angst, dass die Pferde mal ausschlagen? Ja, natürlich mache ich mir Gedanken darüber, was alles passieren kann, aber ein Angstgefühl während der Behandlung ist nur hinderlich. Also stimme ich mich positiv ein. Das Pferd darf bei mir keine Angst spüren, es hat genug mit seiner eigenen zu tun. Daher sorge ich dafür, dass es Vertrauen zu mir fasst, ich strahle Ruhe aus und vermittle dem Tier ein Gefühl von Geborgenheit.

Nun könnte ich natürlich herumposaunen: Angst? Kenne ich nicht, schon gar nicht die vor dem Sterben. Aber in Wirklichkeit sieht es ganz anders aus, auch ich habe Momente, in denen ich über den Tod nachdenke. Jeder Mensch möchte ewig leben, denn vom Leben wissen wir, was uns erwartet. Vom Tod aber wissen wir nichts, außer dass er etwas Endgültiges ist.

Es ist einige Zeit her, dass ein Mann, der über Jahre hinweg krank war und nun im Sterben lag, zu mir sagte: »Jetzt muss ich gehen, ich habe aber keine Angst! Sterben ist wie geboren werden, nur andersherum!«

Diese Worte haben sich mir eingeprägt. Nein, liebe Leute, es ist nicht so, dass ich dazu neigen würde, von schwermütigen Dingen zu reden. Nur hin und wieder überkommen mich derlei Gedanken. Diese Seite des Lebens gehört ebenso dazu wie das Essen und das Trinken, wie die Arbeit und das Ruhen. Ansonsten genieße ich das Leben in vollen Zügen.

Abends, nach einem ereignisreichen Tag hänge ich dann meinen Träumen und Wünschen nach. Bisweilen träume ich auch von Dingen, die begehrenswert erscheinen, die ich mir aber im Moment nicht leisten kann. Doch wenn ich dann am nächsten Tag die reichen Menschen sehe, denen ich bei meiner Tätigkeit begegne, bedaure ich sie mitunter. Sie halten Pferde, weil es zum guten Ton gehört. Jeder soll sehen, was man sich alles leistet. Diese Menschen kaufen, was ihnen gefällt, egal, was mit dem neuen Spielzeug geschieht, wenn es nicht mehr aktuell ist. Ich für meinen Teil gebe mich meinen Träumen hin, wenn ich mir das Gewünschte zunächst nicht leisten kann. Wenn dann der Zeitpunkt gekommen ist, an dem ich mir das Ersehnte kaufen kann, dann freue ich mich riesig darüber und pflege das Erreichte.

Träume erhöhen die Lebensqualität. Ich schaue auf die Uhr, schon fast Mitternacht. O Mann, wo ist die Zeit geblieben? So viel will man noch erzählen, dann aber ruft das Bett. Morgen in der Früh beginnt ein langer Kliniktag. Um die vielen Pferdefreunde, die mit ihren Tieren den weiten Weg nach Filsum kommen, nicht zu enttäuschen, muss ich mich jetzt aufs Ohr legen und Kraft tanken. Schluss mit dem Philosophieren!

Am nächsten Tag spüre ich die Nachwehen meiner nächtlichen geistigen Ausflüge. Ich habe einfach zu lange geschrieben, und es kam, wie es kommen musste. Abfahrt in letzter Sekunde. Immer diese langen Autofahrten, fast 70 Kilometer sind es von unserem Noch-Wohnort Brake bis nach Filsum. Zum Glück steht bald der Umzug nach Filsum ins Haus. Die Mühe wird sich lohnen, denn wenigstens fallen die Autofahrten zur Klinik weg. Wenn ich vor Ort wohne, werde ich den Klinikbetrieb noch ausbauen können. Die nächsten Herausforderungen warten bereits auf mich.

Als ich ankomme, ist die ganze Zufahrt zugeparkt von Autos und Pferdeanhängern. Gut, dass ich daran gedacht habe, an der Weide hinter der Klinik einen Parkstreifen für Autos und Hänger anzulegen, denn sonst hätten wir jetzt ein richtiges Parkproblem. Jeder will der Erste sein! Da hilft nur eins, alles in Ruhe angehen lassen, einer nach dem anderen.

Das erste Pferd ist lahm auf allen Beinen. Die Fuchsstute hat Angst, beim Traben richtig aufzutreten. Der Besitzer meint, das komme alles vom Rücken. Teils hat er Recht, aber die eigentliche Ursache liegt in den Fesselbeugen, das Pferd hat Mauke, ein schorfiges und teilweise nässendes Ekzem, das durch Bakterien hervorgerufen wird. Sie entsteht häufig und vor allem an der Hinterhand, wenn Pferde in feuchtem Grund stehen oder wenn sie kleinere Verletzungen in der Fesselbeuge haben.

Mauke ist sehr schmerzhaft, da die Haut bei jeder Bewegung neu aufreißt. Die betroffenen Stellen reinige ich mit Betaisodona und reibe sie mit speziellen Maukesalben ein. Der Vorgang muss täglich wiederholt werden, dann trocknet die Mauke, der Schorf lässt sich ablösen, und die Haut kann heilen. Dieses Pferd hat tatsächlich aufgrund der schmerzhaften Mauke Rückenprobleme bekommen, bedingt durch permanentes vorsichtiges Gehen, durch falsche

Belastung also. Nicht immer liegen Ursache und Symptom räumlich beieinander. Deshalb schaue ich mir das ganze Pferd an: Von den Zähnen bis zu den Hufen.

Auch der Schmied bekommt Arbeit. Der nächste Patient hat einen Huf mit Hornspalt, der bis in den Kronenrand hineinreicht. Das Pferd benötigt einen Spezialbeschlag. Mit mehreren Aufzügen an den Vordereisen wird der Hufmechanismus eingeschränkt. Der Spalt wird zudem noch mit Spezialklammern zusammengehalten. Den Rest überlassen wir der Zeit, die zwar nicht alle Wunden, aber viele heilt.

Dann will ich noch nach der braunen Stute schauen, die uns vor ein paar Tagen gebracht wurde. Der Besitzer war verzweifelt, sein Veterinär hatte ihm geraten, das Pferd von all seinen Leiden zu erlösen. Zu einem Verschlag war eine Hufrehe dazugekommen.

Trotz des schlechten Zustands der Stute spürte ich intuitiv, dass ein letzter Versuch lohnen würde. Gemeinsam mit unserem Veterinär und dem Schmied stellten wir einen Behandlungsplan auf: Sauna, Aderlass und ein Spezialbeschlag, der in der Genesungszeit die Schmerzen des Pferdes lindern würde. Als Johann sich daranmachte, die Hufe auszuschneiden, traf ihn fast der Schlag: Da war nichts mehr auszuschneiden, die Hufe waren gerade erst viel zu kurz geschnitten worden. Der Besitzer hatte gemeint, auf einen Hufschmied verzichten zu können, mit dem Ergebnis, dass sein Pferd nicht mehr ohne Schmerzen auftreten konnte!

Wissen diese Menschen eigentlich, was sie ihren Vierbeinern antun? Liebe Leute, überlasst das Hufausschneiden denen, die es gelernt haben. Geht zum Tierarzt, wenn ihr seht, dass euer Pferd krank ist. Und ruft einen Chiropraktiker oder den Knochenbrecher, wenn euer Pferd lahmt.

Aber es kam noch besser: Nicht nur, dass der behandelnde Tierarzt das Pferd aufgegeben hatte. Nein, er riet dem Besitzer auch noch, es aus der Reha wegzuholen, das könne doch nichts mehr werden. Obwohl der Besitzer sich bereits vom Gegenteil überzeugt hatte. Warum nur sind manche Leute in ihrem falschen Stolz so stur? Warum geben sie eine Fehleinschätzung nicht zu und lernen noch etwas dazu? Stattdessen beharren sie auf ihrer Meinung – auf Kosten der Tiere.

Doch zurück zu dieser Stute: Nachdem sie nun einige Tage bei uns als Logisgast war und die erprobte Therapie erhalten hat, stelle ich mit Freude fest, dass sie über den Berg ist. Ich rufe gleich den Besitzer an, damit er sie morgen nach Hause holt.

Dass wir in der Rehaklinik in Filsum ein Fohlen mit Bewegungsstörungen therapieren, hat sich wie ein Lauffeuer herumgesprochen. Aus allen Himmelsrichtungen kommen Anrufe, überall gibt es sie, die Leidensgenossen von Püppi, und alle brauchen Hilfe.

Allerdings ist Püppi nicht der erste Fall mit dieser Art von Bewegungsstörung hier in der Klinik. Im letzten Jahr habe ich mehrere Fälle, die einer Ataxie ähnelten, mit Erfolg behandelt. Zum einen war da ein Junghengst, dem auf der Weide etwas zugestoßen war. Sein Besitzer, ein bekannter Oldenburger Hengsthalter, bat mich eines Tages, mir dieses Tier mal anzusehen und ihm ganz offen zu sagen, ob ich eine Chance der Regenerierung sehe.

Die Pferdehalter, die mich kennen, wissen genau, dass sie von mir stets eine ehrliche Einschätzung bekommen und ich, wenn keine Heilungschancen bestehen, auch den Gang zum Schlachter empfehle. Aber ist da auch nur ein ganz kleiner Hoffnungsschimmer, dass das Tier wieder gesund wird, dann wird alles versucht, was in meiner Macht steht. Das wissen sie auch.

Bereits beim Herausführen aus der Box fiel dieser Junghengst mehrmals hin. Ich schaute ihn mir gründlich an, tastete ihn ab und war mir dann ziemlich sicher, dass er es schaffen würde. Der Besitzer wollte mir nicht glauben, war aber bereit, dem Tier noch Zeit zu geben.

Mehrere Behandlungen waren erforderlich, fast sieben Monate brauchte der Hengst, um sich wieder zu festigen. Dann wurde er zur Oldenburger Hengstkörung vorgestellt, jedoch schon vor der Hauptkörung (bei der junge Hengste gekört werden) nach Dänemark verkauft. (Neben der Hauptkörung gibt es auch die so genannte Sattelkörung, bei der sich ältere Hengste unter dem Sattel präsentieren.) In Dänemark ist die Körung einige Monate später als in Oldenburg – im März statt im November. Das bedeutet, dass die Junghengste bis zur Präsentation mehr Zeit haben, um sich zu entwickeln. Und genau diese zusätzlichen Wochen waren für ihn entscheidend. Er verließ die Körung mit dem Prädikat »gekört im Prämienlot«. Ein großartiger Erfolg, wenn man bedenkt, dass von circa 70 Hengsten nur 45 gekört und davon wiederum nur sieben, acht Hengste prämiert werden!

Nicht immer nimmt ein Krankheitsverlauf eine solch vorteilhafte Wendung. Aber natürlich gibt mir ein derartiger Erfolg Auftrieb und Kraft für immer neue, oft scheinbar hoffnungslose Fälle. Meist lohnen sich Geduld und Ausdauer.

Auch im Fall des Galoppers vom Gestüt Fährhof zeichnet sich ein positiver Verlauf ab. Fünf Wochen liegt es nun zurück, dass ich den Vollblüter behandelt habe, als ich dort mit Monty Roberts zusammentraf. Nun rief mich der Trainer an und erzählte mir von seinen Fortschritten im Training. Ja, ich bin mehr als zufrieden, alles läuft wie erhofft. Wobei ich erst dann wirklich von einem Erfolg sprechen will, wenn Lacantun wieder Siege erringt ...

Vor einiger Zeit kam eine Frau mit ihrem großen Fuchswallach zu uns in die Klinik. Immer wieder hatte er Schulterprobleme und lahmte dann erheblich. Nachdem ich das Pferd bereits viermal eingerenkt hatte und zunächst alles wieder in Ordnung schien, sagte ich zu der Frau: »Das ist nicht normal, dass immer wieder dasselbe Problem mit der Schulter auftaucht. Irgendwo muss die Ursache liegen, das kommt doch nicht einfach ohne Grund.«

Ich fing also mit meiner Detektivarbeit an und fragte der Frau Löcher in den Bauch, fragte nach auffälligen Gewohnheiten des Wallachs. Da die Besitzerin keinerlei Idee hatte, woran es liegen mochte, fuhr ich zu ihr, um mir die Box mal anzusehen. Vor Ort stellte ich fest, dass der Wallach eine Box hatte, von der viele andere Pferde nur träumen können. Mehr als ausreichend groß, der Fuchs konnte nach draußen gehen, und zum Hof hin gab es ein offenes Fenster, wo er hinausschauen konnte. Alles bestens! Aber wieso hatte er immer wieder das gleiche Leiden?

Wir unterhielten uns gerade vor der Pferdebox, als Futterzeit war. Und siehe da, was machte der Wallach? In seiner Ungeduld, nicht als Erster bedient zu werden, hatte er es sich angewöhnt, den rechten Vorderhuf in den Trog zu legen. Das ist an sich nicht schlimm, aber dann beobachtete ich, wie er sich dabei zurücksinken ließ und überdehnte. So also kamen die Probleme zustande! Der Besitzerin habe ich empfohlen, den festen Trog abzumontieren und bei der Fütterung einen abnehmbaren Trog zu verwenden. Seitdem man diesen Rat befolgt, ist mein einstiger Dauerkunde gesund und zufrieden.

Und nun zu einem ganz anderen, scheinbar hoffnungslosen Fall. Am 31. März 2001 ging ein Notruf bei mir ein. Das Pferd hatte auf der Weide in einem unbeobachteten Moment einen Unfall gehabt, war gestürzt und hatte sich verletzt. Nun konnte es aus unerfindlichen Gründen kaum mehr etwas sehen und erblindete innerhalb von ein paar Tagen vollständig.

Infolgedessen hatte das Tier jetzt große Angst vor allem, was in seiner Umgebung geschah, geriet äußerst leicht in Panik. Dabei schlug es sich auch noch die Beine wund.

Was sollte ich dem Besitzer am Telefon sagen? Zuerst einmal riet ich ihm, es zu uns in die Klinik zu bringen, auch wenn es angesichts seines Zustands eher schwierig war. Dann würden wir weitersehen.

Noch am selben Tag brachte der Besitzer das Pferd. Der Zustand der Schimmelstute verschlug mir fast die Sprache. Die Augen lagen tief in den Augenhöhlen, waren bläulich verfärbt und mit einer Schleimhaut überzogen; sie war am ganzen Körper verspannt und hatte eine Muskelverhärtung an der Halswirbelsäule. Die Bewegungen waren völlig unkoordiniert, das ganze Verhalten unkontrolliert. Ich vermutete, dass diese Störungen auch durch die Erblindung hervorgerufen wurden.

Ein Tier, das immer gut sehen konnte, dann aber plötzlich erblindet, leidet viel stärker als ein mit diesem Gebrechen geborenes Tier, weil Ersteres sich in einem völlig neuen Zustand zurechtfinden muss. Der Besitzer unterschrieb die allgemeinen Klinikbedingungen und fuhr nach Hause. Er konnte uns nicht weiterhelfen, weil weder er noch jemand anders bei dem Unfall dabei gewesen war.

Ich begann sogleich mit der Untersuchung. Zuerst einmal schaute ich mir die Augen des Pferdes an. Eine bläuliche Verfärbung war zu erkennen, die Pupille war stark vergrößert und reagierte nicht auf zunehmenden Lichteinfall.

Auch sonst keinerlei Reaktionen. Ich nahm an, dass die Hauptursache für die Erblindung vom Halsbereich herrührte. Die Halsmuskulatur, der Rückenbereich, alles war hart und verspannt, ein Einrenken unter diesen Voraussetzungen war nicht möglich. Also ab in die Sauna!

Die folgende Skizze vom Knochengerüst eines Pferdes veranschaulicht, wie dicht die Halswirbel aneinander liegen. Entlang der Halswirbel verlaufen zahlreiche Nerven, die unter anderem die Sinnesorgane versorgen. Schon eine leichte Verschiebung der Wirbel, hervorgerufen durch eine Prellung, kann die Funktion der Nerven beeinträchtigen. Sie wieder freizulegen, bedarf einer komplizierten chiropraktischen Behandlung. Erst dann kann der Nervenfluss ungestört seine Bahnen ziehen.

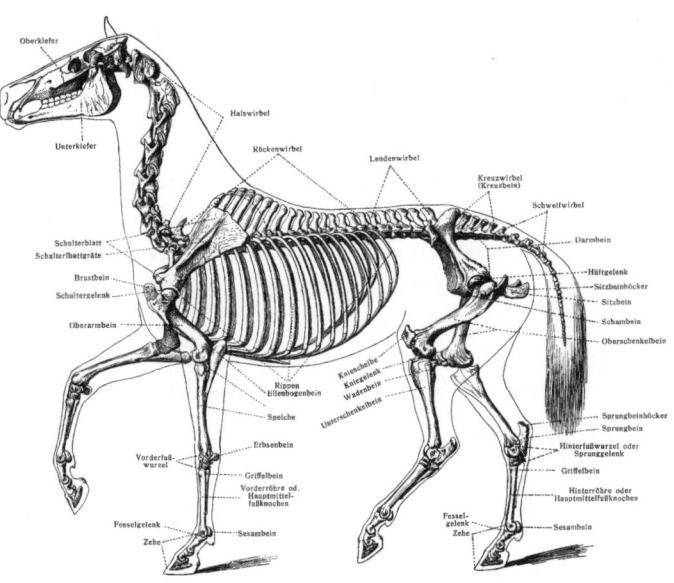

Nach zwei Saunagängen war die Stute entspannt, und ich konnte bei erhöhter Körpertemperatur mit dem Einrenken beginnen. Ich ging sehr behutsam vor und brauchte 20 Minuten, um die Blockaden zu lösen. Anschließend wuschen wir das Pferd nochmals warm ab. In einem völlig entspannten Zustand führte ich es unter das Solarium. Es dauerte eine gute Stunde, bis die Stute wieder trocken und ihr Kreislauf stabil war.

Jetzt untersuchte ich die Augen erneut. Mit Hilfe einer kleinen Taschenlampe erzeugte ich einen stärkeren Lichteinfall, und wie ich gehofft hatte, reagierte das Auge auf die veränderten Lichtverhältnisse, die Pupille verengte sich.

Am nächsten Tag schon konnte das Pferd grobe Umrisse erkennen, das Augenlicht kam zurück. Aber der Unterkiefer zeigte eine deutliche Lähmung, die den Schimmel beim Fressen behinderte. Nun war ich an den Grenzen meines chiropraktischen Bereichs angelangt und rief einen der beiden Veterinäre zu Hilfe, die ich in solchen Fällen konsultieren kann.

Wir stellten fest, dass das Pferd überdies einen nicht erkannten Wundstarrkrampf hatte. Als es nach dem Unfall erblindet war, musste es in Panik geraten sein, die tiefen Blessuren an den Beinen deuteten darauf hin. Durch eine verschleppte Entzündung hatte sich dann der Wundstarrkrampf gebildet. Es war absolute Eile geboten, und wir fingen sogleich mit der Behandlung an. Für die Veterinäre unter den Lesern und alle, die es werden wollen, zeichne ich den Behandlungsplan auf.

So lange, bis die Symptome abgeklungen waren, wurde die Schimmelstute sowohl veterinärmedizinisch als auch therapeutisch versorgt. Dabei erhielt sie täglich die entsprechenden Mengen B Neuron® (Hersteller: Chassot) zur Regenerierung der Nerven, gegen die Infektion Penicillin Natrium und Tetanusserum gegen den Wundstarrkrampf.

Begleitend dazu verordneten wir der Patientin am ersten Tag Saunagänge, Solarium und eine chiropraktische Behandlung, am zweiten Tag Bewegungstherapie und Solarium und am dritten zusätzlich wieder Saunagänge.

Diesen Rhythmus behielten wir acht Tage bei, danach blieb die Stute nochmals eine Woche in der Pferde-Reha, wo sie weiterhin – den Genesungsprozess unterstützend – therapiert und langsam wieder antrainiert wurde.

Den ganzen Behandlungszeitraum über war eine tägliche Besserung zu verzeichnen. Das Augenlicht hatte sich wieder normal entwickelt. Auch die Bewegungen des Tieres kamen zurück. Aber alles braucht seine Zeit, um völlig auszuheilen.

Deshalb habe ich dem Pferdebesitzer geraten, die Stute decken zu lassen, statt sie gleich wieder in den Sport zu nehmen. So könnte sie sich erholen. Denn nur allzu oft sind wir Menschen es, die den Heilungsprozess negativ beeinflussen. Etwa, wenn wir eine Bewegungsunregelmäßigkeit nicht mehr wahrnehmen und das Tier ohne weitere Schonung in den Sport zurückführen. Oder wenn nach einer Krankheit vom Tierarzt verordnete Diäten nicht eingehalten werden, die für das Gesunden des Pferdes lebensnotwendig sind. Deshalb gebe ich Ihnen für diesen Fall den Rat: Wenn Sie meinen, Ihr Pferd sei nun zu dünn, dann reden Sie zuerst mit Ihrem Veterinär, bevor Sie die Fütterung erhöhen.

Gerade der Krankheitsverlauf dieser Stute hat mir mal wieder gezeigt, wie wichtig eine gründliche Diagnose ist. Was zunächst wie ein aussichtsloses Krankheitsbild aussieht, ist womöglich nur eine Ansammlung verschiedener Symptome, die jedoch auf eine Ursache zurückzuführen sind.

Und noch eines will uns das Schicksal der Stute zeigen: Manchmal bedarf es des Zusammenspiels mehrerer Fachrichtungen. Alleine, ohne Veterinär, hätte ich die Stute nicht behandeln können, und der Veterinär wiederum – hätte er den Zusammenhang zwischen der Erblindung und den Störungen des Bewegungsapparates erkannt?

Nur wenige Wochen nach der Behandlung dieser verunfallten Stute bekomme ich Nachricht von dem Pferdehalter: Die Stute kam bald nach ihrem Weggang aus der Rehaklinik in die Rosse, wurde belegt und ist nun tatsächlich tragend. Ihr Augenlicht ist wieder voll zurückgekehrt, der ganze Bewegungsapparat hat sich regeneriert.

Wer hätte das für möglich gehalten? Niemand, der die Stute in ihrem erschreckenden Zustand gesehen hatte. Dass sie heute wieder schmerzfrei und unbeschwert ihr Pferdeleben genießen kann, zeigt mir, dass wir in der Pferde-Reha den richtigen Weg beschreiten.

Es ist Ende April, und mir scheint, dass sich im Moment die besonders schwierigen Fälle in der Klinik häufen. Kaum ist das vorübergehend erblindete Pferd wieder gesund, schon kommen andere Pferde, deren Zustand nicht gerade vielversprechend erscheint.

Unlängst brachte man uns ein Kutschpferd, einen Hannoveraner Wallach mit ca. 175 Zentimeter Stockmaß, einen wahren Riesen. »Das Tier ist ständig lahm«, so der Besitzer.

Ich stellte zunächst fest, dass es einen äußerst schlechten in sich verwachsenen Huf hatte, dazu Rücken- und Schulterprobleme. Der Hals war steif wie ein Brett, und auf der Vorderhand glich der Gang dem eines Pitbulls. Dazu kam noch ein Stoffwechselproblem, die Muskeln waren extrem übersäuert, ähnlich wie bei der Stute aus Wilhelmshaven, die vor einigen Wochen bei uns Patientin war. Wie bei ihr, so begann ich auch bei dem Wallach mit den verschiedenen Therapien zur Entgiftung.

Dann setzte ich zur chiropraktischen Behandlung an. In Anbetracht der enormen Körperfülle des Pferdes ein schwieriges Unterfangen: Das Tier war so extrem unbeweglich, dass ich mich dazu entschloss, ihm zuerst einmal Saunieren zu verordnen. Schon nach dem zweiten Gang wurden die Muskelpartien locker. Es war so weit entspannt, dass ich mit dem Einrenken beginnen konnte.

Als Nächstes kamen die Hufe an die Reihe, sie wurden vom Schmied ausgeschnitten. Auch für ihn war der gelockerte Zustand des Pferdes von Vorteil, weil es seine Beine leichter aufheben ließ.

Am selben Abend kam einer unserer Veterinäre, um das Pferd zur Ader zu lassen – zehn Liter –, bei der Größe des Tieres eine normale Menge. Nach einem Aderlass haben die Tiere sehr viel Durst. Wir geben ihnen dann Elektrolyte mit in die Tränke, die die Milchsäure binden und aus dem Blut herausziehen. So kann sich das Blut besser erneuern, denn es ist bei derart kräftigen Pferden zu stark belastet mit Blutfetten, Schlacken und anderen Stoffen, die nun ausgeschieden werden.

Jetzt hieß es arbeiten und täglich saunieren, das Pferd musste tüchtig abnehmen und entschlacken. Nach den Saunagängen wurden die Gliedmaße mit Stretchingübungen gedehnt. Am dritten Tag war der Wallach bereits viel lockerer und beweglicher. Und somit war der Punkt erreicht, auf den wir gewartet hatten. Das Pferd konnte nun gearbeitet werden, also ab auf den Longierplatz! Selten habe ich ein Tier so schwitzen sehen – bei zehn Minuten Trab, fünf Minuten Schritt, abwechselnd links und rechts herum, in einem weichen tiefen Boden.

Das kostet das Pferd enorme Kraft, die Verbrennung läuft auf Hochtouren. Nach wenigen Tagen, in denen wir den Wallach auf diese Weise gearbeitet hatten, kamen Kondition als auch Beweglichkeit zurück.

Nur die linke Schulter war noch nicht in Ordnung, sie stand immer noch nach außen gekippt. Hier wurde mit einem gutem Beschlag nachgeholfen; zur Entlastung der Sehnen brachten wir hinten an den Vorderhufen einen Keil zwischen Huf und Eisen an, damit die Hufe etwas steiler gestellt waren.

Am Wochenende, als der Besitzer kam und sein Pferd sah, konnte er es nicht fassen. Der Gesundheitszustand hatte sich in nur einer Woche deutlich verbessert. Überglücklich durfte er sein Pferd nun wieder mit nach Hause nehmen. Mit auf den Nachhauseweg gab ich ihm noch einen Plan für Training und Fütterung des Pferdes. Vor allem sollte er ihm wenig eiweißhaltiges Futter geben, es jeden Tag longieren und mit Stretchingübungen lockern.

Dieses wunderschöne Kutschpferd wird dem Mann noch über Jahre hinweg viel Freude bereiten, da bin ich mir sicher.

Immer wieder staune ich, wie vielfältig die Probleme sind, mit denen wir an einem einzigen Kummertag konfrontiert werden. Heute ist Samstag, ein kühler Frühlingstag, und ich stelle mich auf zahlreiche Patienten ein. Unter den Tieren, die man uns bringen wird, sind wohl viele »typische« Fälle, aber dennoch ist kein Tag wie der andere. Jeder Tag bringt neue aufregende Geschichten und Pferdeschicksale.

Als Erstes habe ich die Pferde versorgt: die Stute meines Vaters mit dem Fohlen, das gerade mal eine Woche alt ist, die beiden tragenden Stuten, die auf der Weide stehen, zwei Wallache, Püppi natürlich und die Klinikpferde, die ein paar »Wellnesstage« mit Sauna, Solarium und Gymnastik-übungen hier verbringen.

Schon fährt der erste Wagen vor. Ein älterer Mann mit beachtlichem Bauchumfang ist zusammen mit Frau und Tochter gekommen – und ihrem Kutschpferdchen, einer hübschen Stute. Der Bauer ist ein echtes Original: klein und untersetzt, mit einer Arbeitshose, die von breiten Ho-senträgern über den Bauch nach oben gezurrt wird – immer zu einem Späßchen aufgelegt. Die Dicken haben nun mal Humor.

Während eine Kundin ihre klammen Hände reibt und sichtlich friert, meint er augenzwinkernd zu mir: »Da ha-ben wir's besser. Uns friert nicht so leicht, wir sind eben Vollblüter.«

»Vollblüter?«, sagt die Frau mit gespielter Skepsis und mustert seine Körperfülle.

»Ja, klar. Du hast doch auch Bluthochdruck, nicht wahr, Tamme? Ich nämlich auch.«

Die Fuchsstute ist das Ein und Alles dieser sympathi-schen Leute, und der Alte erzählt uns ihr Schicksal, während ich sie mir genau anschaue: Eineinhalbjährig gekauft, hatte das Fohlen bereits harte Zeiten gesehen. Dem Verhalten nach musste es in frühester Jugend misshandelt worden sein und geriet schon in Panik, wenn ein Mann sich ihm nur nä-herte. Mit viel Geduld und Liebe wurde das Tier umsorgt und fasste allmählich wieder Zutrauen. Aber Männern gegenüber – mit Ausnahme des jetzigen Besitzers – blieb sie ängstlich. Vor einigen Jahren war sie durchgebrannt, auf As-phalt ausgerutscht und gestürzt. Seitdem hat das Knie am rechten Hinterbein eine Macke. Trotzdem ging sie gut vor der Kutsche, in den letzten Tagen aber fing sie an zu lahmen.

Zunächst lasse ich mir die nun siebenjährige Stute im Schritt vorführen, anschließend im Trab. Ich lokalisiere die

Ursachen zunächst mit den Augen. Dann taste ich sie ab. Der Rücken ist ziemlich verspannt, mehrere Nerven sind eingeklemmt, und ich beginne mit dem Einrenken. Gar nicht so einfach, denn erstens bin ich ein Mann, Angehöriger einer Spezies, die die Stute nicht ausstehen kann, und zweitens lässt sie sich am rechten Hinterbein nicht anfassen.

Schließlich gelingt es mir, die entsprechenden Wirbelpartien einzurenken und die Gliedmaßen zu stretchen. Nur am rechten Hinterbein muss ich zu einem Hilfsmittel greifen: Ich behelfe mir mit einer Longe, wickle die Schlaufe am Ende der Longe um ihr Fesselgelenk und stretche behutsam das Bein.

Wieder lasse ich mir das Kutschpony im Schritt und Trab vorführen. Es geht deutlich lockerer, nur die Fehlstellung hinten rechts ist natürlich nach wie vor da. Ich rate zu einem Spezialbeschlag, mit dem die Stellung korrigiert werden kann. Dann werfe ich noch einen Blick ins Maul. Die Stute hat Zahnhaken, hier ist unser Tierarzt gefragt, den ich gleich anrufe und der vespricht, bald vorbeizukommen. Die Leute warten dankbar, während ich mich dem nächsten Patienten zuwende.

Inzwischen reihen sich vier Wagen mit Hänger aneinander. Aus dem Nächsten wird wieder ein Pony geführt. Die Mutter der beiden Mädchen, denen es gehört, erzählt mir, dass die Kleinen ganz traurig seien, weil sie nun nicht zum morgigen Turnier könnten. Ich schaue mir das Pferdchen im Schritt an und beruhige sie: »Ihr müsst nicht traurig sein, eure Stute könnt ihr morgen wieder reiten!«

»Meinen sie wirklich?«, fragt das eine Mädchen ungläubig.

»Das kriegen wir bestimmt wieder hin, ihr werdet gleich sehen.«

Das Pony lahmt hinten rechts und vorne links, aber das Problem ist sicherlich schnell zu beheben, davon habe ich mich bereits überzeugt. Ich taste es am ganzen Körper ab und löse die Blockaden. Dann führe ich das Pony im engen Zirkel um mich herum, lasse es mir im Trab vorführen. Ja, das sieht gut aus. Vorne geht es noch etwas stramm, ich prüfe die Gelenke auf eine Entzündung, aber es liegt nichts vor. Die Mädchen sind überglücklich, dass sie am Sonntag aufs Turnier gehen können.

Nun kommt ein wunderschöner belgischer Schimmel an die Reihe, ein Springtalent. Ich lasse mir den Wallach auf die übliche Weise vorführen, er lahmt hinten links, ich taste ihn ab, fühle die Nerven und stelle Blockaden in verschiedenen Bereichen fest, vor allem am Kreuzbein. Außerdem hustet der Schimmel seit einiger Zeit, er muss also schnellstmöglich behandelt werden, damit das Problem nicht chronisch wird. Die Besitzer beschließen, ihn für ein paar Tage in der Klinik zu lassen, damit er ausgiebig saunieren und inhalieren kann.

Zwischendurch kommen zwei Pferde zu Johann in die Schmiede. Eine hervorragende Einrichtung für diejenigen, die an ihrem Heimatort noch nicht den richtigen Schmied gefunden haben. Immer häufiger stelle ich bei meinen Patienten fest, dass ihre Gangprobleme und Lahmheiten mit einem verpfuschten Beschlag zu tun haben. Das muss nicht sein. Man braucht eben einen richtigen Fachmann mit viel Erfahrung mit Pferden, und die werden immer rarer. Viele Kunden nutzen den Vorteil der Schmiede, an einem Tag können neben der chiropraktischen oder veterinärmedizinischen Behandlung auch noch Hufprobleme korrigiert werden.

Draußen warten eine Stute und ihr Fohlen. Diesmal ist es das Kleine, das lahm geht. Die Besitzerin hält es für möglich, dass die Stute in ihrem Futterneid dem Kleinen einen Schlag verpasst habe. Ja, das kommt vor, auch wenn Stuten ansonsten ängstlich über ihre Fohlen wachen – wie Glucken über ihre Küken. Vorsichtig untersuche ich das Fohlen, das nicht von der Mutter weichen will, da muss ich mich besonders in Acht nehmen. Das Fohlen einzurenken ist schwierig, weil die Stute nicht stehen will. Aber mit Hilfe einiger Tricks ist es bald geschafft, und das Fohlen läuft wieder sauber.

Bevor ich mich dem nächsten Patienten widme, soll Lou, ein Gastpferd, neu beschlagen werden. Der braune Holsteiner mit einem Stockmaß von 1,75 Meter logiert bei uns, weil seine Besitzer ihn verkaufen wollen. Er hat gute Anlagen, sowohl fürs Springen als auch in der Dressur, tritt aber hinten nicht so unter, wie er könnte, kein Wunder bei der x-beinigen Stellung. Ich bin überzeugt, dass wir das mit einem richtigen Beschlag hinkriegen. Johann macht sich an die Arbeit, schneidet die Hufe so, dass die Stellung wieder einwandfrei ist. Morgen werde ich Lou unterm Sattel testen lassen. Bin gespannt auf das Ergebnis.

Was mir nun vorgeführt wird, ist eine Vollblutstute, die in einem miserablen Zustand ist. Abgemagert bis auf die Rippen, vollkommen verwahrlostes Fell, verlaust und von einem Pilz befallen.

Sabine, eine befreundete Züchterin, bringt sie mir, sie hatte mir das arme Tier schon angekündigt. Ich war auf alles gefasst, aber das, was ich dann zu sehen bekomme, geht mir doch ganz schön an die Nieren. Sabine hatte die Stute vor einiger Zeit verkauft. Inzwischen hatte sie im Hoppegarten in Berlin zahlreiche Preise errungen, doch dann wechselte sie den Besitzer, hatte eine Verletzung und musste pausieren. Der Trainer empfahl der Besitzerin einen Weideplatz, wo sich das Pferd erholen sollte.

Nur durch Zufall, weil sie gerade in der Gegend war, besuchte diese einige Wochen später ihr Pferd und war geschockt! Von wegen Erholung, statt auf der Weide stand das arme Tier in einem dunklen Verschlag, sein Futterzustand war erbärmlich. Die Besitzerin nahm die Stute sofort mit und brachte sie wieder zu Sabine, weil sie bei ihr sicher sein kann, dass das Pferd wieder aufgepäppelt wird. Der Allgemeinzustand dieses Tiers ist schlecht, wir erstellen einen Plan, um der ehemals so hübschen Stute wieder auf den Damm zu helfen.

Sie wird einige Tage bei uns bleiben, wo wir ihr ein richtiges Erholungsprogramm zuteil werden lassen. Heute beginnen wir damit, ihr verlaustes Fell zu pflegen, sie wird zweimal in die Sauna gesteckt, mit einer speziellen Lotion eingerieben. Anschließend kommt sie zum Trocknen unter das Solargerät, das außerdem zur Muskelentspannung beiträgt. Ihren verspannten Rücken nehme ich mir ebenfalls vor, und den Tierarzt bitte ich, einen Vitamincocktail mitzubringen.

Jetzt heißt es, den Ernährungszustand des Pferdes behutsam zu verbessern, ein Zuviel an eiweißreicher Nahrung könnte ihr Organismus im Moment nicht verwerten.

Was sind das für Menschen, die Tiere – eine unschuldige Stute – so leiden lassen? Die Besitzer haben jeden Monat ein angemessenes Logiergeld für ihr Pferd bezahlt. Und dann so was. Diesen Menschen gehört das Handwerk gelegt. Deshalb wollen die Besitzer den miserablen Zustand des Tieres von mir genau protokolliert haben. Diejenigen, die dafür verantwortlich sind, sollen nicht ungeschoren davon kommen.

Während ich mich draußen weiteren Patienten widme, ist der Veterinär angekommen, um das Kutschpferdchen, meine erste Patientin des Tages, zahnmedizinisch zu versorgen. Da es Männern gegenüber von Grund auf misstrauisch ist, hat auch der Tierarzt es nicht leicht. Er gibt der Stute eine sanfte Sedation, dann versucht man mit vereinten Kräften, sie im Untersuchungsstand unter Kontrolle zu halten.

Trotz der Betäubung wehrt sie sich ganz schön. Der Mann und seine Tochter besänftigen sie die ganze Prozedur über, während der Tierarzt ihr die Zahnhaken abschleift. Außerdem entfernt er ihr einen Wolfszahn – einen überflüssigen Backenzahn, der die Evolution überdauert hat und sich bei vielen Pferden heute nicht mehr herausbildet. Manchmal bereitet dieser kleine Zahn dann Probleme, kann zum Beispiel die Ursache für eine instabile Anlehnung sein.

Inzwischen sind Gundi und zwei weitere befreundete Züchterinnen angekommen, der Veterinär soll ihre Stuten auf Trächtigkeit untersuchen. Währenddessen versuche ich draußen, zwei WPs zu behandeln. Schon vergessen? Ein WP ist ein typisches Weiberpferd ...

Eine Pferdehalterin hat Probleme damit, ihre Stute zu halten, deshalb gehen wir in den Behandlungsraum, wo das Pferd zwischen zwei Stangen stehen kann. Es tanzt herum, wie es gerade will, und als ich die »Halterin« auffordere, es hinten ein wenig mit der Longierpeitsche zur Ordnung zu rufen, sagt sie: »Oh, das kann ich aber nicht, mein Pferd verträgt das überhaupt nicht.«

»Tja, dann mach du das mal«, sag ich zu einem Bauern aus der Nachbarschaft, der dabeisteht. Der nimmt die Peitsche, gibt dem Pferd einen Klaps, als es hinten ausbrechen will, und schon ist Ruhe.

»Dieses Pferd ist ein typischer Vertreter der Kategorie WP«, sage ich zu der Frau und erkläre ihr die Abkürzung, als sie mich fragend anschaut.

»Aber wenn man das Pferd als kleines Fohlen bekommen hat, dann kann man einfach nicht böse mit ihm sein und es schlagen.«

»Nun, aber deine Eltern hatten dich doch auch von klein auf. Die haben dich doch auch erzogen, oder?«

Die Umstehenden amüsieren sich köstlich. Derlei Dialoge sorgen für Abwechslung. Und keiner meckert, weil er so lange warten muss.

So, schließlich ist die nervige Stute versorgt, ich schaue sie mir nochmals in Schritt und Trab an. Der Gang ist so weit wieder gut, die Bewegungen sind noch etwas steif, und ich rate der Reiterin, ihr Pferd gut zu gymnastizieren und vor allem viel und zügigen Schritt zu gehen, um die übersäuerten Muskeln zu entgiften.

Wieder ist ein WP an der Reihe, und die Besitzerin fleht mich gleich zu Anfang an, ja nicht mit der Peitsche zu knallen, wenn sie den stämmigen Wallach im Trab vorführt.

»Aber der muss richtig traben, damit wir sehen, wie er läuft.«

»Und wenn er mit mir durchgeht, können Sie uns wieder irgendwo einfangen.«

»Gut, ich übernehme die Frau«, sage ich.

Nach meiner Behandlung dasselbe Spiel, ich lasse Pferd und Reiterin einmal hin- und hertraben. »Ich bin doch keine Langstreckenläuferin, wie oft soll ich das denn noch machen?«, keucht die Frau.

»Och, höchstens noch zwei- bis dreimal, dann reicht's«, necke ich sie. Aber ich habe mich bereits davon überzeugt, dass der Wallach wieder in Tritt ist.

Irgendwann gehe ich mit Freunden kurz zum Mittagessen, und als ich zurückkomme, ist der Parkstreifen schon wieder zugeparkt.

Der letzte Patient an diesem langen Tag ist ein kleiner Hund, der den Kopf ganz schief trägt und vollkommen verspannt ist. Auch ihm versuche ich zu helfen, obwohl Hunde – seit jenem Erlebnis mit dem Mops – nicht gerade zu meinen bevorzugten Patienten zählen. Abschließend rate ich seinem Frauchen, deren Pferd ich ebenfalls behandelt habe, den Hund zunächst keine Treppen laufen zu lassen.

»Also muss ich ihn immer tragen?«

»Ja, aber auf der anderen Seite würde es sich bei so einem Hund schon lohnen, einen Aufzug einzubauen …«

Das ist das Schöne an diesen Kliniktagen, neben den körperlichen Strapazen und den gefahrvollen Situationen, die mein Beruf mit sich bringt, habe ich auch sehr viel Spaß mit Mensch und Tier. Es wird viel gelacht und erzählt, und hinter jedem Patienten, der zu mir kommt, verbirgt sich ein eigenes Schicksal. Lachen und Weinen liegen eben eng beieinander.

Ein anstrengender Tag geht zu Ende. Jetzt müssen Opa und ich noch die Kliniktiere versorgen, dann ist Feierabend.

Die kalte Jahreszeit ist allmählich vorüber, dem Kalender nach ist es Frühling, auch wenn das Wetter manchmal noch Kapriolen schlägt.

Aus meiner kleinen Püppi ist nun schon eine kleine selbstbewusste Dame geworden. In der Zeit, als sie ihren Winterpelz gegen ein Sommerkleid austauschte, hatte sie noch einmal leichte Probleme. Man sollte gar nicht meinen, wie ein Haarwechsel den Organismus eines Pferdes belasten kann. Nicht nur die ausgegangenen Haare auf dem Fell verursachen Unbehagen, oder die Tatsache, dass in diesen Wochen die Haut schuppt und juckt. Nein, auch die Umstellung des gesamten Stoffwechsels machen dem Pferd zu schaffen, denn jetzt braucht es viele Nährstoffe, um ein neues Fell zu bekommen. Genau in dieser Zeit wurde Püppis Hinterhand in den Bewegungen wieder etwas labil.

Um dem kleinen Pferd den Fellwechsel zu erleichtern, gab ich dem Futter Mineralstoffe bei. Außerdem bekam es eine Spritze mit dem Aufbaumittel Catosal® (Hersteller: Bayer Vital). Die Wirkung ließ nicht lange auf sich warten. Bald fand der ganze Körper seine Balance wieder, und die Bewegungen wurden raumgreifend.

Wann immer wir Püppi auf unsere Hauskoppel gelassen haben, tobte sie herum, und man merkte ihr deutlich ihre Freude an.

Vor einigen Tagen stand ich mit meinem Vater an der Koppel, die kleine Stute quietschte vor Vergnügen und ließ ihrem unbändigen Übermut freien Lauf. Jetzt konnten wir ganz deutlich ihre Qualitäten erkennen. Ein guter Galopp zeichnete sich ab, dann aber fing sie an zu traben. Mein Vater schaute mich an, sagte aber nichts, und auch ich traute meinen Augen nicht! War das noch die kleine kranke Stute, die ich versuchshalber – für einen kleinen Obolus – von der Versicherung des Züchters übernommen hatte?

Das kann nicht wahr sein, dachte ich. Das kleine Pferd trabte nicht nur, nein, es schwebte nur so dahin. Keine Spur eines Schwankens, der Schweif pumpte nicht mehr, alle Anzeichen ihrer schweren Krankheit waren verflogen. Unsere Freude darüber war riesengroß.

An diesem Tag kamen wir immer wieder auf Püppi und ihre unglaublichen Fortschritte zu sprechen, wir konnten es noch immer nicht fassen. Die ganze Arbeit, die Geduld und das Bangen den Winter über hatten sich gelohnt. Nun musste sie nur noch groß werden. Der nächste Schritt war die Sommerweide: Püppi werde ich etwas später rauslassen als die anderen Pferde, denn ihre ersten Tage sollen schön warm sein. So hat sie es leichter, sich an das Übernachten in freier Natur zu gewöhnen.

Wundersame Pferdewelt

Jetzt, wo der Frühling da ist, erwachen nicht nur die Bäume zu neuem Leben, kehren nicht nur die Vögel zurück und fühlen nicht nur wir Menschen uns nach der anfänglichen Frühjahrsmüdigkeit wieder voller Energie und Tatendrang. Auch bei den Pferden sind allerlei Veränderungen zu spüren.

Schon im Februar beginnen sie, ihr Haarkleid zu wechseln, denn bereits in diesem Monat kündigt sich der Frühling an, die Temperaturen steigen und der Stoffwechsel der Pferde stellt sich um. Zu diesem Zeitpunkt bereitet sich der Organismus der Stuten auf die Paarung vor.

In diesem Jahr jedoch spielt das Wetter ein wenig verrückt. Einen Tag ist es bitterkalt, dann steigen die Temperaturen bis auf 18 Grad, am nächsten Tag ist es kalt und unfreundlich. Da kann sich dann auch der Zyklus der Stuten manchmal nicht entscheiden, in welche Richtung es jetzt gehen soll. Die Stute findet nicht zu ihrem natürlichen Rhythmus zurück, sie bekommt keinen Eisprung, das heißt, die Eierstöcke produzieren keine Eizellen. Erst wenn eine Eizelle heranwächst, zeigt die Stute in der Rosse dem Hengst ihre Paarungswilligkeit an.

Wie kann ich trotzdem der Rosse »auf die Sprünge helfen«, wo doch die biologische Bereitschaft dazu fehlt? Die Kombination aus Vitamin B12 und Sonnenlicht oder Solarium ist eine Möglichkeit. Bei uns in der Klinik werden die Stuten zusätzlich sauniert, und ich reibe die Nüstern einmal täglich mit einer speziellen Creme ein.

Und das Rezept dieser Creme ist so simpel wie ihre Handhabung:

Ich nehme das einfache weiße Melkfett ohne Parfümoder andere Zusatzstoffe. Dieses Fett erhitze ich ein wenig, und vor dem Erkalten rühre ich eine Pipette Hengstsperma unter. Diese Mischung lasse ich erkalten und reibe der Stute eine kleine Menge davon an die Nüstern. Mit jedem Atemzug nimmt sie nun die Hormone des Hengstes auf, was bewirkt, dass ihr Hormonstoffwechsel angeregt wird. Spätestens nach drei Tagen bemerke ich, dass die Stute Anzeichen einer Rossigkeit zeigt, und in den meisten Fällen ist zu diesem Zeitpunkt auch eine Eizelle herangereift.

Jetzt ist der richtige Zeitpunkt da, um die Stute künstlich zu besamen oder im Natursprung decken zu lassen. Und mit ein wenig Glück – und das braucht jeder Züchter – wird sie tragend. Um festzustellen, ob sie tatsächlich aufgenommen hat, kann man eine Ultraschalluntersuchung durch den Tierarzt vornehmen lassen. Schon am 14. Tag nach der Deckung ist die Frucht, sprich ein winziges Fohlen, im Bauch der Stute sichtbar.

Wann ist die beste Zeit für die Geburt eines Fohlens? Die Frühlingsmonate von März bis Mai sind natürlich besonders geeignet. Die einsetzende milde Witterung und die beginnende Weidesaison sind für das Wohlbefinden von Stute und Fohlen und die körperliche wie auch psychische Entwicklung des Kleinen förderlich. Und die Fohlen können nach Lust und Laune in der Freiheit herumtollen.

Welcher Geburtsmonat wird nun vom Warmblutzüchter bevorzugt? Das hängt ganz von seinen Zuchtzielen ab: Will er Stute und Fohlen auf einer der Fohlenauktionen zeigen, die oftmals im September stattfinden, sollte die Geburt nicht zu früh sein, also nicht vor April. Dann hat das Fohlen das richtige Alter, um sich vorteilhaft zu präsentieren, denn ältere – vor April geborene Fohlen – haben zu der Zeit meist keine schönen Gänge mehr.

Ein Züchter mit gutem Stamm und hohen Zuchtzielen, der darauf hofft, ein Hengstfohlen kören zu lassen, zieht einen früheren Geburtsmonat, Dezember oder Januar, vor. Denn dann ist sein Hengst auf der Körungsveranstaltung, die in Oldenburg im November stattfindet, fast zweijährig.

Elf Monate dauert die Trächtigkeit einer Stute. Aber in dieser Zeit kann viel passieren. Sie kann erkranken. Ein Herpesvirus etwa sorgt dafür, dass sie verfohlt. Unerfahrene Züchter sollten sich unbedingt beim Veterinär über die mannigfaltigen Gefahren während einer Trächtigkeit informieren. Als Schutz gegen den Befall dieses Virus, der das Verfohlen auslöst, gibt es beispielsweise die Möglichkeit einer Impfung, die im dritten und siebten Monat der Trächtigkeit erfolgen sollte.

Nun wollen wir einmal annehmen, das Glück war auf der Seite des Züchters. Ab dem zehnten Monat der Trächtigkeit wird er allmählich nervös. Wie geht es weiter? Die Stute bekommt von Tag zu Tag mehr Euter, zuerst schaut der Züchter täglich nur einmal nach, dann aber prüft er mit einer Taschenlampe mehrmals, ob sich nicht andere Anzeichen am Euter einstellen. Zumindest ertappe ich mich in dieser Zeit dabei, dass ich ständig nachschaue. Und plötzlich ist es so weit: Vor den Strichen bilden sich so genannte Harztropfen, die Vorstufe zur Milch. Die Zeit der Geburt rückt immer näher, der Züchter wartet, die Stute lässt sich Zeit, die Nerven des Züchters liegen blank. Manchmal findet der Pferdemann über Tage hinweg keinen Schlaf, er will der Geburt beiwohnen.

Dann entdeckt er das untrügliche Zeichen, die Stute lässt die Milch laufen. Der Zeitpunkt der Geburt liegt jetzt ganz nahe. Die Stute fängt an, in der Box herumzulaufen, dabei äpfelt sie ständig kleine Haufen. Sie reinigt und entlehrt den Darm, damit der Geburtskanal nicht durch Mist verengt wird.

Die Stute schwitzt nun, manche sind schweißgetränkt. Dann legt sie sich kurz auf die linke Seite, steht auf und läuft herum, um sich dann wieder hinzulegen. Diese Prozedur wiederholt sich x-mal. Schließlich ist es so weit, die Geburtswehen werden immer stärker, die Stute bleibt liegen, die Eihülle in Form einer Wasserblase ist zu sehen, sie drückt sie weiter heraus.

Kurze Zeit später zeigt sich eine weitere Blase, die Fruchtblase, auch sie wird herausgepresst, und wenn sie platzt, kann man die Füße sehen, das Fohlen befindet sich jetzt im Geburtskanal. Die Wehen werden immer heftiger, der Kopf des Fohlens erscheint, bis schließlich der ganze Körper herausgepresst wird.

Ist die Geburt zu schwer, hilft der Züchter der Stute, indem er tüchtig im Rhythmus der Wehen an den Beinen des Fohlens zieht.

Endlich ist es geschafft, das Fohlen ist geboren, und schon steht die Stute auf; dabei reißt die Nabelschnur ab: Auch hier hat die Natur vorgesorgt, denn direkt am Bauch des Fohlens gibt es eine Stelle in der Nabelschnur, die ganz leicht reißt. Die Stute schaut sich ihr Fohlen an und leckt es ab. Dabei reinigt sie es nicht nur, sondern regt auch den Kreislauf des Fohlens an. Es ist aber auch der Beginn einer innigen Mutter-Kind-Beziehung.

Das Interesse eines Züchters ist nun anderer Natur: Welches Geschlecht, welche Farbe und Größe hat das Fohlen? Wie ist es vom Körperbau her zu beurteilen, und ist es überhaupt gesund? Auch wenn es nicht gerade ein Traumfohlen ist, kaum hat man es ein wenig gestreichelt, hat man den kleinen Erdenbürger auch schon ins Herz geschlossen. Und nach einem Tag denkt man, dass es das Beste ist, das man je gezüchtet hat, und überhaupt …

Aber zunächst einmal möchte man erleben, wie das Fohlen aufsteht, seine ersten tapsigen Bewegungen verfolgen. Die ersten Schritte sind sehenswert. Kaum zu verstehen, dass dieses Pferdchen mit seinen im Verhältnis zum Körper viel zu langen Beinen so schnell laufen lernt.

Nach den ersten Gehversuchen sollte das Fohlen bald etwas Milch saugen. Manchmal aber ist es von all den Strapazen zu müde dazu, dann melken wir eine Flasche Milch aus dem Euter der Stute und geben es ihm aus der Flasche. Wenn es wieder zu Kräften gekommen ist, findet es die Milchbar von allein.

Worauf es noch zu achten gilt, ist, dass das Fohlen das so genannte Darmpech ausscheidet, seinen ersten Kot, der aus vorgeburtlichen Stoffwechselprodukten besteht. Dieser ist oft so hart, dass manche Fohlen, insbesondere Hengste, Probleme mit dem Ausscheiden haben, so dass man mit einem Klistier nachhelfen muss.

Hat das Fohlen erst einmal getrunken, Wasser gelassen und den Darm gereinigt, hat es das Euter selbst gefunden und alleine gesaugt, ist so weit alles in Ordnung. Die Biestmilch, die Milch, die die Stute in den ersten zwölf Stunden gibt, hat die meisten Abwehrstoffe und ist geradezu lebenswichtig für das Fohlen.

Auch die Stute reinigt sich, wenn alles normal verläuft, sie scheidet die Nachgeburt aus. Um festzustellen, ob die Gebärmutter vollständig gereinigt ist, bedienen wir uns einer ganz einfachen Methode. Man nimmt die Nachgeburt mit beiden Händen und breitet sie auf dem Stroh aus. Ausgebreitet muss sie aussehen wie eine Hose, dabei müssen die Hosenbeine geschlossen sein, denn die Nachgeburt darf nur an der Stelle ein Loch aufweisen, wo das Fohlen herausgekommen ist. Sollte ein Teil der Nachgeburt fehlen, muss die Stute vom Tierarzt versorgt werden.

Ist aber alles reibungslos verlaufen, nimmt die Natur ihren weiteren Gang. Auch während der folgenden Woche reinigt sich die Stute, indem sie weiterhin Reste und Flüssigkeiten ausscheidet, die von der Geburt herrühren. Bereits vom siebten bis zum zehnten Tag nach der Geburt kommt sie in die so genannte Fohlenrosse, das heißt, sie kann wieder gedeckt werden, und der Kreislauf beginnt von neuem.

Und kurz vor der Geburt werden die Nerven des Züchters wieder blank liegen, das gehört dazu und wird immer so bleiben.

Übrigens kann man bei uns in Ostfriesland beobachten, dass die Geburten von Mensch und Tier zu fast 90 Prozent in die Phase fallen, wenn auflaufendes Wasser ist. Die Lebewesen der Küste reagieren besonders auf Naturzyklen, auf die Mondphasen, die den Ausschlag für das Eintreten von Ebbe und Flut geben.

Oder sind Ebbe und Flut etwa doch nicht mondabhängig und es stimmt die Geschichte, die man sich in Ostfriesland erzählt: dass das Wasser der Nordsee in gewissen Abständen zurückkommt, um zu sehen, ob die Touristen aus dem Rheinland und Bayern schon abgereist sind?

Einer Geburt geht aber viel mehr als nur die Besamung voraus, die heutzutage meist künstlich stattfindet. Die Geheimnisse der Pferdezucht und -aufzucht sind Themen, mit denen man ganze Bücher füllen könnte.

Die Aufzucht ist der Grundstein für die spätere Entwicklung der Pferde. Im Idealfall – wie hier in meiner ostfriesischen Heimat – werden die tragenden Stuten in den Sommermonaten in Gruppen auf großen Weiden gehalten. Die Kleinen, die zu Beginn oder in den ersten Monaten der Weidesaison auf die Welt gekommen sind, lernen von Anbeginn Verhaltensmuster kennen, die in der Rangordnung des Herdenverbands von Bedeutung sind.

Selten kommt es noch vor, dass ausgewachsene Hengste in gemischten Herdenverbänden leben, wohl aber gibt es Züchter, die Wallache und Stuten mischen. Darum haben meistens die älteren Stuten, die auch ein Fohlen führen, in der Herde das Sagen. Hier wächst nun ein Jungtier heran, das frei ist von Verhaltensstörungen. Nicht nur bei Menschen, auch bei Pferden ist die »Kindheit« ein ganz wichtiges Kriterium für die spätere psychische und physische Reife.

Schließlich rückt zum Winter hin der Zeitpunkt näher, dass die Mutterstute ihr Fohlen abweist. Jetzt werden die Fohlen aus dem Herdenverband herausgenommen und Gruppen formiert, unterteilt nach Hengstfohlen und Stutfohlen. Man achte aber stets darauf, dass die Größe der Tiere in etwa gleich ist. Nun sollte man den Fohlen auch Mineralfutter zufüttern.

Im ersten Jahr ist es von geringer Bedeutung, wie das Fohlen aussieht; meistens scheint es von der Gestalt her in dieser Entwicklungsphase eher unproportioniert. Jedoch sollte man darauf bedacht sein, dass die Tiere nicht dick gefüttert werden. Zu viel Gewicht wirkt sich im Wachstum nachteilig auf die Knochen aus. Von Vorteil ist es jedoch, wenn der Jährling einen Bauch ansetzt, bevor er in die nächste Weideperiode entlassen wird. Den Bauch bekommen die Jungtiere, wenn sie die Wintermonate hindurch viel Heu und Stroh fressen. Den Jährlingen fällt es in der Weidezeit dann nicht mehr schwer, sich ohne Schwierigkeiten wieder auf Gras als einziges Nahrungsangebot umzustellen.

Darüber hinaus kümmert sich der Pferdehalter um die regelmäßige Entwurmung und darum, dass der Schmied in den Sommermonaten mal die Hufe ausschneidet. Ansonsten können wir in Ruhe beobachten, wie die Tiere sich weiterentwickeln.

Auch unter Zweijährigen ist die Gruppenhaltung wünschenswert. Es ist nun aber an der Zeit, dass die Pferde sehr gutes und mineralreiches Futter bekommen. Allmählich stellt sich der Hormonhaushalt um, die Tiere werden geschlechtsreif.

Für zukünftige Rennpferde ist bereits die Zeit der Unbeschwertheit vorüber. Sie werden jetzt antrainiert – nur weil es Menschen gibt, die meinen, die Rennen der jungen Pferde höher dotieren zu müssen. Hier geht es nur ums Geld, und zwar auf Kosten der Pferde. Oft schon wurden und immer wieder werden Stimmen laut, die sagen, dass diesem Geschehen auf den Rennplätzen Einhalt zu gebieten sei. Aber so lange die Reichen dieser Welt dort ihr Vergnügen haben und es in ihren Augen richtig ist, Pferde mit 14 Monaten zu reiten, so lange wird sich nichts ändern. Es ist eine starke Lobby, die hinter diesem Missstand steht.

Den »normalen« Warmblütern bleibt jetzt immer noch ein ganzes Jahr, um sich in Ruhe zu entwickeln. Erst dreijährig werden die Pferde eingeritten. Idealerweise bekommen sie nach diesen ersten Wochen der Arbeit nochmals eine Pause. Denn für den normalen Turniersport werden

Pferde gerne gekauft, wenn sie vierjährig sind und somit auch an Prüfungen teilnehmen können. Der momentane Trend am Markt geht dahin, dass im freien Verkauf nur volljährige Pferde ihren Preis haben.

Kaum einer fragt mehr nach jungen Pferden. Die Zeit für den Reiter, das Tier zu fördern, ist zu lang. Dieser neue Trend auf dem Markt kommt auch der körperlichen Weiterentwicklung der Pferde zugute, denn sie werden nicht zu früh und völlig sinnlos überfordert.

Jede Entwicklung benötigt Zeit, die Menschen aber scheinen sie nicht mehr zu haben. Aber dennoch gilt: Gut Ding will Weile haben. Der Pferdezüchter weiß darum, er trägt Sorge, dass immer wieder junge Tiere aufwachsen. Aber keiner denkt darüber nach, wie lange es dauert, bis ein Pferd voll entwickelt ist.

Es fängt schon an bei der Rosse, dem Zeitpunkt, an dem die Stute ihren Eisprung hat und ihre Paarungsbereitschaft signalisiert und der normalerweise alle 20 Tage wiederkehrt. Jetzt überlegt der Züchter, welches Zuchtergebnis er – in Übereinstimmung mit den genetischen Anlagen der Stute – erreichen will. Beispielsweise welche Sportrichtung das Pferd später einschlagen soll. So entscheidet er sich entweder für einen erfolgreichen Springhengst oder Dressurhengst, bei Rennpferden wird die Schnelligkeit der Hengste zugrunde gelegt. Unter Berücksichtigung dieser Aspekte wird die Stute belegt.

Es kommt aber eben keineswegs nur auf die genetischen Anlagen des Hengstes an, fast wichtiger ist die Stute. Man geht davon aus, dass die Stute mindestens 60 Prozent erbbestimmend ist, während die Erbanlagen des Hengstes mit höchstens 40 Prozent zum Tragen kommen. Wichtig ist aber auch der so genannte Passereffekt. Nicht alle Blutlinien passen zueinander; es macht keinen Sinn, eine Stute und einen Hengst willkürlich miteinander zu paaren, in der Erwartung, dass die jeweiligen Stärken der Elterntiere sich beim Fohlen niederschlagen werden. Es gibt Hengste, die hervorragende Springtalente sind, aber schwache Vererber, und auf der anderen Seite gibt es Hengste, die mäßige Ergebnisse zeigen, aber ausgezeichnete Fohlen hervorbringen.

Und die Vererbung erfolgt eben nach den mendelschen Regeln, die komplex sind, und so kommen die gewünschten Anlagen oftmals erst in der zweiten Generation zum Vorschein.

Ein Züchter mit einer Mutterstute, die aus einem guten Stamm hervorgegangen ist, wird darauf bedacht sein, die typischen Merkmale dieses Stamms zu pflegen. Deshalb ist es wichtig, immer wieder für einen Blutanschluss zu sorgen. Will man beispielsweise mehr Vollblut in die Warmblutlinie seiner Stute hineinbringen, dann sollte man die alte Linie ebenfalls weiterpflegen, indem man die dritte Generation mit der ersten rückkoppelt. Ansonsten verlieren sich die typischen Merkmale des Stutenstamms, und genau das will man bei einer guten Linie vermeiden.

Um bestimmte Zuchtziele zu erreichen, wird auch mit Inzucht gearbeitet. Dabei können hervorragende Ergebnisse erzielt werden, aber auch die andere Seite der Geschichte zeigt sich ab und an … In Holstein etwa wurde viel mit Inzucht gearbeitet, und man hat legendäre Springtalente hervorgebracht.

Wer nur nach dem Aussehen geht, wird in der Zucht keinen Erfolg haben. Da ich mich sehr für die Zucht interessiere, frage ich oft nach der Abstammung meiner Patienten. Das schult den Blick dafür, wie die Gene der Elterntiere zueinander passen und welche Vatertiere welche gesundheitlichen Nachteile in der Vererbung weitergeben. Es gibt genügend Hengste, die sich negativ vererben, indem sie etwa ihren Nachkommen einen schwachen Rücken mitgeben. Für die Reiterei also einen gravierenden Mangel. Aus diesen Erkenntnissen ziehe ich auch meinen privaten Nutzen, indem ich diese Hengste für eigene Stuten nicht auswähle. Und die, die das dann doch tun, werden sicherlich irgendwann meine Kunden.

All das will bedacht sein. Die Pferdezucht ernsthaft zu betreiben, dazu bedarf es allerlei Kenntnisse, reichlicher Erfahrung, guter Augen und des richtigen Gespürs …

Wer noch nie bei einer Zuchtveranstaltung war, sollte dieses Erlebnis unbedingt einmal nachholen. Im Oldenburger Land beispielsweise gibt es zahlreiche Hengstvorführungen, die die verschiedenen privaten Hengststationen im Auktionszentrum in Vechta durchführen.

Besucht man sie alle, dann weiß man als Züchter nicht mehr, welcher Hengst der ideale ist. Denn die Qualitäten der Vatertiere, in Typ und Veranlagung, sind so selektiert, dass der eigentliche Zuchtwert erst in Jahren zu erkennen ist, dann nämlich, wenn die Nachkommen bereits Jungpferde sind. Das heißt, dass die Veerbungstendenzen bei einem jungen Hengst unter zehn Jahren nicht eindeutig erkennbar sind, weil seine Nachkommen noch gar keine Erfolge im Sport erringen konnten.

Also: Wird die Stute wie erwünscht trächtig, fordert die Zeit wieder mal ihren Tribut. Elf Monate trägt die Stute die Frucht, dann wird das Fohlen geboren. Jetzt dauert es weitere drei bis vier Jahre, bis wir ein ausgereiftes Sportpferd haben. Kaum einer macht sich eine Vorstellung, was in dieser Zeit an Kosten anfallen, deshalb will ich Ihnen die durchschnittlichen Zuchtkosten zur Anschauung einmal durchrechnen. Und so sieht der Kostenspiegel für die Zucht eines Pferdes aus:

Deckgeld:	1500 DM
11 Mon. Kosten Stute (Futter)	3300 DM
6 Mon. Kosten Stute + Fohlen	<u>1800 DM</u>
Summe	6600 DM

Die Kosten für Schmied, Tierarzt, usw. wurden berücksichtigt. Die anfallende Arbeitszeit bleibt bei dieser Rechnung außen vor, bezieht man auch sie mit ein, dann sehen
die Zahlen ganz anders aus.

Bis das Tier vier Jahre alt ist, fallen pro Monat weitere
300 DM Kosten an, das bedeutet, in 42 Monaten 12600
DM. Ein vierjähriges rohes Reitpferd müsste also insge-
samt 19200 DM bringen, allein, damit die Kosten gedeckt
sind; eine Rendite hat der Züchter dann noch nicht erwirt-
schaftet. Das ist nicht mehr einfach in der heutigen Zeit,
diese Summe wird selten erzielt.

Was sagt uns das Beispiel? Zeit ist Geld, um das eine zu
bekommen, muss man das andere haben! Manch einer
würde in seiner Ungeduld die Zeit gerne beschleunigen,
doch die Natur beugt sich unserem Drängen nicht. Natürlich darf man sich dem Fortschritt nicht verschließen,
aber wer nur nach vorne blickt, sollte doch ab und zu
auch zurückschauen. Denn all das, was hinter uns liegt, ist
unser Leben, aus diesen Erfahrungswerten können wir
lernen.

In der Pferdezucht hat man große Fortschritte gemacht,
sicherlich. Dabei sollten wir nicht vergessen, dass die Leute
von gestern auch nicht dumm waren. Beispiel Hufbeschlag.
Es gibt jetzt Eisen zum Aufkleben, doch bei ihnen besteht
die Gefahr, dass die Hufsubstanz vom Klebemittel zersetzt
und der Huf brüchig wird. Die Beschläge vor hundert
Jahren waren dagegen so gut durchdacht, dass man sie
kaum noch besser machen konnte. Ebenso ist es mit den

Heilverfahren, die unsere Groß- und Urgroßväter noch kannten, auch sie waren durch lange Erfahrung und Beschäftigung mit den Pferden oft sehr effektiv. Heute besinnen sich Heilpraktiker, auch manche Tierärzte wieder darauf zurück. Im Zusammenspiel von moderner Tiermedizin und natürlichen Heilmethoden von gestern liegt meines Erachtens der richtige Weg. Also nach vorne schauen und das unter Berücksichtigung von althergebrachten Erkenntnissen.

Wie die Pferde, so haben auch die Reiter ihre verschiedenen Zyklen. In der Zeit von Februar bis April erwachen nicht nur die Pferde aus ihrem Winterschlaf, nein, auch sie. Jetzt sind alle darauf erpicht, dass ihre Pferde gut gehen, denn die Turniersaison läuft an. Da gibt es für den Knochenbrecher viel zu tun.

Aber in diesem Jahr, 2001, ist alles anders. Die Turniere werden häufig abgesagt – Infektionsgefahr. Denn ein neues Schreckgespenst geht um: Maul- und Klauenseuche (MKS). Pferdetransporte bedürfen einer speziellen Genehmigung, kein Pferdemarkt findet statt.

War es nicht erst gestern, dass uns der Rinderwahn den letzten Nerv raubte? Aber davon spricht jetzt kaum einer mehr. MKS, so heißt die nächste Horrorvision. Diese Krankheit (wie könnte es anders sein …) ist in England ausgebrochen und kann, nachdem sie nach Belgien, Frankreich und in die Niederlande eingeschleppt wurde, auch schnell nach Deutschland überspringen. Wie will man das bloß verhindern?

Alle reden nur davon, dass Tiertransporte eine solche Seuche ins Land schleppen können. Aber was ist mit den vielen Menschen aus Holland, die nach Ostfriesland kommen, um hier einzukaufen und in den Supermärkten entlang der Grenze auf jede Menge Tierhalter treffen? Auch liegt die Gefahr wortwörtlich in der Luft, günstige Winde vom Meer her und die Vögel, die jetzt wieder zurückkehren, könnten die Erreger nach Deutschland bringen.

Obwohl Pferde nicht von dem Erreger befallen werden, können sie – wie auch die Transportmittel – als Überträger eine Gefahr darstellen. Meines Erachtens wird die ganze Bürokratie um das Pferd herum übertrieben, die in diesem Frühjahr aufgrund der MKS-Gefahr stattfindet. Die Bürokraten in Brüssel und in Deutschland, die in den entsprechenden Instanzen sitzen, sollten sich lieber um die Schlachtpferdetransporte nach Frankreich und Italien kümmern und um andere Missstände.

Die MKS-Maßnahmen machen sich auch in unserer Pferde-Reha bemerkbar, denn die Pferdebesitzer können, wegen der Nähe zu Holland, zu uns nur noch mit einer Sondergenehmigung kommen. Diese Fahrbescheinigungen wurden ausgestellt von dem jeweilig zuständigen Veterinäramt des zu durchfahrenden Gebietes. Die Ämter sind dann auch gar nicht bange, den Pferdehaltern für die Bescheinigung viel Geld abzunehmen. Kunden, die durch mehrere Landkreise fahren mussten, um uns zu erreichen, erzählen mir, dass sie jedes Mal von neuem zur Kasse gebeten wurden.

Übrigens esse ich aus Solidarität zu den Landwirten nach wie vor nur deutsche Fleischprodukte. Soll ich Vegetarier werden? Was dann: Haben wir uns erst einmal an das Grünfutter gewöhnt, dann veröffentlicht so ein Wissenschaftler die Wahrheit darüber, wie viel Schadstoffe welche Pflanze über Luft und Wasser aufnimmt, womit sie gespritzt wird und welche gentechnische Veränderung sie erfahren durfte. Na, guten Appetit!

In einem klassischen Gespräch zwischen zwei Hausfrauen hörte ich Folgendes: »Fleisch esse ich nicht mehr, höchstens Fisch.«

Und die zweite: »Aber Fische stammen kaum mehr aus dem offenen Meer, sondern aus Züchtungen, wo sie Tiermehl bekommen oder von Würmern befallen werden. Nein, Fisch essen wir überhaupt nicht mehr.«

Die andere Frau daraufhin: »Geflügel, das ist das Wahre, es ist ja so bekömmlich.«

»Nein, da irrst du aber gewaltig. Das Geflügel wird doch mit Hormonen behandelt und mit Nikotin gegen Ungeziefer gespritzt. Das würde ich meiner Familie nie zumuten.«

Aber auf einen gemeinsamen Nenner kommen sie: »Pferdefleisch, acht Mark das Kilo, Cholesterin senkend, so gesund, das hat Mutter im Krieg auch schon gegessen.«

»Ja, das kann man noch genießen, die kriegen wenigstens kaum Medikamente!«

Haben die eine Ahnung. Bei eventuellen Nebenwirkungen fragen Sie Ihren Tierarzt oder Fleischer.

Eine gute Sache ist allerdings, dass heute für jedes Pferd ein Equidenpass angelegt werden muss. Hier werden neben den Identifikationsmerkmalen die Impfungen, der Gesundheitszustand und die Medikationen eingetragen.

Doch nun zu einem Thema, das viel spannender und erquicklicher ist. Auch wenn wir es in immer kürzerer Zeit schaffen, bestimmte Zuchtziele wie Schnelligkeit oder Springvermögen zu erreichen, an den Instinkten und den Grundverhaltensmustern der Pferde ändert sich so schnell nichts. Der wissenschaftliche und technische Fortschritt ist unaufhaltsam, doch die Evolution lässt sich nicht beschleunigen. Tagtäglich kann ich das bei meiner Behandlung beobachten: Die Pferde legen immer wieder die gleichen Verhaltensmuster an den Tag.

Mit den Galoppern beispielsweise mache ich wieder und wieder dieselbe Erfahrung. Wenn die Pferde mich zum ersten Mal sehen, steht ihnen die Angst in die Augen geschrieben. Manchmal schnauben sie sogar. Langsam, in aller Ruhe und Beharrlichkeit, nähere ich mich den Tieren. Sie nehmen Witterung auf, und schon beruhigen sie sich. Nach den ersten Sekunden des Befremdens stellt sich Vertrauen ein.

Was ist der Schlüssel dazu? Oft haben diese Tiere nur Kontakt zu kleinen Menschen, allein die unbekannte optische Erscheinung eines Mannes von meiner Statur ruft bei einem Pferd Instinkte hervor, die es an Flucht denken lässt. Sobald es jedoch Witterung mit mir auf- und meinen Geruch wahrnimmt, wird dieser anfängliche Eindruck überlagert von einer beruhigenden Wirkung. Es sind unsere Hormone, unsere Bewegungen und unser Verhalten, die auf das Pferd einwirken. Jeder Mensch sendet seine besondere Hormonduftnote aus.

Stresshormone machen jedes Pferd zu einer Bombe. Wenn mein Hormonhaushalt ausgeglichen ist, sende ich dem Tier Signale aus, die in etwa die Bedeutung haben: Hallo, es passiert dir nichts, ich helfe dir. Bereits ohne einen Ton, ohne eine Geste der Vertraulichkeit spüren die Pferde, wer ich bin und was ich will.

Oft habe ich darüber nachgedacht, warum ich mit Pferden so gut kann. Wenn es so etwas wie Reinkarnation gibt, dann war ich sicherlich in einem vorherigen Leben ein Pferd. Woher sonst kommt dieses vertraute Gefühl im Umgang mit ihnen? So mache ich immer wieder neue erstaunliche Erfahrungen.

Kürzlich fand ich heraus, dass ein Pferd, das kopfscheu

ist oder sich nicht an den Ohren anfassen lassen will, eine Nervenblockade in der Oberlinie hat. Ist diese Blockade durch das Justieren der betreffenden Wirbel oder das Freizupfen von Nerven behoben, massiere ich bestimmte meridiane Punkte. Sofort entspannt das Tier. So spürt es sehr bald, dass eine Berührung am Kopf nicht mehr mit einem unangenehmen Gefühl einhergeht, und lässt weitere Berührungen wieder ohne Scheu über sich ergehen.

Wie funktioniert eigentlich die Psyche der Pferde, und wie schlau sind sie tatsächlich? Manche Menschen glauben, dass diese Tiere dumm seien oder über kein Erinnerungsvermögen verfügen. Dabei sprechen Pferde in ihrer Körpersprache zu uns und bedeuten uns ganz klar, was sie wollen. Das können wir wunderbar beobachten, wenn Monty Roberts mit den Pferden arbeitet. Wie sie auf seine angepasste Körperhaltung reagieren und unmittelbar wissen, was er will, ist schon phänomenal.

Und dass Pferde sich Erfahrungen hervorragend einprägen, können Anfänger im Gruppenunterricht erfahren. Jeder, der einmal Reitunterricht in der Gruppe hatte, kennt das: Der Reitlehrer spricht die Worte: »Durchparieren zum Schritt!«, und schon fällt das Pferd in Schritt, ohne dass ich auch nur den Ansatz einer Hilfe gegeben und bevor der Reitlehrer sein abschließendes »Marsch« hinzugefügt hätte. Pferde prägen sich also auch Worte sehr gut ein und reagieren stereotyp darauf.

In manchen Reitschulen läuft der Unterricht immer wieder nach demselben Muster ab, und Pferde merken sich das Schema der Stunde sowie die Kommandos des Reitlehrers sehr schnell. Durch Variation und individuelle Gestaltung könnte der Monotonie entgegengewirkt werden.

Also, ganz im Gegenteil: Das Verhalten von Pferden

hängt damit zusammen, dass sie sich alles, was sie gelernt haben, tief einprägen und negative Einwirkungen ganz schlecht vergessen können. Aber sie lernen auch sehr schnell dazu. Wenn sie merken, dass durch eine Veränderung die Arbeit leichter fällt, dann gewöhnen sie sich ein neues Verhaltensmuster an, und das schlechte Erlebnis wird überspeichert. Mit großer Freude bauen sie jetzt auf dieser neuen Erfahrung auf.

Ein Pferd begreift nicht allein vom Zuschauen, der Lernprozess muss immer verbunden sein mit einer Bewegungsübung. Will ich meinem Pferd nun eine neue Lektion beibringen und es stürzt dabei, tut sich also weh, dann passiert Folgendes: Es bekommt Angst vor dieser Lektion, verbindet sie mit Schmerz und weigert sich, die Übung erneut auszuführen. Was tun? Zunächst versuchen wir, mit viel Geduld die Lektion noch einmal anzureiten. Es kann jedoch passieren, dass sich das Pferd absolut weigert, diese Übung zu wiederholen.

Wenn ich sehe, dass wir so nicht weiterkommen, beschreite ich persönlich einen anderen Weg. Durch meine Behandlungstechnik, bei der ich gezielt Reflexe beim Pferd auslöse, bin ich darauf gekommen, dass auch Dressurübungen mit Hilfe von Reflexen antrainiert werden können.

Zwei Personen sind bei meiner Methode für die Dressurübung erforderlich: Der Reiter, der die Hilfen gibt, und ich, der die meridianen Punkte stimuliert. Dabei habe ich mir Folgendes überlegt: Verweigert ein Pferd eine bestimmte Lektion, dann versuche ich, das alte Programm in seinem Kopf zu überschreiben, indem ich es mit einer anderen, an sich falschen Hilfe an die gewünschte Lektion heranführe. Beherrscht es diese dann, verbindet es mit der betreffenden Bewegung kein unangenehmes Erlebnis mehr, die alte Erfahrung ist überschrieben worden. Nach einer längeren Schrittpause dann muss ich das Pferd mit der richtigen Hilfe neu vertraut machen. Das klingt zwar paradox, aber ich habe es mehrmals mit Erfolg ausprobiert.

Eine kuriose Geschichte will ich zur weiteren Anschauung erzählen. In einem Stall in Bonn wurde ich zu einem Dressurpferd gerufen, das unter Verspannungen im Rückenbereich litt. Außerdem gab es ein anderes Problem: Noch niemand hatte es bisher geschafft, dem Elitepferd, das sein Besitzer für teures Geld erworben hatte, Piaffen beizubringen. Weder sein Reiter, Ludger König, noch andere internationale Dressurreiter, die versucht hatten, das Pferd mit ihrem reiterlichen Können an diese Lektion heranzuführen, unter anderem auch Rainer Klimke.

Ich dachte mir also: Wenn ich an dem betreffenden Punkt einen Reflex auslöse, dann macht es zwar mechanisch eine Piaffe, doch will der Reiter denselben Effekt mit der gewohnten Hilfengebung erreichen, kann es das vom Kopf her nicht umsetzen. Weil es diesen Bewegungsablauf mit einer schlechten Erfahrung verbindet. So meine Vermutung.

Nun überlegte ich mir, wie ich das Pferd umpolen könnte. Ich stimulierte also den betreffenden Punkt, um den Impuls zum Piaffieren auszulösen, und gleichzeitig musste der Reiter eine andere, an sich falsche Hilfe geben. Das wiederholten wir ein paar Mal, und siehe da, schließlich piaffierte das Pferd ohne die Zuhilfenahme der Reflexe. Danach legten wir eine längere Schrittpause ein, und dann versuchten wir das Ganze noch einmal, diesmal mit den richtigen Hilfen. Es klappte tatsächlich! Zusätzlich habe ich das Pferd an den Muskelpartien, die bei dieser Dressurübung beansprucht werden, gelasert, um den Stoffwechsel anzuregen.

Allerdings will ich eine Warnung aussprechen: Was ich soeben beschrieben habe, ist nur ein Beispiel für den Lernprozess der Pferde und keinesfalls zur Nachahmung gedacht. Denn diese Übung funktioniert nur, wenn man die meridianen Punkte genau kennt. Ich kann nur jeden Laien davor warnen, mit seinem Pferd solche Experimente zu machen, denn sie werden nicht gelingen. Manch einer schon wollte es nachahmen und ging mit blauen Flecken aus der Übung heraus!

Eine andere Geschichte, die ich erzählen will, unterstreicht, welch ausgezeichnetes Erinnerungsvermögen Pferde haben. Im Jahr 1974 legten wir den Grundstein für unsere Hannoveranerzucht, ein erstes Fohlen, Simona, wurde erworben. Ich habe eingangs schon von diesem wunderbaren Pferd berichtet. Mit meinen vierzehn Jahren war dieses Fohlen das Größte für mich. Wir wurden in kurzer Zeit wahre Kameraden.

Dreijährig wurde die Stute zum ersten Mal von einem Hengst belegt, damals noch im Natursprung, in der guten alten Zeit hatten die Stuten noch etwas davon ... Und sie wurde eine hervorragende Zuchtstute. Auf Zuchtveranstaltungen gewann sie nicht selten den ersten Preis. Diese Stute bekam eine stattliche Anzahl von Fohlen, jedes Jahr war sie tragend.

Auf einer Zuchtschau ließ man alle Pferde in der Reithalle frei laufen. Und unsere alte Simona war sofort in der Lage, all ihre Nachkommen aus der Herde herauszulösen, zusammen mit deren Fohlen. Jedes ihrer Fohlen war mit circa sechs Monaten abgesetzt und verkauft worden. Nach dem Absetzen hatte die Mutterstute ihre leiblichen Fohlen nie wieder zu Gesicht bekommen, aber trotz all der Zeit, die vergangen war, hat sie ihre Fohlen wiedererkannt. Die

Mutterstute trieb ihre Nachzucht zusammen und schirmte die kleine Herde vor den anderen Pferden ab.

Ist es nicht beeindruckend, solch ein natürliches Mutterverhalten zu beobachten?

Irgendwann – als ich meinem Elternhaus den Rücken zugekehrt hatte – verkaufte mein Vater diese Stute. Zwei nette junge Damen wollten sie reiten und auch Turniere besuchen. Aber alles kam ganz anders, Simona hatte schreckliches Heimweh und lief von ihrem neuen Zuhause weg, zurück zu unserem Hof.

Nicht einmal, sondern mehrere Male in kurzer Zeit.

Zehn Kilometer entfernt war ihr neuer Stall – für Simona kein Problem, sie rannte querfeldein zurück. Eines Tages hatte sie ihre Reiterin bei einem Ausritt abgeworfen und kam in voller Montur bei meinem Vater an. Aus einer Gegend weit hinter Leer, wo sie nie zuvor gewesen war, lief sie zielstrebig zu ihrem alten Zuhause zurück. Dabei musste sie Gräben durchqueren, eine Bundesstraße kreuzen. Kein Weidezaun konnte sie aufhalten. Jedes Mal musste mein Vater die Stute wieder einstellen, und seine Nerven wurden immer dünner.

Schließlich sagte er zu den neuen Besitzern: »Wenn das Pferd noch einmal zurückkommt, dann gebe ich Ihnen das Geld zurück und das Pferd bleibt hier!«

Er hatte die Stute verkauft, weil sie keine Fohlen mehr bekommen konnte. Niemand war da, um das Pferd zu bewegen, und es nur rumstehen lassen, das wollte er nicht. Wenn dann so ein Pferd, das einem jahrelang Freude bereitet hat, immer wieder von alleine zurückkommt, geht es einem ans Herz, und man bringt es kaum mehr über sich, diesen treuen Freund wieder herzugeben.

Pferde und kein Erinnerungsvermögen? Nein, im Gegenteil, solche Erlebnisse zeigen, wie gut sich Pferde erinnern können. Noch nach Jahren erkennen sie Menschen wieder, die längere Zeit mit ihnen Umgang hatten.

Wir Menschen spekulieren gerne darüber, was ein Pferd wohl fühlt, denkt und weiß, und ob es überhaupt so etwas wie eine Seele besitzt. Und immer wieder gehen wir dabei von uns selbst aus. Aber welchen anderen Weg gibt es, uns überhaupt in die Lage eines Pferdes zu versetzen?

Versuchen wir doch mal, nachzuempfinden was ein Pferd davon hält, wenn wir es einreiten wollen.

Was »denkt« das Pferd eigentlich, wenn wir mit der Trense kommen oder das erste Mal den Sattel auflegen? Das sind vollkommen neue Erfahrungswerte, die es erst einmal verarbeiten muss. Alles, was der Mensch vom Pferd möchte, ist, dass es sich gehorsam zeigt. Aber was fühlt das Pferd dabei? Ich will jetzt einfach so tun, als könnte ich Pferdegedanken lesen:

Also, es sind jetzt wohl an die zwei Jahre, und ich erinnere mich genau, es war ein schöner sonniger Morgen, ich stehe gemütlich auf meiner Koppel und fresse Gras. Da holt mich mein Besitzer rein in die Box.

Spannend, denke ich. Jedes Mal, wenn das passiert, kann ich etwas Neues erleben.

Dann, in meiner Box, kommt der doch an, ein Halfter in der Hand, aber kein normales Halfter, das er mir immer überzieht, wenn er mich auf die Weide bringt, nein, so ein Ding mit einem Stück Eisen daran. Um Himmels willen, was macht er jetzt, er steckt mir das Ding ins Maul. Echt unangenehm, so kalt und hart, ich war total sauer, dass der so etwas mit mir macht.

Kaum habe ich mich halbwegs an das Ding gewöhnt, da packt der Typ mir noch was auf meinen Rücken, das geht nun aber wirklich zu weit. Mal sehen, wie weit das Ding

*wohl fliegen kann. Und dann schreit er mich auch noch
an: Mein schöner Sattel!*

*Hau doch ab damit, jetzt bin ich wirklich sauer. Aber
dann bekomme ich feine Knabberstückchen zu fressen, er
klopft mir ganz lieb den Hals und kommandiert auch
nicht mehr so rum. Na ja, einmal lasse ich mir das gefallen,
denke ich mir, aber dann muss auch Schluss sein!*

*Am nächsten Tag genau dasselbe Theater. Nun gut, ich tu
ihm den Gefallen und bleib ganz ruhig, lass sogar das
Ding auf meinem Rücken liegen. Da zurrt er mir auch
noch ein Band unter dem Bauch fest, auch das lass ich über
mich ergehen.*

*Aber dann, ich weiß nicht, welch ein Teufel ihn reitet,
kommt er her und will auch noch auf meinem Rücken sitzen. Ich geh ein paar Schritte, ganz schön blödes Gefühl
mit dem Gewicht darauf, und nach einer Runde denke
ich: Eh, nun ist aber mal gut, jetzt ganz schnell runter! Er
will nicht von allein absteigen, aber das bringe ich ihm bei.
Nun liegt er da und jammert ganz schön rum, als wenn ich
es ihm vorher nicht gesagt hätte. Das Theater geht jetzt
jeden Tag von neuem los.*

*Inzwischen finde ich es gar nicht mehr so schlimm, manch-
mal habe ich auch Spaß daran, vor allem wenn wir zusammen auf Turniere gehen. Da ist immer etwas los, so
viele Pferde sind da, und jetzt will ich nur noch besser sein
als all meine Kollegen auf dem Reitplatz.*

Und jetzt, wo wir wissen oder glauben zu wissen, was
ein Pferd über die Sache mit dem Reiten denkt, können
wir uns überlegen, wie wir als junger Mensch das junge
Pferd an den »neuen Lebensabschnitt« gewöhnen können
und es dazu bringen, mit Spaß und Freude bei der Arbeit
zu sein.

Zuerst einmal machen wir es mit dem Zaumzeug vertraut; am besten nimmt man eine alte Trense und legt sie dem Pferd an. Damit das Pferd das Gebiss besser annimmt, gebe ich ihm, wenn ich es aufgezäumt habe, einen halben Apfel zu fressen. Beim Kauen macht es seine ersten Erfahrungen mit der Trense. Das Gebiss ist im Maul, schon fängt das Pferd zu kauen an. Wenn es fertig ist mit Kauen, schließe ich den Nasenriemen. Durch das Kauen entsteht Schaum, der dem Pferd aus dem Maul tropft. Das bedeutet, dass es sich an den Fremdkörper gewöhnt und entspannt weiterkaut.

Das wiederholt man nun mehrmals die Woche, und erst wenn das Pferd mit dem Gebiss der Trense vertraut ist, kann mit dem nächsten Schritt begonnen werden, mit der Arbeit an der Longe. Hier lernt das Pferd zuerst einmal, auf dem Hufschlag zu gehen und auf die Hilfen der Longe zu reagieren. Wenn das Tier nach mehreren Lektionen schließlich auf dem linken und rechten Hufschlag geht, wohlgemerkt an der Longe, dann kann man mit dem leichten Ausbinden beginnen.

Unser Ziel ist es, dass das Tier über den Rücken läuft, dass die Vorwärts-abwärts-Bewegung trainiert wird. Indem sich der Rücken aufwölbt, werden die Rückenmuskeln gestärkt. Die Rückenmuskeln müssen Kraft entfalten, denn einen Reiter zu tragen und dann noch das Gleichgewicht zu halten, das ist wirklich nicht so einfach für ein junges Pferd.

Hier hilft nur eins: ein kontinuierliches, aber behutsames Training. Die Balance von jungen Pferden kann man einfach fördern, man longiert die Tiere im mitteltiefen Boden, auf kleinem Zirkel (die Longe sollte nicht länger als vier Meter sein), sowohl im Trab als auch im Galopp. Nach der Arbeit achten wir stets darauf, dass wir das Pferd gut in zügigem Schritt arbeiten, bis es ganz trocken ist, damit es nicht nachschwitzt.

Unser Pferd hat bis zu diesem Zeitpunkt Fortschritte gemacht und geht nun gut an der Longe, jetzt können wir uns mit dem Einreiten befassen. Es wird jetzt ganz vorsichtig an den Sattel gewöhnt. Jede Lektion ist immer wieder eine völlig neue Situation für unser Pferd. Kaum hat es eine neue Anforderung angenommen, schon setzen wir es einer völlig Neuen aus. Das Satteln, wenn es richtig gemacht wird, ist eigentlich nicht so schlimm für das Pferd, und der Rücken ist nun so trainiert, dass er das Gewicht des Reiters leicht tragen kann. Das Schlimmste am Satteln aber ist das Gurten. Das Tier muss zuerst einmal mit dem Druck des Gurtes fertig werden. Beim ersten Mal, wenn wir es versuchen, holt es tief Luft, damit wir ja den Gurt nicht schließen können, aber dann, wenn es merkt, dass es viel angenehmer ist, Luft abzulassen, wird auch das Routine.

Nun kommt der Auftritt des Reiters: Vorsichtig nähert er sich dem Tier und sitzt mit Hilfe einer zweiten Person auf. Jetzt ist alles nur noch Übung, schon bald ist das Pferd mit all den neuen Herausforderungen vertraut. Wenn der Reiter merkt, dass es in den Bewegungen locker wird, wenn es anfängt, sich zu tragen, beginnt die eigentliche Ausbildung.

Nun soll es lernen, auf die reiterlichen Hilfen zu reagieren. Nehmt euch die Zeit, auch wenn wir Menschen meinen, alles zu haben, nur keine Zeit. Ich rate allen, gönnt euch und eurem Freund diesen Luxus, denn glaubt es mir, hinterher zahlt es sich immer aus.

Ja, liebe Reiter, die Kunst dabei ist es, das Pferd als Freund auf seine Seite zu bringen. Spitzenleistungen bekommen wir nur mit einem Kameraden, dem wir auch seine Macken verzeihen. Das ist wie bei den Menschen, die Könner haben immer kleinere oder größere Macken …

Die Kunst, ein Pferd auf seine Seite zu ziehen, besteht darin, dass wir es in Geduld und Liebe an das Gerittenwerden gewöhnen. Das dauert, aber die Zeit gewinnt man am Ende wieder zurück. Dann hat man einen Freund für ein ganzes Pferdeleben. Denn wenn ein Pferd unzufrieden ist, wird sich das auf Dauer auf seine Gesundheit und Leistung auswirken. Die Seele des Pferdes spiegelt sich stets in seiner Gesundheit wider.

Ist ein Pferd einmal angeritten worden, so ist bereits zu erkennen, wo die Veranlagung des Tieres liegt. Jetzt kann man beginnen, seine Talente als Springpferd oder als Dressurpferd zu fördern. Wobei ich ausdrücklich darauf hinweisen möchte, dass ein Pferd zuerst eine fundierte Grundausbildung erfahren muss. Durch ausreichende Dressurarbeit wird das Pferd in seiner Rittigkeit gefördert. Auch Springpferde müssen gut Dressur geritten werden, denn heutzutage werden die Anforderungen im Parcours immer anspruchsvoller. Die Hindernisse werden immer enger aufgebaut, da können Pferd und Reiter nur noch weiterkommen, wenn beide auch eine solide Dressurausbildung haben. Beweglichkeit des Springpferdes ist nicht alles, und auch die Gabe, hoch zu springen, reicht schon lange nicht mehr, um Erfolge zu erzielen.

Viele Reiter oder Züchter, die ihr Pferd gut bereiten lassen wollen, wählen einen Profistall für diesen Zweck aus. Sicherlich eine sinnvolle Entscheidung. Dennoch sollte man sich vorher erkundigen, wie viele Pferde der Bereiter täglich reiten muss. Denn wenn es zu viele sind, das heißt mehr als zwölf, dann muss man sich im Klaren darüber sein, dass dieses Pensum unmöglich von einem Bereiter zu schaffen ist. Folglich werden nicht alle Pferde gleich gut beritten. Oftmals können Profis nur ein- bis dreimal die Woche mit dem Pferd arbeiten, und selbst dann nur viel zu kurz. Die andere Zeit über wird es von Lehrlingen und angehenden Bereitern geritten. Und dennoch zahlt man den Preis für den Beritt durch einen Profi. Also aufgepasst!

ABC des
Pferdekaufs und der -haltung

Wie nie zuvor erfreut sich der Pferdesport einer gro-ßen Popularität, immer mehr Menschen suchen ihr Glück auf dem Rücken der Pferde. Vor allem die Freizeit-reiterei hat in den letzten Jahren einen nie gekannten Boom erfahren.

Diese Reitbegeisterung kann ich mir durchaus erklären: Das Pferd übt eine große Anziehungskraft auf den Men-schen aus, denkt man an Pferde, dann verbindet man mit ihnen den Traum von Freiheit und Wildheit, Eleganz und Rasse. Pferde erwecken also vielerlei Träume und Wünsche im Menschen. Allerdings darf man bei all den schönen Ge-fühlen und der Liebe zu diesen Tieren nicht vergessen, dass man es hier mit sehr empfindsamen Fluchttieren zu tun hat, deren Haltung und Pflege vielerlei Kenntnisse und Erfah-rung erfordern.

Ist man im Umgang mit Pferden und ihrer Haltung un-bedarft, kommt es leider viel zu häufig zu Krankheiten und Leiden bei diesen edlen Tieren, die zum Teil vermieden werden könnten, würde mehr Pferdesachverstand seitens der Pferdehalter walten.

In unserer schnelllebigen Zeit haben viele Pferdebesitzer immer weniger Geduld mit den Tieren. Alles muss plan-mäßig verlaufen, die Uhr ist das wichtigste Kriterium bei allem. Doch Pferde kennen keine Uhr, sie haben ihren eigenen Rhythmus, und es lohnt sich, ihnen genügend Zeit zu geben, sich zu entwickeln. Viel Arbeit und Ausdauer ist erforderlich, alles braucht seine Zeit – ob in der Aufzucht, in der Ausbildung oder beim Heilungsprozess einer Krankheit.

Es nützt alles nichts, wenn es uns an Erfahrung und Kenntnissen mangelt, dann müssen wir den Umgang mit Pferden erst erlernen; ein paar gute Bücher kaufen, das reicht sicherlich nicht. Wer Erfahrung mit Pferden sammeln will, muss sich mit ihnen beschäftigen. Wenn ich als Pferdebesitzer keinen Blick für die Bedürfnisse von Pferden habe, aber mit ihnen weiterkommen will, dann muss ich Rat bei einem versierten Fachmann einholen. Viele tun das nicht, und so kommt es immer wieder vor, dass Pferde unnötig leiden.

Ein eigenes Pferd zu haben, ganz für sich allein – das ist der Traum vieler Reiter. Und natürlich gibt es für einen Pferdefreund nichts Schöneres, kein Schulunterricht und kein Leihpferd können diese Freude ersetzen.

Und dennoch sollte man sich die Anschaffung eines Pferdes gut überlegen, es sei denn, Geld und Zeit spielen keine Rolle. Hat man 10 000 oder 15 000 DM gespart, sollte das doch reichen für ein schickes Pferd, könnte man meinen. Ja, für die Anschaffung schon, aber dann geht es erst los mit den Kosten: Ein guter Sattel, von einem Fachmann meinem Pferd angepasst, gutes Zaumzeug und ein paar Stallhalfter, ein Putzkasten, eine Decke und andere Kleinigkeiten, die sich summieren. All das ist noch überschaubar, das meiste davon behält man Jahre.

Die laufenden Kosten sind es, die zu Buche schlagen: Je nach Region, Lage und Ausstattung muss man monatlich zwischen 300 bis 650, ja in Städten wie München gar an die

1000 DM für eine Box berappen. Dann kommt alle sechs Wochen der Schmied zum Beschlagen: 160 DM; hin und wieder braucht man einen Tierarzt, das Pferd muss geimpft werden, eine Haftpflichtversicherung ist das Mindeste, eine Unfallversicherung ratsam, und so könnte ich fortfahren. Nicht zu vergessen die Benzinkosten, die stetig steigen …

Das alles sollte man durchrechnen, und wenn man die Summe dieser Kosten aufbringen kann, ohne laufend Überstunden leisten zu müssen, dann sind zumindest materiell die Grundlagen dafür vorhanden, sich ein eigenes Pferd zu halten.

Habe ich mich entschlossen, ein Pferd anzuschaffen, sollte ich erst einmal darüber nachdenken, in welche Richtung ich gehen will. Dass man an ein gut ausgebildetes Turnierpferd andere Anforderungen stellt als an ein robustes Freizeitpferd, versteht sich von selbst.

Auch die Haltungsform spielt eine große Rolle. Wo wird mein Pferd stehen, erfüllt der Stall denn überhaupt die Voraussetzungen für das jeweilige Pferd? Bei der Anschaffung sollten alle diese Kriterien sorgfältig bedacht werden, auch wollen Größe und Temperament des Tieres wohl überlegt sein – damit sich zwischen Pferd und Reiter eine Harmonie herstellt. Sowohl körperlich als auch vom Wesen her. Oder anders gesagt, die Chemie zwischen Pferd und Reiter muss stimmen.

Sorgfältig wählt man also die für seinen Typ geeignete Rasse aus. Beispielsweise sollte sich ein Mensch, der sehr nervös ist, nicht unbedingt einen Vollblüter kaufen; so ein Paar macht sich gegenseitig verrückt. Haflinger, Norweger, Schwarzwälder und ähnliche Pferde mehr sind wunderschöne Rassen – sanft und ausgeglichen im Wesen. Wir haben mittlerweile so viele Pferderassen in Europa, und jede Einzelne hat besondere Merkmale.

Dann stellt sich die Frage, wo man am besten nach dem geeigneten Pferd Ausschau hält. Oft besuche ich die Pferdemärkte in unserer Region, dort werden zum Teil sehr schöne Pferde angeboten. Zwar sind es überwiegend Tiere, die zum Hobbyreiten taugen, aber das ist nun mal die häufigste Anforderung.

Pferde, die im Sport gehen sollen, sind auf den Märkten fast nicht anzutreffen. Solche Tiere werden häufig in Fachzeitschriften inseriert. Oder man kauft Sportpferde auf Verkaufsveranstaltungen. Die großen Zuchtverbände halten in ihrer Region regelmäßig Auktionen ab, hier werden dann Reitpferde, Zuchtstuten und auch Fohlen angeboten. Bei Reitpferden besteht die Möglichkeit, sie vor dem Ersteigern Probe zu reiten.

Fehlt es einem an Erfahrung, sollte man sich vor dem Kauf von einem Fachmann seines Vertrauens beraten lassen. Unerfahrene, die ohne fachlichen Beistand auf eigene Faust ein Pferd kaufen, können ein blaues Wunder erleben. Neulich kam eine Familie mit ihrem neu erworbenen Pferd zu mir in die Klinik. Das Tier war vorher in einem Schulbetrieb im Einsatz gewesen. Sich ein Schulpferd zu kaufen ist so, als suchten wir ein gutes Auto, das noch lange fahren soll, und entscheiden uns für ein Taxi. Die armen Leute waren mächtig übers Ohr gehauen worden. Mir blieb nichts anderes übrig, als ihnen den Rat zu geben, das Pferd nicht mehr zu reiten, denn es war körperlich vollkommen verschlissen.

Ich rate also jedem, sich bei einem Pferdemann seines Vertrauens Rat zu holen, ansonsten läuft man Gefahr, aufs Glatteis geführt zu werden. Auch zu mir kommen immer wieder Leute, die sich ein Pferd anschaffen wollen. Gerne bin ich dabei behilflich, indem ich den Pferdeliebhabern Adressen von Bauern oder privaten Pferdezüchtern gebe, bei denen man Pferde zu angemessenen Preisen, und – ebenso wichtig – roh oder mit Grundausbildung, aber noch unverdorben, erwerben kann.

Haben wir uns ein Pferd ausgesucht, das von der Größe, vom Temperament und Charakter her zu uns passt, haben wir also unser Idealpferd gefunden und uns für die entsprechende Haltungsform entschieden, dann geht es an die passende Grundausrüstung für unseren Kameraden. Denn auch die ist wichtig für sein Wohlbefinden. Da ist zunächst der Sattel. Hier sollte man unbedingt einen Fachmann aufsuchen. Ein optimal passender Sattel ist unentbehrlich, ist er doch – ebenso wie ein sachgemäßer Beschlag – die Grundlage dafür, dass ein Pferd richtig geritten werden kann.

Nicht selten rühren Rückenprobleme von einem schlecht sitzenden Sattel her. Bereits minimale Beeinträchtigungen können schlimme Folgen haben. Zunächst wird der Bewegungsablauf beim Pferd gestört, neben Satteldruck und Verspannungen treten häufig auch Rückenschmerzen auf. Einen Sattel aufs Geratewohl zu kaufen, das kann es nicht sein. Am besten man wendet sich an ein gutes Reiterfachgeschäft, das von einem Fachmann betreut wird. Nur er kann am Gebäude des Pferdes erkennen, welcher Sattel richtig liegt.

Ehe man sich für einen Sattel entscheidet, ist es – wie schon beim Pferdekauf – einmal mehr wichtig, zu wissen, welche Reitart wir vorwiegend betreiben wollen: Dressur, Springen oder Vielseitigkeit, Western oder die Barocke Reitweise. Jedes Fach hat seinen Sattel. Ebenso kommt es auf die Größe und den Körperbau des Pferdes an. Auch die Rasse spielt eine Rolle: Ein Isländer ist anders gebaut als ein Haflinger und ein Warmblut anders als ein Vollblut.

Nach diesen Kriterien und natürlich nach dem Geldbeutel wählt man ein Modell oder mehrere alternativ aus. Der Sattler oder der Fachverkäufer aus dem Reitsportgeschäft probiert die Modelle am Pferd aus und passt den Sattel, für den man sich entscheidet, schließlich auch an. Zunächst einmal beurteilt er mit dem Auge Größe und Körperbau. Dann tastet er den Rücken ab und schätzt die nötige Kammerweite. Er hat ein geschultes Auge sowie die entsprechende Ausbildung und Erfahrung, um ganz genau zu wissen, welcher Sattel am besten zu unserem Pferd passt und wie er verändert werden muss, damit er optimal auf dem Pferderücken aufliegt.

Ein gutes Fachgeschäft wird nichts dagegen haben, wenn wir das gewünschte Modell ein, zwei Tage testen wollen. Erst dann kann der Reiter wirklich sicher sein, dass auch er sich im Sattel wohl fühlt.

Haben wir nach den genannten Kriterien einen Sattel ausgewählt, passt der Sattler ihn an. Zunächst wird er ohne Satteldecke aufgelegt, denn dann kann man später an den Druckstellen im Fell des Pferdes erkennen, wie er aufliegt. Der Fachmann überprüft, ob der Schwerpunkt richtig liegt und wie viel Luft zwischen Widerrist und Sattelkammer ist. Bei einem – wie in den überwiegenden Fällen – mit Wolle gefülltem Sattel sollten es circa drei Finger Abstand sein, denn der Sattel senkt sich mit der Zeit ein wenig. Mit Latex gefüllte Sättel verändern sich hingegen nicht mehr, also sollte hier der Abstand zwischen Widerrist und Sattelkammer nicht mehr als eineinhalb bis zwei Finger betragen.

Der Fachmann berücksichtigt beim Anpassen noch zahlreiche andere Aspekte; schließlich wird sich mit seiner Erfahrung und Sachkenntnis der richtige Sattel für jedes Pferd finden lassen: Eine wichtige Voraussetzung dafür, dass unser Kamerad sich unter seinem Reiter wohl fühlt und dass späteren Leiden und Schäden vorgebeugt wird. Ein schlecht sitzender Sattel ist vergleichbar mit drückenden Schuhen, mit dem Unterschied, dass ein Pferd sich nicht beklagen kann.

Bei jungen drei- oder vierjährigen Pferden würde ich dazu raten, erst einmal einen gebrauchten Sattel zu nehmen, der allerdings ebenfalls angepasst werden muss. Denn ein Pferd wächst noch bis zum Alter von fünf Jahren. Danach bleibt sein Körperbau einigermaßen stabil, und man kann sich für ein neues Modell entscheiden. Will man dennoch von Anfang an einen neuen Sattel haben, so muss er von Zeit zu Zeit wieder angepasst werden. Der Fachmann wird das Wachstum beim Verkauf eines neuen Sattels mit einkalkulieren.

Allerdings gibt es auch in dieser Branche skrupellose Geschäftemacher. Darum bin ich glücklich, in Leer einen richtigen Fachmann zu haben. Nicht selten trägt das Reitsportgeschäft van Hoorn mit gut sitzendem Sattelzeug dazu bei, dass der Rücken eines Pferdes, das ich behandelt habe, wieder schwingt. Und auf diese Weise kommt meine Behandlung auch langfristig zum Tragen …

Neben dem Sattel ist auch das Zaumzeug ein wichtiger Bestandteil der Reitausrüstung. Nicht jedes Pferd ist mit der gleichen Trense, dem gleichen Gebiss glücklich.

Es gibt Trensen aus billigem, mit Chromsalz gegerbtem Leder, auf die manche Pferde allergisch reagieren. Beim Gebiss sind die Größe – Länge und Dicke – und der Typ entscheidend – etwa eine normale Wassertrense, die Olivenkopftrense oder ein doppelt gebrochenes Gebiss. Letzteres wird gerne für jüngere Pferde genommen oder für Pferde, die nicht gut kauen, da es die Kautätigkeit anregt.

Auch das Material spielt eine Rolle: Man kann wählen zwischen Gebissen aus Edelstahl, Metalllegierungen mit hohem Kupferanteil (die wiederum die Kautätigkeit anregen) oder aus Kunststoff- oder Hartgummi, die sich für Pferde mit einer Nickelallergie eignen.

Ein Pferd muss sich wohl fühlen mit dem Gebiss, erst dann wird es kauen und am Zügel gehen. Hier heißt die Devise: ganz einfach ausprobieren, mit welcher Kategorie es am besten zurechtkommt. Bei jungen Pferden empfiehlt es sich, ein gebrauchtes Gebiss zu nehmen.

Immer häufiger begegnen mir Ekzeme im Pferdemaul, die in manchen Fällen auf eine allergische Reaktion auf ein Gebiss zurückzuführen sind. Gerade Gebisse, die aus einer billigen Metalllegierung bestehen, können als Wurzel dieses Übels in Frage kommen. Wie beim Sattel sollte hier der Preis nicht allein entscheidend sein.

Außerdem ist für die Gesundheit des Pferdes ein guter Hufschmied unentbehrlich. Manche mögen denken, der haut halt die Eisen drauf oder schneidet die Hufe aus. Ja, aber das will gelernt sein.

Was dürfen wir von einem Hufschmied erwarten, beziehungsweise was sollten wir verlangen? Pferdesachverstand. Ein gutes Auge für den Bewegungsapparat. Er muss erkennen können, ob bei dem zu beschlagenden Pferd Hufkrankheiten vorliegen. Am Gang des Pferdes muss er sehen können, ob es Spat hat. Ein guter Hufschmied sieht Stellungsfehler und andere Ursachen für Hufprobleme. Abhängig von all diesen Faktoren entscheidet er, welcher Beschlag der richtige ist für das jeweilige Pferd.

Ein Laie kann sich gar nicht vorstellen, wie viele Arten von Spezialbeschlägen es gibt. Und mich beeindruckt es immer wieder, wie gut Pferde laufen, wenn ein passender

Beschlag gewählt wurde. All das zeigt, wie wichtig ein guter Hufschmied ist und welche Vielfalt an Kenntnissen und Fertigkeiten er mitbringen muss.

Leider beobachte ich, wie in dieser Branche die Werte der Hufbeschlagskunst allmählich verfallen. Früher folgte auf eine Ausbildung in einem Metall verarbeitenden Gewerbe eine zweijährige Praktikumszeit bei einem Hufbeschlagsmeister, und heute soll ein Kurzlehrgang von wenigen Monaten genügen, um sich dieses anspruchsvolle Handwerk anzueignen? Auf diese Weise »befähigt« und ohne jegliche praktische Erfahrung lässt man die Absolventen auf Pferde los.

Das ist in etwa so, als wenn ich mir zehnmal die »Schwarzwaldklinik« im Fernsehen anschaue und dann zu operieren beginne. Allein dieser Gedanke lässt mich erschaudern.

Ich kann nur allen Pferdefreunden raten, die einen neuen Hufschmied heranziehen, ihn danach zu fragen, wo er gelernt und wie viel Berufspraxis er hat. Sonst kann man ebenso gut Roulette spielen. Denn wer sich die genannten Punkte vor Augen führt, wird mir zustimmen, dass all die nötige Erfahrung sich nicht in einem Zertifikat von einem dreimonatigen Lehrgang widerspiegeln kann.

Man sollte nie unterschätzen, was ein gesundes Fundament, ein gut sitzender Beschlag für die Gesundheit des Reitpferdes bedeutet. Beschlags- oder hufkrankheitsbedingte Bewegungsstörungen ziehen beim Pferd weitere gesundheitliche Schäden nach sich, wie Rücken- und Gelenkprobleme. Ein Teufelskreis.

Da diese Fachmänner rar sind und oft wegen einem Pferd einen langen Anfahrtsweg nicht in Kauf nehmen wollen und können, bleibt in manchen Gegenden abzuwägen, ob man mit seinem Pferd nicht selbst zum Schmied fährt. Das ist auf lange Sicht auch preisgünstiger, als sein Pferd von einem selbst ernannten Schmied am Stall beschlagen zu lassen.

Auf der anderen Seite wollen manche Pferdehalter sich das Geld für den Hufschmied ganz sparen und legen selbst Hand an beim Ausschneiden der Hufe. Oder Spezialbeschläge werden nach eigenem Ermessen umgeändert, und dann wundern sich die Leute, dass sie ihren Pferden womöglich selbst irreparable Folgeschäden zugefügt haben. Nur allzu oft muss ich mit ansehen, wie Pferdehalter mit der Gesundheit ihrer Pferde fahrlässig umgehen. Und manchmal bleibt nur noch der Weg zum Schlachter.

Ein hervorragender Schmied ist also unverzichtbar. Aber ebenso wichtig ist es, dass der Pferdehalter sein Auge für diverse Hufprobleme schult. Woran erkenne ich als Laie, dass mein Pferd nicht gut zu Fuß ist? Woran kann es liegen, das es nicht richtig auftritt? Zuerst einmal sollte man überprüfen, ob es gerade läuft. Man stellt sich in reichlichem Abstand vor das Pferd und lässt es von jemandem auf sich zuführen. Beim Vorwärtsgehen sollten die Hufe korrekt in einer geraden Linie nach vorne bewegt werden.

Wenn der Gang keine Auffälligkeiten zeigt, schaue ich mir den Huf gründlich an. Wichtig ist, dass der Hufzustand gut ist: nicht zu weich, aber auch nicht zu hart und brüchig. Ein Huf darf nicht zu lang in der Zehe sein, denn dann können die Hufe ausbrechen. Schlimmer noch sind die Folgen für Sehnen und Bänder, die bei einer Überdehnung großen Schaden nehmen könnten.

Auch der Winkel, in dem der Huf auf dem Boden steht, ist bedeutend. Wie steil er stehen sollte, hängt von der Art der sportlichen Belastung ab, und bei Sportpferden davon, in welcher Wettkampfart sie zum Einsatz kommen. Springpferde sollten 49 bis 50 Grad im Winkel stehen, Dressur-

und Freizeitpferde ein bis zwei Grad flacher. Den niedrigsten Winkel in der Hufstellung haben die Traber, denn eine längere Zehe begünstigt den Renntrab. Generell gilt aber, dass die Sehnen eher Schaden nehmen, wenn der Huf zu flach und die Zehe zu lang ist.

Ein weiteres Problem sind die zahlreichen Hufkrankheiten. Eine Futterumstellung, Fehlfütterung oder eine Hufrehe können sich auf die Hufsubstanz auswirken. Spezialisten, die es Gott sei Dank noch immer gibt, können mit Hilfe von Spezialbeschlägen dem Pferd Linderung bei starken Schmerzen verschaffen.

Ein guter Schmied verfügt über ein Repertoire von verschiedenen Beschlägen, die zur Heilung der jeweiligen Krankheit beitragen können. Es ist also sinnvoll, neben dem Tierarzt auch einen Hufschmied zu Rate zu ziehen. Spezialbeschläge dienen aber ausschließlich dazu, den Huf wieder auszukurieren und die Gangfreudigkeit der Tiere zu erhalten. Eine Dauerlösung bei den genannten Krankheiten sind sie nicht, da sie nur die Symptome lindern. Deshalb muss die eigentliche Ursache der Übel kuriert werden.

Auch bei Sprunggelenksproblemen wie zum Beispiel Spat kann ein Spezialbeschlag für Linderung sorgen. In diesem Fall wird das Hinterbein leicht fassbeinig gestellt. Bemerkbar machen sich Spatprobleme dadurch, dass ein Pferd aufgrund des Schmerzes lange braucht, um sich einzulaufen. Die Tiere benötigen manchmal bis zu 20 Minuten, um hinten klar zu gehen. Durch den entsprechenden Spezialbeschlag wird die Einlaufphase erheblich verkürzt, weil das Pferd eindeutig weniger Schmerzen hat. Und mehr wollen wir doch zunächst auch nicht. Denn oft heilt Spat nach einer gewissen Zeit von selbst wieder aus.

Bevor der Schmied mit seiner Arbeit beginnt, erwarte ich, dass er sich das Pferd erst einmal im Schritt anschaut.

Erst dann kann er genau beurteilen, wo und wie der Huf ausgeschnitten werden soll. Wird das Pferd auch beschlagen, dann sollte er es sich vor dem Aufbrennen der Eisen noch einmal vorstellen lassen. Nur unter dieser Voraussetzung, so denke ich, kann der Beschlag richtig gut gelingen. Mir ist völlig klar, dass Schmiede heutzutage häufig unter Zeitdruck stehen, aber ein guter Schmied lebt von der Qualität seiner Arbeit und sollte stets ein offenes Ohr für die Belange seiner Kunden haben.

Immer wieder drängt sich mir beim Schreiben die Gegenwart mit all den Krisen auf, die der Landwirtschaft und der Pfedezucht ganz schön zugesetzt haben. Bei meinem Beruf interessiere ich mich nun mal für die Probleme der Bauern, der Pferdehalter und -züchter – all der Menschen, die im Pferdesport tätig sind.

Hier in unserer Gegend sind die Bauern oft auch Pferdezüchter, und so trifft es diese Gruppe doppelt. Zuerst der Einbruch auf dem Fleischmarkt, und dann die Beschränkungen, was den Pferdetransport und die Veranstaltungen betraf. Jetzt, Ende Mai, hofft jeder inständig, dass die MKS-Gefahr endlich gebannt ist. Von BSE spricht auch kaum einer mehr, obwohl es sie immer wieder gibt, die Fälle …

Bislang hatten wir in Deutschland so viel Glück, als hätten wir sechs Richtige im Lotto. Die MKS wurde toi, toi, toi nicht eingeschleppt, die Verdachtsfälle bestätigten sich nicht. Gott sei Dank! Hoffen wir, dass die Gefahr ausgestanden ist. In unserem Nachbarland, den Niederlanden, ist diese Krankheit rückläufig, an den Grenzen werden die Kontrollen gelockert. Turniere werden nicht mehr wegen der Ansteckungsgefahr abgesagt. Der Alltag in der Pferdewelt scheint sich wieder zu normalisieren.

Was hat all das nun mit den Reitern zu tun? Viele Berufsreiter sind mit ihren Betrieben stark vom Handel abhängig. Ohne Turniere ist der Handel schwach, vielversprechende Pferde müssen aber an solchen Wettkämpfen teilnehmen, brauchen Turniererfolge, damit sie im Wert steigen. Diese werden von der FN (Reiterlichen Vereinigung) in einem Pass eingetragen. Ein Kaufinteressent kann sich beim Besitzer erkundigen, welche Preise das Pferd gewonnen hat. Noch besser ist es, einen Blick in den Pass zu werfen, um sich über die angeblichen Turniererfolge zu vergewissern. Was hier Schwarz auf Weiß steht, darauf kann man sich verlassen, es spiegelt genau die Leistung des Pferdes wider und somit auch den Marktwert.

Dass ein Pferd viele Siege errungen hat, bedeutet also auch, dass es mehr Wert hat als andere, die keine Wettkämpfe laufen. Deshalb sah es im Frühjahr und Frühsommer düster aus für unsere Pferdeprofis, denn alle überregionalen Turniere mussten abgesagt werden. Die Unterhaltskosten für die Pferde blieben jedoch konstant, es bedurfte desselben Arbeitseinsatzes wie in normalen Zeiten, um sie zu versorgen. Währenddessen stagnierte der Wertzuwachs, und das war bitter für Reiter und Züchter.

Die Marktpreise lassen sich an den Erlösen messen, die in den großen Auktionen erzielt werden, beispielsweise in Vechta, durchgeführt vom Oldenburger Verband, oder in Verden, durchgeführt vom Hannoverschen Verband, beide in Niedersachsen zu Hause. Diese Veranstaltungen der großen Zuchtverbände sind maßgebend für den Handel. In jedem Landesverband gibt es solche Auktionszentren, in Bayern beispielsweise München-Riem, in Mecklenburg-Vorpommern das Landgestüt Redefin oder Neumünster in Schleswig-Holstein, wo unter anderen Trakehner-Auktionen abgehalten werden. Nach deren Preisspiegel richten sich Züchter und Käufer.

Neben diesen Eliteauktionen, bei denen man zukunftsträchtige Sportpferde ersteigern kann, gibt es zahlreiche gemischte Auktionen, auf denen auch Fohlen oder Zuchtstuten angeboten werden. Nicht nur am Tag selbst, an dem die Auktion stattfindet, sondern schon vorher gibt es etliche Möglichkeiten, die Pferde zu begutachten und Fachgespräche zu führen. Am Vorabend mancher Auktion findet eine Schauvorführung statt. Bei dieser Gelegenheit kann man sich die Pferde unterm Sattel ansehen, und Profis wissen bei der eigentlichen Auktion schon genau, auf welches sie bieten wollen. Und nach der Auktion findet ein Festabend statt, wo tüchtig gefeiert wird.

Vor und während der Auktion gibt es für Züchter und Verbandsleute reichlich Möglichkeiten, sich auszutauschen oder »Politik« zu machen. Für die Züchter ist es wichtig, sich immer wieder mit den maßgeblichen Leuten des Zuchtverbandes zu treffen, denn so können sie wichtige Informationen erhalten und ihre Interessen in den Ring werfen. Oder man setzt sich abends gemütlich zusammen, um ein wenig zu fachsimpeln und die neuesten Gerüchte zu erfahren.

Ein solches Gespräch ist für Außenstehende kaum nachzuvollziehen, nur Insider können da mithalten. Ein Dialog unter Züchtern und Verbandsleuten am Festabend einer Auktion in Vechta, dem Auktionszentrum des Oldenburger Pferdes, könnte in etwa so aussehen:

»Eh, hast du den Bock gesehen? Der trampelt ja wie verrückt!«

»Welchen meinst du: hab ich gesehen?«

»Na, Katalognr. 12, den hast du doch gesehen.«

»Ich schau mal in meinen Katalog. Ja, genau, das war super, treten konnte der, hatte aber einen großen Kopf.«

»Ach, das ist egal, den muss er selber tragen. Hauptsache, er bewegt sich. Geld hat er ja genug gebracht. Aber ohne Heckmann wäre der billig geblieben.«

»Ja, Uwe – der kriegt das immer wieder hin. Aber was hältst du von dem Springer Nr. 3?«

»Klasse! Der ging vielleicht in die Luft, der kann die Tatzen richtig hoch kriegen. Und hinten – wie der aufmacht, der geht mal ganz groß …«

»Wer hat den bekommen?«

»Weiß ich nicht, aber sicherlich einer, der zu viel Moos hat. Ich finde das gut, die Züchter sollten auch mal richtig Kohle verdienen. Bei den Unkosten heute, was bleibt da noch über?«

»Hast du deine Stute eigentlich noch?«

»Welche meinst du?«

»Die Schimmelstute.«

»Ja, klar. Meine Godehart, die ist tragend.«

»Von welchem Hengst?«

»Vom Springer.«

»Von welchem?«

»Egal, aber da kommt was bei raus, das kann ich euch versprechen. Beim Fohlenbrennen vertickere ich den dann, oder der kommt zur Auktion!«

»Nun wart erst mal ab, was da für ein Zausel bei rauskommt.«

»Ein Fohlen habe ich da schon von.«

»Und, wie sieht das aus?«

»Das hat ein Köpfchen, so was habe ich vorher noch nicht gesehen. Ein Schnabel, mit dem kann er aus einem Sektglas saufen. Und der Tritt … Schweben ist nichts … Mit totaler Verachtung berührt der im Trab den Boden! Da knickt kein Halm bei um.«

»Ich dachte, du züchtest mit einem Springer?«

»Klar, doch. Warte man ab, bis der vierjährig ist, da springt der vielleicht ... der kommt nur noch zum Fressen runter, so geht der in die Luft ...«

Gespräche dieser Art sind bei solchen Gelegenheiten an der Tagesordnung, klar, dass in der Runde auch ein, zwei Gläschen getrunken werden, und dann kann es auch schon mal heiß hergehen. In einem Zuchtverband gibt es viele Interessen und Meinungen, nicht selten Konflikte. Bei den zahlreichen anderen Zuchtveranstaltungen – nicht nur den großen Auktionen –, bei den Auswahlterminen beispielsweise oder den Verbandssitzungen treffen sich immer wieder die gleichen Leute, Hobbyzüchter und vor allem die alteingesessenen Züchter – oft Bauern, die seit Generationen Pferdehalter sind –, dann die »Verbandsfunktionäre« und die Leiter der Deckhengststationen. Jeder kennt jeden, man konkurriert zwar miteinander, aber es gibt auch viel auszutauschen und viel zu lachen. Natürlich auch viel Klatsch und Tratsch, bisweilen auch Missgunst und kleinere oder größere Intrigen.

Eine Geschichte, die von allem etwas hat und sich im vergangenen Jahr ereignete, will ich erzählen. Seit einigen Jahren spendiert die Deckhengststation van Hoorn in Leer bei der Zentralstutenschau in Tannhausen für die Siegerstute einen »Freisprung« (keinen Natursprung, sondern eine künstliche Besamung mit Frischsamen). Für die Deckstation ist das eine schöne Werbung und für den Stutenhalter ein nettes Geschenk im Wert von immerhin 1200 DM.

Das passt so manchen Leuten vom Verband nicht, weil es sich um einen Hengst einer Privatstation und nicht um einen Landesgestütshengst handelt. Letztes Jahr setzte der Vorsitzende des ostfriesischen Pferdezuchtverbands es durch, dass van Hoorn keinen Deckakt mehr stellen durfte.

Kurioserweise wurde eine seiner Stuten Siegerin bei dieser Leistungsschau. Wenig später traf ich den Verbandsvorsitzenden nach einer Fohlenvorauswahl zur Verdener Auktion in der Reithalle Filsum wieder. Ich stand an der Theke und rauchte eine Zigarre, da kam er zu mir.

»Na, kannst du dir jetzt keine gescheiten Zigarren mehr leisten?«, fragte er mich, um ein Gespräch zu eröffnen.

»Doch, aber zunächst einmal will ich dir dazu gratulieren, dass deine Stute Siegerin geworden ist. Aber sag mal, was ärgert dich eigentlich mehr: Dass du ausgerechnet dieses Jahr die Siegerstute gestellt hast oder dass du nun keinen Freisprung bekommst?«

Das Gesicht, das er machte, war unbeschreiblich. Es gab großes Gelächter bei den Anwesenden. Der Schuss war nach hinten losgegangen, das freute die anderen Züchter natürlich.

Eliteauktionen sind für Profis und die Reichen der Welt sicherlich eine herrliche Einrichtung, um an Hochleistungspferde zu kommen. Doch sie spiegeln keineswegs die Situation im Reitsport und in der Zucht wider. Der unglaubliche Zuwachs in der Freizeitreiterei brachte es auch mit sich, dass die Haltungs- und Zuchtbedingungen nicht immer die Besten waren. Wenn ich bedenke, was ich während all der Jahre, die ich nun übers Land fahre, schon an Merkwürdigkeiten gesehen habe, dann könnte ich alleine darüber ein Buch schreiben.

Vor allem in der Zeit, als die Freizeitgestaltung immer wichtiger wurde und der Pferdesport zu boomen begann – Ende der Siebziger fing das an –, wollten alle plötzlich Pferdezüchter sein. Hörte man doch immer häufiger, dass auf Eliteauktionen für viel Geld Pferde vermarktet wurden. Preise über 100 000 Mark wurden für Reitpferde und Fohlen auf den Auktionen erzielt. Jeder wollte teilhaben am Traum vom vielen Geld. Aber nicht alle hatten ausreichend Platz auf ihren Grundstücken. In meiner Anfangszeit wurde ich oft zu Pferden gerufen, die in Autogaragen und anderen nicht unbedingt tiergerechten Verschlägen untergebracht waren.

Nie werde ich die Pferdeunterkunft vergessen, in der ich mich eines Tages in Wilhelmshaven wiederfand. »Unser Fohlen ist ganz steif, will gar nicht mehr traben«, so der Besitzer.

Also, ein Fall für mich! In Wilhelmshaven angekommen, dachte ich: Das gibt es doch nicht, das muss eine falsche Adresse sein. Ich stand vor einem Haus, das fast in der Stadtmitte lag. Daneben, auf einer kleinen Parzelle, wo früher einmal Blumen wuchsen, da stand nun eine Stute mit Fohlen, auf einer Fläche von zehn mal zehn Meter.

Ich traute meinen Augen nicht, während der Besitzer nur eine Sorge kannten: »Das Fohlen muss nächste Woche wieder flott sein, das will ich zur Herbstauktion vorstellen!«

Die Worte des Mannes im Ohr, schaute ich mir das Fohlen genauer an. Einwandfrei war der Futterzustand, das Tier war glatt im Fell und gut bei Fleisch. Aber die Haltung auf zu kleiner Fläche hatte die körperliche Entwicklung behindert, dieser Zustand hatte dem Fohlen arg geschadet.

Die Kleinen brauchen ausreichend Gelegenheit, sich auszutoben, sie wollen ausprobieren, wie schnell sie sind. Nur so können sich Muskeln und Knochen entwickeln. Auch die Lungen werden sich nur dann normal ausprägen, wenn sie gewissen Belastungen ausgesetzt sind, sonst bilden sich die Atmungsorgane nur spärlich aus. Dieses kleine Hengstfohlen jedoch hatte mangels Bewegung nicht die Chance gehabt, sich der Natur entsprechend zu entfalten.

Ich kann es nicht oft genug wiederholen: Liebe Pferde-halter, gebt euren Tieren ein Zuhause, das artgerecht ist. Unsere Tiere brauchen Bewegung, ein trockenes Lager, gutes Futter und unsere Zuneigung. Dann, nur dann kann sich ein junges Pferd entwickeln.

Der enorme Pferdeboom hält an. Doch heute stehe ich dem ganzen Treiben nicht mehr ganz so skeptisch gegenüber. Die meisten haben dazugelernt, beinahe zu jedem Thema werden Lehrgänge angeboten, und jeder, der willens ist, kann sich vielfach informieren. Schwarze Schafe gibt es in jeder Branche. Hier ist es an Menschen wie mir, die beruflich Missstände sehen, mit dazu beizutragen, dass sie behoben werden. Manchmal brauchen diese verantwortungslosen Leute nur etwas Druck von Amts wegen, und sie bessern sich. In ganz schlimmen Fällen aber müssen sie mit einem Tierhaltungsverbot rechnen.

Bevor man sich ein Pferd anschafft, sollte man sich also auch Gedanken darüber machen, wo man das Pferd unterbringen will. Mittlerweile gibt es viele verschiedene Haltungsformen für Pferde. Die eine ist die Boxenhaltung nach der Arbeit, die angebracht ist bei Top-Leistungspferden. In der Gruppenhaltung drohen diesen wertvollen Tieren zu viele Gefahren. Verletzungen treten in der Gruppenhaltung leichter auf, weil auch kleine Rangkämpfe unter den Tieren ausgetragen werden. Auf der anderen Seite haben Tiere in der Gruppenhaltung auch die Möglichkeit, ein besseres Sozialverhalten zu entwickeln. Die Gruppenhaltung ist für Hobbypferde durchaus zu empfehlen, auch ist sie die kostengünstigste Haltungsform.

Junge Pferde sollten unbedingt in Herdenverbänden gehalten werden, und in der Jungpferdeaufzucht gibt es die Gruppenhaltung schon lange. Ein großer Laufstall ist erforderlich, nach Möglichkeit mit einem Auslauf oder – besser – einer großen Weide. Hier können junge Pferde nach Lust und Laune ihren Bewegungsdrang ausleben. Wichtig ist auch, dass die Knochen der Tiere sich härten. Und dazu ist erforderlich, dass sie einer gewissen Belastung ausgesetzt sind: Damit sich das Röhrbein eines jungen Pferdes korrekt entwickelt, ist auch eine Belastung auf hartem Boden wichtig. Täglich fünfzehn Minuten Bewegung auf hartem Untergrund sorgt dafür, dass sich die Gliedmaßen kräftigen und stabilisieren.

Aber auch das Sozialverhalten der Pferde wird – wie gesagt – in der Gruppenhaltung maßgeblich geprägt. Die Jungtiere erziehen sich gegenseitig, lernen, toleranter miteinander umzugehen, und sie haben die Möglichkeit, Rangkämpfe auszufechten, so dass es später bei Rangeleien seltener zu ernsthaften Verletzungen kommt.

Auch auf die Beziehung zwischen Mensch und Pferd wirkt sich die Haltung in einem Herdenverband günstig aus: Für Pferdhalter und Reiter ist es einfacher, mit einem Pferd umzugehen, dessen Sozialverhalten intakt ist. Das Pferd ist lernwillig, es legt kein Fehlverhalten an den Tag, denn es hat gelernt, sich gegebenenfalls unterzuordnen. Auch habe ich die Erfahrung gemacht, dass Tiere aus der Gruppenhaltung weniger anfällig sind für Krankheiten und Bewegungsstörungen, viel seltener müssen sie behandelt werden.

Ein besonderer Kult wird im Moment mit dem Islandpferd getrieben. Genügsamer Vertreter der europäischen Pferderassen, von nettem Wesen, mittelgroß und in fast allen Farbschlägen zu finden, gilt dieses Tier als so genannte Robustrasse. Das Besondere an diesen Pferden ist neben der Geschicklichkeit im Gelände, dass sie zwei zusätzliche

Gangarten beherrschen: den Tölt und den Pass. Der Tölt ist ein Viertakt ähnlich dem Schritt, nur dass der Isländer ihn von langsamem Tempo bis zur höchsten Geschwindigkeit beherrscht, wobei der Reiter so ruhig auf dem Pferd sitzt, dass er dabei Zeitung lesen kann.

Die Fangemeinde dieser Rasse wird von Jahr zu Jahr größer, europaweit werden Turniere und Meisterschaften ausgeschrieben. Viele Reiter reisen mit ihren Pferden durch die Lande und nehmen an Wettkämpfen teil.

Isländer werden aber nur zu oft falsch gehalten. Liebe Pferdehalter dieser Rasse, es ist richtig, das Islandpferd ist ein Robustpferd, aber wo fängt robust an, und wo hört robust auf? Mir sind Weidehaltungen bekannt, wo manchmal bis zu 50 Tiere auf gerade mal drei Hektar gehalten werden. Als Unterstellungen dienen Container oder kleine Überdachungen. Hier laufen die Tiere im Morast, einer Mischung aus Pferdeäpfeln und Sand. Gras wächst bei einem derart hohen Pferdebesatz sowieso nicht mehr. Heu wird aus Raufen oder von der Erde zugefüttert.

Liebe Pferdefreunde, das hat mit Robusthaltung nichts, aber auch gar nichts mehr zu tun! Niemals hält sich ein Pferd freiwillig auch nur eine Minute in einer solchen Pampe auf. Zur Robusthaltung gehört, dass das Tier, wenn es möchte, einen Unterstand aufsuchen kann, in dem es kein Gedränge gibt. Stets sollte ein trockener Lagerplatz vorhanden sein. Durch Umweidung verursachen die Tiere keine Schäden an der Grasnarbe, und sie haben stets einen Grasbesatz zur Beweidung. Und im Winter sollte Heu zugefüttert werden.

Aufgrund der Größe – das Islandpferd misst nicht mehr als 1,40 Meter – ist dieses Tier für mich eher ein Pony. Die Isländerfreunde unter den Lesern mögen mir diese Ansicht nachsehen ... Nun stelle ich fest, dass diese Tiere häufig

Probleme im Rückenbereich haben. Woher kommt das wohl?

Ich erinnere mich an ein wunderschönes Islandpferd in Holstein, zu dem ich gerufen wurde. Ein kleines Mädchen hielt das Pferd am Halfter, als ich es einrenkte. Gerade wollte ich ihm erklären, wie es das Pony arbeiten sollte, da unterbrach sie mich: »Moment, da kommt die, die das Pferd reitet!«

Vor mir stand eine junge Frau, etwa 200 Pfund schwer, und ich dachte, ich hätte das Mädchen nicht richtig verstanden. Also fragte ich noch mal nach, wer denn nun den Isländer reite: »Ihre Tochter reitet das Pferd?«

»Nein, das ist mein Pferd, und ich reite es jeden Tag.«

Nun bekam die Gute erst einmal ein paar Takte zu hören: »Ihr Pony«, sagte ich, »hat solche Rückenschmerzen, ich habe es jetzt eingerenkt, das hilft aber auf Dauer nicht. Bei Ihrem Gewicht wird es immer wieder Probleme bekommen. Reiten Sie doch lieber einen Schwarzwälder, das sind Gewichtsträger und ganz tolle und liebe Pferde!«

»Die können aber keinen Tölt!«, rief sie.

Was soll man da noch sagen, außer: armes Pony!

Es ist nun mal meine Art, dass ich ausspreche, was ich denke. Nur indem ich mit der Wahrheit nicht hinterm Berg halte, kann ich für das Wohl der Pferde sorgen. Bevor man sich ein Pferd kauft, sollte man sich also erst einmal im Spiegel betrachten. Nicht jede Rasse ist für uns die Passende. Bei den zahlreichen Pferderassen wird sich jedoch fast für jeden ein geeignetes Pferd finden. Nicht nur die Reiter, auch die Pferde sollen Spaß bei der Arbeit haben, statt still ihre Leiden zu ertragen.

In unserer heutigen Zeit versuchen viele, ihren Willen durchzusetzen, ohne darüber nachzudenken, ob ihre Ziele denn überhaupt im Einklang mit den Naturgesetzen stehen. Und wenn nötig mit Hilfe des Ellenbogens. Aber ich kann nur immer wieder betonen, mag die Technik noch so schnell voranschreiten, die Evolution braucht ihre Zeit. Und da kann der Mensch nicht gegen an.

Immer wieder bemerke ich bei meinen Besuchen Mängel, es gibt sie bei jeder Haltungsform. Und immer wieder kommt es mir so vor, als ob Pferdehalter oftmals bei falschen Ratgebern Rat suchten. Warum lassen sie sich von einzelnen Personen steuern, die womöglich nicht mehr Pferdesachverstand haben als sie selbst; haben Pferdehalter wirklich keine eigene Meinung? Anscheinend, denn sonst würden sie sich nicht so leicht beeinflussen lassen, wenn es darum geht, was für ihr Pferd das Beste ist. Jedes Pferd ist im Wesen von Grund her so verschieden, dass das, was für ein Pferd das Richtige ist, nicht automatisch für alle anderen Pferde taugt. Diesem Trugschluss erliegen aber Pferdehalter immer wieder.

Auch im Tierschutzgesetz gibt es Lücken, die verhindern, dass den unterschiedlichen Bedürfnissen einzelner Tiere Rechnung getragen wird. Laut Gesetz wäre eine Boxengröße von 3,50 m mal 3,50 m erstrebenswert. Gut, dagegen ist nichts zu sagen. Nun ist es groß in Mode gekommen, der Box zusätzlich noch einen kleinen Auslauf anzugliedern, einen Paddock. Die Idee ist klasse, das Pferd bekommt Sonne und frische Luft, beides wichtig für seine Gesundheit.

Viele meiner Kunden stellen nun fest, dass ihre Tiere nicht mehr so gut bei Fleisch bleiben, dass Koliken sich häufen. Was ist passiert? Bei genauem Hinsehen ist der Zusammenhang leicht festzustellen: Pferde sind ständig damit beschäftigt, irgendetwas zum Fressen zu suchen, mit der Konsequenz, dass jeder Halm im Auslauf ausgerupft wird,

Wurzeln ausgescharrt und verzehrt werden. Dabei nehmen die Pferde auch jede Menge Sand mit auf. Zu viel Sand im Verdauungstrakt verursacht nicht nur Koliken, nein, er verhindert auch, dass genügend Grundfutter aufgenommen wird, und dadurch kann das Pferd sein Grundgewicht nicht mehr halten.

Erst kürzlich habe ich mit einem Tierarzt über dieses Problem gesprochen, der mir erzählte, dass er ein Tier operiert habe, welches mehr als zehn Kilogramm Erde im Verdauungstrakt hatte. Da soll ein Tier keine Verdauungsprobleme haben!

Nun stellt sich die Frage, wie viel Erde ein Pferd getrost aufnehmen und welche Menge wieder ausgeschieden werden kann. Oder: Wie finde ich heraus, wie viel Sand mein Pferd täglich aufnimmt? Das ist leicht festzustellen: Man gibt ein Kilo frisch ausgeschiedener Pferdeäpfel in einen Eimer und löst sie in Wasser auf. Mit einem Wasserschlauch spült man den Mist sorgfältig aus, so wie es die Goldwäscher im Wilden Westen taten. Zum Schluss schwimmen die leichteren Pferdeäpfel auf dem Wasser, und der Sand setzt sich unten am Boden ab. Dann schüttet man das Wasser ab, und die Masse, die im Eimer übrig bleibt, ist der Sandanteil, den das Pferd zusammen mit einem Kilo unreinen Futters ausscheidet. Bis zu zehn Gramm Sand auf ein Kilo Pferdemist im Schnitt ist für die Verdauung des Pferdes kein Problem. Ist der Anteil höher, dann funktioniert die Ausscheidung nicht mehr richtig, das Tier bekommt Verdauungsprobleme, eben auch Koliken.

Nicht immer ist ein sandiger Auslauf der Grund für den hohen Sandanteil im Pferdemist. Manch ein Pferdehalter wundert sich, wo und wann sein Pferd so viel Sand frisst. Nun heißt es, die Quellen des Übels zu finden. Eine Ursache mag darin liegen, dass das Grundfutter, besonders wenn es von leichten Böden geerntet wurde, immer einen Teil Sand mit sich bringt. Aber auch Weiden mit schlechtem Grasbesatz kommen in Frage. Nicht jedes Pferd hat die Eigenheit, zu viel Sand aufzunehmen, manche sind so wählerisch hinsichtlich ihres Speiseplans, dass sie lieber warten, bis neues Futter kommt.

Um Missverständnissen vorzubeugen: Es ist nicht so, dass ich Boxen mit Auslauf ablehnen würde, auf keinen Fall, aber ich rate dazu, sie mit einem festen Boden zu versehen. Hier bieten sich aus Kunststoff gefertigte Platten an; zum einen sind sie gelenkfreundlich und zum anderen rutschfest. Legt man mit diesen Materialien den Auslauf aus, dann hat das Pferd keine Möglichkeit, Sand beim Fressen aufzunehmen, und dennoch kommt es in den Genuss der zuvor beschriebenen Vorteile dieser Haltungsform: frische Luft und Sonne tanken – aber gefressen oder ausgeruht wird in der Box!

Welche Box ist nun die Richtige für mein Pferd? Während früher Pferde auch in der Anbindung gehalten wurden, ist diese Haltungsform heute nicht mehr gängig und in einigen Bundesländern vom Gesetzgeber sogar untersagt. Früher mussten die Tiere schwer arbeiten und standen danach im so genannten Ständer, wo nur ausgeruht und gefressen wurde. Im Vergleich dazu sind unsere Pferde heute unterfordert, darum gibt man ihnen in der Boxenhaltung zumindest einen gewissen Freiraum, um sich zu bewegen.

Woran sollten wir denken, wenn wir eine Pferdebox ausstatten? Zuerst einmal daran, dass keine elektrischen Einrichtungen wie Kabel, Lampen, Steckdosen für unser Pferd erreichbar sind. Tränkebecken sollten mit einem Schutzbügel versehen sein, damit sie vor Schlägen vom Pferd sicher sind. Sie sollten außerdem nicht zu niedrig angebracht werden, sonst sind sie eine Gefahrenquelle für das Pferd. Tröge und Leckstellenhalterungen gibt es in zahlreichen Ausführungen, hier achten wir darauf, dass sie nicht zu scharfkantig sind.

Eigentlich ist es doch komisch: Jeder Gegenstand, den wir für das Wohlbefinden unseres Pferdes anbringen, birgt gleichzeitig Gefahren in sich, die ihm zum Verhängnis werden könnten. Also ist es umso wichtiger, sich vom Fachmann beraten zu lassen.

Wie groß eine Box sein sollte, hängt davon ab, welches Arbeitspensum das Pferd täglich absolviert. Dass Mutterstuten eine größere Box benötigen, versteht sich wohl von selbst. Zum einen braucht die Stute vor dem Abfohlen viel Bewegungsfreiheit, um nicht steif zu werden, und in der Zeit danach hat sie ihr Fohlen mit in der Box zu versorgen. Die Fohlen müssen zum anderen ausreichend Platz haben, um neben und um die Stute herum toben zu können. Dem natürlichen Bewegungsdrang der Kleinen tragen wir also durch ausreichend Platz Rechnung.

Pferde, die intensiv im Pferdesport eingesetzt werden, laufen zwar weniger in der Box herum, aber damit sich diese Tiere entspannen können, muss zumindest die empfohlene Grundgröße von 3,50 x 3,50 m eingehalten werden. Sportpferde sind in der Regel durch die Arbeit ausgeglichener als Pferde, die nicht besonders gefordert werden, wie zum Beispiel viele Hobbypferde. Für sie ist eine ausreichende Boxengröße besonders wichtig, also empfehle ich auch in diesem Fall mindestens die Grundgröße.

Doch das alleine genügt nicht. Im Allgemeinen sind Hobbypferde unterfordert, sie werden nur zum Spaß geritten und weder geistig noch körperlich durch geeignete Lektionen beansprucht. Ein wenig gearbeitetes Pferd braucht zusätzlich einen Auslauf, wenn möglich im Herdenverband, denn sonst sucht sich das Tier auf seine Weise Beschäftigung. Und da sind Pferde besonders einfallsreich! Somit entstehen oftmals aus Langeweile zwei der häufigsten Verhaltensstörungen:

Eine ist das Koppen, auch Luftschlucken genannt, diese Störung gehört sogar zu den sechs im BGB (§ 182) festgelegten Gewährsmängeln. Ein Kopper ist ein Pferd, das Luft schluckt. Es gibt zwei Formen: Zum einen Krippesetzer, Pferde, die auf einen harten Gegenstand beißen; dabei spannen sich die Halsmuskeln an, auf diese Weise können sie Luft einsaugen und schlucken. Freikopper dagegen benötigen keinen festen Gegenstand, sondern schlucken durch Nickbewegungen Luft.

Nun fragt man sich, wo beißen Krippesetzer denn drauf rum? Geradezu ideal finden solche Pferde ihre Haferkrippe; vor allem, wenn sie aus Metall ist, eignet sie sich hervorragend als Beißgegenstand. Auch ein Tränkebecken bietet sich an. Pferde, die dieser Leidenschaft frönen, sind einfallsreich, irgendein Teil finden sie immer in ihrer Box.

Die Langeweile beim Pferd ist ein großes Übel. Die Tiere, die davon befallen sind, fangen an zu experimentieren. Oder anders gesagt, ihr natürliches Verhalten gerät aus den Fugen, sie werden verhaltensgestört.

Eine weitere Folgeerscheinung ist das Weben: Das Pferd schaukelt in der Box von einem Vorderbein auf das andere, dabei schaut es gerne durch die Gitter der Pferdebox. Denn durch die schwankenden Bewegungen entsteht ein Rastermuster, während es durch die Gitter sieht. Das finden Pferde besonders toll, weil es so abwechslungsreich ist. Leider bekommen diese Pferde oft Probleme mit den vorderen Gliedmaßen. Die Gelenke werden durch die Extrembelastung sehr in Mitleidenschaft gezogen.

Meines Erachtens neigen vorwiegend die intelligenteren Pferde zu solchen Verhaltensstörungen wie dem Koppen und Weben. Nun gut, für den Pferdehalter ein schwacher Trost, denn diese Störungen kommen nicht von ungefähr; zumindest die möglichen Ursachen sollten behoben werden.

Aber wie? Meist genügen ein paar einfache Maßnahmen. Zunächst sollte man überprüfen, ob die Box groß genug ist für das Pferd. Von Vorteil ist auf jeden Fall, wenn Tiere durch ein Fenster oder eine andere Öffnung auf den Gang schauen können. Pferde nehmen mit großem Interesse am Treiben auf der Stallgasse teil, sie sind recht neugierig. Im Idealfall sollten sie auch noch eine Auslaufmöglichkeit haben, wobei sie ihre Unterkunft nach freiem Ermessen verlassen können.

Wichtig, nein, unentbehrlich ist die tägliche Arbeit, es sei denn, das Pferd steht im Herdenverband auf einer großen Weide. Der natürliche Kontakt zwischen Mensch und Tier rundet das Bild ab. Verwöhnen wir das Pferd, aber belassen ihm weiterhin seine Zugehörigkeit zur Gattung Tier. Nur dann kann es sich als wahrer Freund für uns erweisen. Das Verhätscheln und Vermenschlichen der Pferde ist nicht artgerecht, denn was gut für uns ist, muss noch lange nicht gut für deren Wohlbefinden sein.

Allerdings kann ich durchaus verstehen, wenn manche Menschen den Umgang mit Pferden dem Kontakt mit ihresgleichen vorziehen. Mir zumindest geht es häufig so … Wenn ein Pferd gegenüber einem Menschen eine Antipathie entwickelt, dann zeigt es ihm seine Abneigung deutlich in seiner Körpersprache. Beim Menschen kann es passieren, dass er dir ins Gesicht lächelt, und kaum drehst du dich um, schon zerreißt er sich das Maul über dich und fällt dir in den Rücken …

Ich schätze, dass circa 60 Prozent unserer Pferde nicht ausgelastet sind. Sie wollen aber Beschäftigung, daran sollten wir denken. Und ist unser Pferd zufrieden, dann sind wir es auch. Abgesehen von der täglichen Arbeit kann man sein Pferd auch dazu bewegen, sich in einem gewissen Rahmen selbst zu beschäftigen. Hier nur ein paar Beispiele, die mir im Laufe meiner zahlreichen Stallbesuche als besonders originell auffielen.

Bei einem Hobbypferdehalter fielen mir Plastikkanister auf, die gefüllt mit etwas Wasser an der Decke hingen. Die Pferde hatten Spaß daran, den Kanister zu bewegen, dann passierte etwas. Zuerst hatten sie etwas Angst davor, erzählte mir der Pferdehalter, dann aber war die Neugier der Tiere so groß, dass sie das Ding dort an der Decke untersuchten. Schon nach ein paar Tagen konnte man beobachten, dass die Tiere sich häufig mit dem Kanister abgaben.

In vielen Fachgeschäften für Pferdesportartikel kann man auch kleine Bälle erwerben, die mit Luft aufgepumpt werden und die man an der Boxendecke aufhängt. Gerne spielen unsere Pferde damit.

Das Tollste aber, was ich gesehen habe, waren große mit Luft aufgepumpte Gummibälle in einem Laufstall für Jungpferde. Die jungen Pferde, so erzählte mir der Züchter, spielen nun häufig mit den Bällen und gehen seither nicht mehr so hart miteinander um. Denn die Verletzungsgefahr unter jungen Pferden ist ziemlich groß. Jetzt haben sie nicht nur ein Spielzeug, mit dem sie herumbolzen, wie wir es sonst nur vom Fußballplatz her kennen, nein, sie haben auch ein Ventil, um ihre Aggressionen abzubauen. Ein zusätzlicher Vorteil besteht darin, dass junge Pferde, die mit solchen Gegenständen spielen, dadurch auch die Angst vor allem Neuen verlieren. Die Tiere lernen spielerisch, stellen sich leichter auf neue Situationen ein, und sie verlieren ein wenig ihre Schreckhaftigkeit.

Gerade heutzutage ein wichtiger Faktor, wenn man bedenkt, dass diese natürlichen Fluchttiere ständig mit den vielfältigen Ausprägungen unseres technischen Zeitalters konfrontiert werden – von vollmotorisierten Geräten in der Landwirtschaft, immer größeren Traktoren, über lärmende Fahrzeuge auf den Straßen bis hin zu Flugzeugen. Ganz zu schweigen von den unvermeidlichen Handys, die man auch noch im abgelegensten Winkel in der Natur bimmeln hört ...

Bei all den technischen Errungenschaften scheinen die Leute immer weniger Zeit, dafür jedoch umso mehr Stress zu haben. Stress wirkt sich nicht nur auf den Menschen aus, auch die Gesundheit der Tiere wird davon beeinträchtigt. Meine Meinung hierzu ist, dass der liebe Gott uns das Leben schenkte und nicht nur die Arbeit. Natürlich, der Job ist wichtig, das Leben teuer, und jeder muss sich und seine Familie irgendwie ernähren.

Das höchste Gut jedoch, das wir haben, ist unsere Gesundheit. Also sollten wir Stress, so gut es geht, vermeiden, und Pferde sind als Ausgleich das Schönste, was man sich denken kann. Mit ihnen zusammen Sport zu treiben und unsere Freizeit zu verbringen ist eine wunderbare Möglichkeit, Stress abzubauen.

Aber bitte ohne Handy, wenigstens wenn man im Sattel sitzt. Wichtig ist auch, dass wir dabei Ruhe und Zeit mitbringen, sonst überträgt man den Stress von sich auf das Tier. Pferde sind im Alltag ängstlich und misstrauisch allen neuen Dingen gegenüber, deshalb kann sich der Stress auf sie noch negativer auswirken als auf den Menschen. In zunehmendem Maß bekommen Pferde, die beständig Stress ausgesetzt sind, Magengeschwüre. Bei Sport- und Rennpferden tritt dieses Übel besonders häufig auf. Aber mehr dazu im nächsten Kapitel.

Ein wichtiges Thema ist natürlich auch die Fütterung. Welches Futter und wie viel davon braucht mein Pferd? Eine Frage, die mir immer wieder gestellt wird, und oftmals gehen die Meinungen auseinander. Wichtig ist auch hier, dass kein Pferd wie das andere ist. Abgesehen von der Robusthaltung braucht jedes Tier seinen individuellen Speiseplan. Wer nicht über die nötige Erfahrung verfügt, sollte sich Rat bei Leuten holen, die langjährige Praxis in der Pferdehaltung haben.

Ich habe die Erfahrung gemacht, dass heutzutage Pferde im Allgemeinen eher überversorgt als unterversorgt werden mit all den Vitaminen und Mineralien, die der Pferdehalter so zufüttert. Hier sollte man sein Maß kennen. Weniger ist manchmal mehr, sonst tritt das genaue Gegenteil des beabsichtigten Ergebnisses ein.

Selbstverständlich braucht ein Hobbypferd nicht so viel Kraftfutter wie ein Rennpferd. Aber beide benötigen Rohfasern und Ballaststoffe, die zum größten Teil übers Grundfutter, sprich Heu und Hafer, aufgenommen werden. Wird das Heu unter optimalen Bedingungen gewonnen – das heißt von guten, nicht überdüngten Wiesen und bei Sonneneinstrahlung und trocken geerntet –, dann ist die Grundversorgung an Vitaminen und Mineralien gewährleistet.

Bei Sportpferden ergänzt man diese Grundversorgung über die Kraftfutterschiene. Meiner Ansicht nach ist es nicht zwingend, Ergänzungspräparate – wie Vitamine und Mineralien – zuzufüttern.

Auch wenn ich der Meinung bin, dass es bei der Pferdefütterung heutzutage eher zur Über- als zur Unterversorgung kommt, so gibt es natürlich auch Letzteres. Auch hier beobachte ich ab und zu Missstände.

Von einem Fall will ich berichten, um die diesbezügliche Sensibilität zu schärfen. Auch wenn ich meine Augen offen halte und mich nicht scheue, kritische Worte über den Zustand bei manchen Pferdehaltern zu äußern, so gelingt es mir nicht immer, den betroffenen Tieren zu helfen. Vor Jahren kam ich auf einen Hof, wo die Pferde Hunger litten. Der Zustand war auch den Amtstierärzten bekannt, diese schritten jedoch nicht ein, weil der Besitzer öffentliche Ämter bekleidete. Zwar habe ich die Tiere eingerenkt, aber davon geht der Hunger nicht weg. Das Los der Tiere war schwer, der allgemeine Zustand unhaltbar, und ich wies den Pferdehalter deutlich darauf hin.

Nach Wochen fuhr ich noch einmal den Hof an, hatte mir der Besitzer doch versprochen, alles in Ordnung zu bringen. Nichts war geschehen! Mittlerweile verloren die Pferde wegen der akuten Unterversorgung sogar im Winter ihr Haarkleid. Das ging mir nun aber doch zu weit. Sofort fuhr ich zu dem Besitzer hin und forderte ihn auf, unverzüglich mit mir zu seinem Anwesen zu kommen. Das tat er dann auch.

Lange musste ich auf ihn einreden, bis er einsah, dass es so nicht weitergehen konnte. Mit seinem Einverständnis ergriff ich die Initiative und rief ein paar Pferdehändler und Hobbypferdeleute an, fragte sie, ob sie Interesse daran hätten, einige der Pferde zu übernehmen. Auf diese unbürokratische Weise wurde der Bestand nun halbiert. Ein Segen für die Pferde, die den Besitzer wechselten. Eine kleine Herde behielt der Mann, für diese Tiere gab es unter diesen Umständen auch genug Futter.

Immer wieder gibt es solche Fälle der Tierquälerei, aber anzeigen alleine nützt oft nichts – manchmal brauchen die

Tierhalter tatsächlich nur Hilfe, weil sie überfordert sind. Dann muss man gemeinsam einen Ausweg suchen.

Komisch, welche Widersprüche ich so erlebt habe, in all den Jahren, in denen ich übers Land fahre. Besitzer, deren Tiere mager sind und schlapp wirken, erzählen mir, wie viel Futter ihr Pferd frisst. Diese Leute kennen alle guten Futtersorten, und angeblich bekommt ihr Pferd sie alle, aber es wirkt nicht!

Auf der anderen Seite gibt es die Pferdehalter, die ihr Pferd kaum ruhig halten können, weil sie vor Übermut und Lebensfreude explodieren. Frage ich: »Was gibst du dem denn zu fressen?« Dann heißt es: »Eine Hand voll Hafer, ein bisschen Heu, mehr nicht!« Das mag stimmen, aber diese Hand voll Hafer bekommt das Pferd zehnmal am Tag. Nur vom guten Wasser rührt das überschäumende Temperament nicht her, von nichts kommt nichts. Die beste Fütterung ist die, die in Maßen erfolgt, das ist die Gesündeste für unser Pferd.

Nicht nur was die Pferdehaltung oder Fütterung anbelangt, treffe ich immer wieder auf Missstände. Auch im Pferdesport gibt es sie, die schwarzen Schafe. Im Herbst 1998 besuchte ich im Herzen der Lüneburger Heide einen Trabrennstall, dessen Trainer mich eines Morgens angerufen und mich um einen Behandlungstermin für 15 Traber gebeten hatte, die eingerenkt werden sollten. An einem sehr ungemütlichen und verregneten Donnerstag suchte ich die Trainingsanlage auf. Es war ein neu ausgebauter Stalltrakt, hier wurden mir dann auf der Stallgasse die Pferde vorgeführt.

Da fast alle Pferde die gleichen Bewegungsstörungen aufwiesen, sagte ich schließlich zu dem Trainer: »Das muss an eurer Trainingsbahn liegen, die ist wohl nicht eben!« Der Trainer widersprach, daran könne es nicht liegen.

Als ein Pferd an die Reihe kam, das besonders betroffen war, verlangte ich nach der Behandlung, dass man es mir im Sulky vorführen solle. Alle schauten mich betreten an.

»Spann an«, sagte der Trainer nach anfänglichem Zögern zu einem jungen Mann. Wir gingen nach draußen – ich hatte eigentlich erwartet, dass wir nun zu der Trainingsbahn gehen würden –, aber nein, der Trainer druckste herum und sagte: »Wir trainieren die Pferde hier auf dem Feldweg.«

Der Weg war so uneben, dass ich Angst hatte, das Tier könnte jeden Augenblick stürzen. Und dennoch jagte das Gespann los. Dann kam der Fahrer zurück und meinte freudestrahlend: »Eh Chef, der läuft wie noch nie!«

»Nun aber mal schön langsam und vor allem nicht auf diesem holprigen Weg, da brechen sich die Tiere ja noch sämtliche Knochen«, ermahnte ich den Trainer. »Ihr müsst ihn ganz behutsam wieder in Form bringen. Dann erst kann er wieder rennen gehen!«

Der Trainer war sehr mit meiner Arbeit zufrieden und versprach, alles zu befolgen, wozu ich ihm geraten hatte. Dann machte ich mich auf den Heimweg. Hungrig von der anstrengenden und unerfreulichen Arbeit, wollte ich mir noch etwas Gutes tun und kehrte kurz vor der Autobahn in einem Gasthaus ein.

Nach dem ausgiebigen Mittagessen steckte ich mir eine Zigarre an und fuhr wieder los. Kaum war ich auf der Autobahn, überholte mich ein Pferdeanhänger mit zwei Pferden. Eines davon war das zuletzt behandelte Pferd, das konnte ich mit Bestimmtheit sagen: Auf der Kruppe war deutlich die weiße Narbe zu erkennen, die mir bei der Behandlung aufgefallen war.

Und am Hänger hing der Sulky. Die Versprechen des Trainers waren nichts als hohle Worte. Die Pferde wurden gebraucht, egal, wie es um ihre Gesundheit bestellt war.

Das sind Momente, in denen ich mich frage, was mache ich eigentlich, warum hilfst du solchen Typen, denen ist doch sowieso alles egal. Die denken nur an den Profit und zuletzt an ihre Pferde! Dennoch, ich gebe nicht auf, gegen solche unhaltbaren Zustände zu kämpfen.

Etwa sechs Wochen später rief mich der Trainer wieder an und bat erneut um einen Behandlungstermin. Ich erklärte ihm, dass ich nicht bereit sei, seine tierquälerischen Trainingsmethoden zu unterstützen. Erst wenn er eine angemessene Trainigsbahn habe, könne er mich wieder anrufen.

Nicht immer sind Profitgier und Kaltblütigkeit der Grund dafür, dass Fehler im Umgang mit Pferden gemacht werden. Bei vielerlei Vorgängen fällt mir auf, dass sich die Pferdehalter aus Unwissenheit ungeschickt verhalten, beispielsweise beim Verladen von Pferden. Häufig beobachte ich, dass Pferde nicht auf den Hänger gehen wollen. Was ist der Grund hierfür?

Wenn ein Pferd das erste Mal in einem Hänger mitfährt, so sollte man schon beim Verladen behutsam vorgehen, denn gerade da ist die Unsicherheit groß. Die ersten Eindrücke sind für die Pferde zunächst die entscheidenden, und deshalb sollten wir sie nicht durch leichtsinniges Verhalten trüben. Verletzt oder erschreckt es sich, wird es das Verladen in schlechter Erinnerung behalten.

Wird ein Pferd zum ersten Mal verladen, sollte man darauf achten, dass die Verriegelungen der Anhängerklappe so stehen, dass keine Verletzungsgefahr für das Tier besteht. Die Mittelwand des Hängers sollte zur Seite gestellt werden, denn Pferde neigen in engen Durchgängen oft zu Platzangst: Erst wenn das Pferd auf dem Hänger steht, stellt man sie wieder enger und hängt die Sicherungsstange hinten an der Mittelwand ein. Je nach Witterung kann man nun auch die Plane vom Hänger herunterlassen. Wir binden das Pferd vorne an, dabei achten wir darauf, dass der Strick mittellang ist und über die Vorderstange hinwegreicht. Wichtig ist auch ein sachgemäßer Knoten, der sich im Notfall leicht lösen lässt.

Ein weiterer Grund dafür, dass Pferde nicht mehr auf den Hänger wollen, kann darin liegen, dass zu schnell gefahren wird. Gerade bei der ersten Fahrt sucht das Pferd die Anlehnung, denn es kann sich noch nicht gut in Balance halten. Eine große Verunsicherung kann dazu führen, dass das Tier in Panik gerät und alles kurz und klein schlägt.

Auch beim Abladen der Pferde ist Vorsicht geboten. Es ist immer gut, wenn seitlich der Anhängerklappe jemand steht, der das Pferd beim Rückwärtsgehen ein wenig leitet, damit es nicht an der Klappe heruntertritt. Dabei kann es sich nämlich schmerzhafte Verletzungen am Röhrbein zuziehen und Angst vor dem Hänger aufbauen.

Transportiert man zwei Pferde gleichzeitig, ist darauf zu achten, dass beim Abladen möglichst beide Pferde vom Hänger genommen werden. So verhindert man, dass sich das noch auf dem Hänger befindliche Pferd verletzt, weil es gemeinsam mit seinem Mitfahrer vom Hänger gehen möchte und Angst hat, alleine zurückbleiben zu müssen. Vor allem dann, wenn die Tiere Boxennachbarn sind und besonders aneinander hängen. Pferde sind nun mal gesellige Tiere, daran ändern wir nichts.

Ebenso wichtig ist, dass die Tiere, die man gemeinsam transportieren will, sich mögen. Stellt man Pferde, die sich nicht vertragen, oder auch einen Hengst und eine Stute auf den Hänger, dann ist der Ärger schon vorprogrammiert.

Beim Fahren ist Behutsamkeit das oberste Gebot. Selbstverständlich kommen nur Fahrzeuge, die laut Straßenverkehrsordnung auch einen beladenen Hänger ziehen dürfen, in Frage. Die Fahrt sollte stets ruhig beginnen, auf geraden Strecken darf man 80 Stundenkilometer fahren, das macht auch den Pferden nichts aus, in Kurven muss die Geschwindigkeit jedoch stark zurückgenommen werden. Man sollte die Geschwindigkeit nicht durch ein hastiges Bremsen reduzieren, sondern indem man rechtzeitig den Fuß vom Gaspedal nimmt. Vorsichtig und vorausschauend fahren und immer an die sensiblen Mitfahrer denken, so schützen wir uns selbst und bewahren unsere Freunde davor, schlechte Erfahrungen zu sammeln, die sich ihnen dauerhaft einprägen.

Jeder, der Pferde hält, weiß, wie anfällig diese Tiere für Krankheiten und gesundheitliche Störungen sind. Was ist zu tun, wenn mein Pferd krank ist? Es gibt inzwischen eine Vielzahl von Berufssparten, die sich um die Pferdemedizin herum entwickelt haben. Von Fall zu Fall ist abzuwägen, welche Methode für welches gesundheitliche Problem am geeignetsten ist.

An erster Stelle steht immer noch der Tierarzt. Kein Pferdehalter kommt um einen Veterinär herum. Tierärzte sind in fast allen Krankheitsfällen die Ersten, die zum kranken Tier gerufen werden. In manchen Gegenden gibt es auch spezialisierte Pferdeveterinäre, die nach dem Studium der Veterinärmedizin nochmals eine Fachausbildung absolvieren müssen. Von Bundesland zu Bundesland unterschiedlich, müssen die Veterinäre mindestens ein Jahr an einer Pferdeklinik arbeiten und zwischen zwei und drei Jahren bei einem praktizierenden Fachtierarzt.

Grundsätzlich fallen alle operativen Eingriffe, Knochenabsplitterungen, Brüche, organische und all jene Krankheiten in den Bereich des Veterinärs, für die fundierte medizinische Kenntnisse unabdingbar sind. In manchen Fällen ist ein Besuch in der Pferdeklinik ratsam. Manche Kliniken sind wiederum auf spezielle Krankheiten und deren Therapien ausgerichtet. Am besten man lässt sich von seinem Veterinär beraten, welche Tierklinik für sein Pferd die Richtige ist. Hierbei ist natürlich eine genaue Diagnose wichtig.

Mittlerweile gibt es auch echte Profis, die sich in der Zahnmedizin hervortun. Die Zusatzbezeichnung, »Zahnheilkunde«, wird nach einer vorgeschriebenen Praxiszeit von den Tierärztekammern ausgestellt. Diese Spezialisierung halte ich für eine gute Sache, denn schlechte Zähne wirken sich äußerst negativ auf den Bewegungsablauf des Pferdes aus.

Genauso wie für sich selbst suchen immer mehr Pferdehalter für ihre Freunde Hilfe bei alternativen Heilmethoden. Da hier – anders als in der Humanmedizin – Ausbildung und Berufsbezeichnung vom Gesetzgeber nicht geregelt sind, ist die Grauzone zwischen Könnern und schwarzen Schafen groß. Umso wichtiger ist es, sich über Kenntnisstand, Erfahrung und den Ruf des Heilpraktikers genauestens zu informieren.

Großen Zuspruch findet die Akupunktur. Mit Nadeln ein Tier zu behandeln ist jedoch nur etwas für absolute Profis; in China benötigt man durchschnittlich zehn Jahre, um ein Meister in diesem Fach zu werden. Bei uns besuchen viele einen Kursus auf einer Heilpraktikerschule, und schon akupunktieren sie Tiere. Mit zum Teil schlimmen

Folgen für das Pferd. Nicht selten erlebe ich, dass ein Pferd mit zu dicken Nadeln an falschen Punkten behandelt wurde oder dass die betreffenden Stellen vorher nicht desinfiziert wurden. So kommt es zu schmerzhaften Entzündungen und Schwellungen.

Lassen Sie Ihr Pferd nur von Heilpraktikern oder Tierärzten mit langer Praxis auf diesem so schwierigen Gebiet akupunktieren. In den Händen von Laien haben die Nadeln nichts zu suchen und eignen sich keineswegs zum Herumexperimentieren. Hier ist das absolute Können der Schlüssel zum Erfolg. Die Zusatzbezeichnung »Akupunktur« können Tierärzte nach einer entsprechenden Zusatzausbildung und Prüfung durch die Tierärztekammern erhalten.

Daneben gibt es zahlreiche Heiltherapien wie die Magnetfeldtherapie. Sie kann überall dort eingesetzt werden, wo der Zellstoffwechsel beeinträchtigt ist. Sinnvoll ist ihr Einsatz beispielsweise bei entzündlichen Gelenkschmerzen, die durch die Abnutzung des Knorpels verursacht wird. Auch bei anderen Formen der Gelenkentzündung hat sich die Methode bewährt, ebenso wie bei Verspannungen, Überbeinen und Durchblutungstörungen. Man erzielt auch eine abschwellende Wirkung bei Ödemen. Die Magnetfeldtherapie kann der Pferdehalter selbst ausführen, wichtig ist, dass die Gebrauchsanweisung der Geräte genau beachtet wird. Außerdem gibt es große Qualitätsunterschiede bei den einzelnen Modellen, vor dem Kauf sollte man sich also genauestens von einem Experten beraten lassen.

Doch als Allheilmittel taugt die Magnetfeldtherapie dennoch nicht, sondern lediglich als unterstützende Therapie. Außerdem sollte in jedem Fall der Tierarzt hinzugezogen werden, um zunächst eine sichere Diagnose zu stellen und der Ursache einer Krankheit auf den Grund zu gehen.

Die Chiropraktik für Pferde – ich bin an früherer Stelle bereits darauf eingegangen – ist die Kunst, Wirbel und Gelenke wieder in die richtige Lage zu bringen: wie die Tätigkeit des Pferdeheilpraktikers kein geschützter Beruf. Daher prüfe, wem du dein Pferd anvertraust! Kommt zu den chiropraktischen Fähigkeiten noch eine ausgesprochene Feinfühligkeit hinzu, die Fähigkeit, Nervenblockaden zu ertasten und zu fühlen, so spricht man in Ostfriesland vom Beruf des Knochenbrechers. Was der nun macht, das wird dem Leser am Ende dieses Buches hoffentlich klar geworden sein.

Es gibt zahlreiche andere Heilmethoden mehr, aber ich möchte mich darauf beschränken, die Bekanntesten aufzuführen. Neben der Chiropraktik erfährt die Pferdeosteopathie zurzeit großes Interesse. Von dem amerikanischen Arzt Dr. Andrew Taylor Still 1874 für den Menschen entwickelt, findet sie heute auch in der Pferdeheilkunde Beachtung.

Der Grundgedanke, der hinter ihr steht, ist ein ganzheitlicher: Leben ist Bewegung, und wo diese eingeschränkt ist, entstehen Krankheiten. Wie bei einem großen Uhrwerk greifen in einem Organismus viele Rädchen ineinander. Hakt es an einer Stelle, treten Komplikationen auf, manchmal an ganz anderer Stelle.

Die Osteopathie ist wie die Chiropraktik eine manuelle Therapie und widmet sich den Blockaden im Körper. Dabei werden sämtliche Körperteile abgetastet und durch sorgsame Bewegungen Stellen, an denen es hakt, wieder zurechtgerückt. Auch das Berufsbild des Pferdeosteopathen ist bislang vom Gesetzgeber nicht geschützt. Neben zahlreichen Privatschulen und Einzelpersonen, die Seminare für Osteopathie abhalten, gibt es in Dülmen ein Ausbildungszentrum, das Tierärzten und Physiotherapeuten eine zweijährige Weiterbildung anbietet.

Eines möchte ich noch bemerken: Auch wenn es den Begriff Osteopathie erst seit etwas mehr als einem Jahrhundert gibt: Diese Art der Behandlung an Mensch und Tier wird im Grunde genommen schon seit Hunderten von Jahren in Ostfriesland praktiziert – lange bevor man Amerika überhaupt entdeckt hatte. Mich würde es gar nicht wundern, wenn einer unserer ostfriesischen Vorfahren, die nach Amerika ausgewandert sind, diese Heilkunst dorthin exportiert hätte …

Diese spezielle Behandlung von Pferden halte ich als unterstützende Therapie ergänzend zur Chiropraktik oder zur Veterinärmedizin als besonders sinnvoll. Der Beruf hat eine große Zukunft, aber wie alle Heilmethoden ist auch diese nur ein Zahn im Zahnrad der Heilerfolge.

Kleinere und größere Übel

Eines der kleineren Übel, welches Pferde am häufigsten plagt, sind Würmer. Pferde müssen regelmäßig, mindestens zweimal im Jahr, entwurmt werden; unsere Pferde bekommen viermal im Jahr eine Wurmkur. Wer die Entwurmung so selten wie möglich durchführen will, sollte jedoch besonders auf äußerste Sauberkeit im Stall und im Auslauf achten. Auch die Weiden müssen entsprechend groß sein. Außerdem müssen regelmäßig die Pferdeäpfel von den Weiden eingesammelt werden. Nur dann lässt sich der Wurmbefall einigermaßen einschränken. Denn die Larven werden mit Gras oder mit verunreinigtem Heu und Stroh aufgenommen.

Während früher die Wurmkuren ziemliche »Rosskuren« waren, gibt es heute schonendere Medikamente. Pasten mit verschiedenen Inhaltsstoffen wirken gegen Bandwürmer, Magen- und Darmlarven, gegen Spulwürmer und andere Parasiten.

Und was haben die Bauern früher gegen Wurmbefall gemacht? Eine mögliche Form der Entwurmung, die ich heute vor allem bei Stuten vor dem Abfohlen praktiziere, möchte ich schildern. Ich kürze den Schweif um circa vier Zentimeter. Die Schweifhaare schneide ich in kurze Stoppel und gebe sie zum Kraftfutter. Und das Pferd frisst diese Stoppeln mit dem Futter auf.

Was passiert nun? Tausende von Haarstoppeln picken im Darm Würmer und andere Parasiten auf. Das ist unangenehm für die kleinen Parasiten, sie nehmen Reißaus. Da gibt es nur noch einen Weg, den durch den Darmausgang. Diese »mechanische« Form der Entwurmung führe ich gerne zwei Wochen vor dem Abfohlen bei unseren Stuten durch, denn die in den Pasten enthaltenen Wirkstoffe können für den Fötus schädlich sein.

Ihnen ist diese Methode zu rustikal? Nun, die Pharmaindustrie hat zahlreiche in Frage kommende Präparate entwickelt, die Sie den Pferden ohne großen Aufwand verabreichen können. Also sollte man annehmen, dass die Entwurmung heute selbstverständlich ist – für jeden Pferdehalter. Weit gefehlt, denn ich sehe immer wieder Pferde, die extrem von Würmern befallen sind. Aber betrachtet man dann die Haltungsformen der Tiere, dann ist das kein Wunder: unsaubere Boxen, überbelegte Pferdekoppeln, untragbare hygienische Zustände.

Womit hängen diese Missstände zusammen? In unserer Zeit wird das Pferd häufig aus Hobbygründen gehalten. Für manche Tierhalter sind die Kosten zu hoch, sie schließen sich in so genannten Tierhaltergemeinschaften zusammen. Mit dem Ergebnis, dass auf kleinstem Raum zu viele Tiere leben. Durch die Überpopulation an Pferden nimmt die Gefahr durch Ansteckung zu, und die Parasiten haben es leicht, einen neuen Wirt zu finden: Auf den überbelegten Weiden nehmen die Tiere mit dem Gras Larven und Wurmeier mit auf. Das ist ein Teufelskreis, den man unterbrechen kann, wenn die jeweilige Haltungsform richtig gehandhabt wird.

Als Nächstes will ich auf ein Thema eingehen, mit dem jeder Pferdehalter von Zeit zu Zeit konfrontiert wird: Erkältungen. Sie sind ebenfalls äußerst bestandsansteckend und treten in bestimmten Abständen immer wieder auf. Was tun? Wie lange dauert es in der Regel, bis Husten und Schleimauswurf vorüber sind?

Bei all den Fragen will ich auch hier ein altes Heilmittel empfehlen, das in unserer Gegend seit Urzeiten verwendet wird. Ich greife gerne darauf zurück, weil ich davor zurückscheue, den Pferden unnötigerweise harte Medikamente zu verabreichen. Wir besorgen uns zuerst einmal eine Wanne, ein Maurerkübel tut es auch. Den füllen wir zu zwei Drittel mit Wasser auf. Dem Wasser mengen wir circa zwei Kilo Tafelsalz mit Jodgehalt bei. Die Flüssigkeit rühren wir gut um, so dass sich das Salz im Wasser auflöst. In diese Lauge geben wir die tägliche Heuration. Das Heu saugt Salzwasser auf, und ehe es verfüttert wird, lassen wir das Heu gut abtropfen.

Nun fragen Sie sich: Was soll der Quatsch – Heu in Salzwasser? Ganz einfach. Das Pferd bekommt nach dem Heuverzehr großen Durst und nimmt zusätzliche Wassermengen zu sich. Während die Lunge ausreichend mit Flüssigkeit versorgt wird, verursacht der Jodgehalt des Salzes eine leichte Reizung der Atemwege. Das wiederum regt das Husten an. In den folgenden Tagen hustet das Pferd gut ab, die Atemwege erholen sich, und der Husten verschwindet.

Warum ich gerne auf solche Hausmittel zurückgreife, hat, abgesehen davon, dass sie – richtig gehandhabt – keine Nebenwirkungen haben, noch einen anderen Grund: Wenn wir häufig Arzneimittel einsetzen, töten wir zwar die Erreger rasch ab, der Körper hat aber nicht die Möglichkeit, eine gute Abwehr aufzubauen. Die ist wiederum wichtig, damit das Pferd nicht so anfällig für Erkältungen wird. Nur in schweren Fällen – etwa bei Husten, der schon im Begriff ist, chronisch zu werden – greife ich auch zu Medikamenten. Als letztes Mittel kann Antibiotika eingesetzt werden, oder man spült die Lunge mit Kochsalzlösung; beide Therapien obliegen jedoch ausschließlich dem Tierarzt!

In der Rehaklink Filsum haben wir jedoch noch eine andere Möglichkeit, um die Atemwege der Pferde wieder freizubekommen. Die Tiere werden in Außenboxen untergebracht, denn frische Luft ist eine gute Medizin. Dann kommen sie zweimal täglich in die Sauna, hier wird der Stoffwechsel angeregt. Aufgüsse, die wir nach alten Hausrezepten herstellen, tragen dazu bei, den Schleim in den Atemwegen zu lösen. Bereits am zweiten Tag – so ist das in den meisten Fällen – beginnen die Patienten, sich freizuhusten. Auch der starke Nasenausfluss zeugt davon, dass wir den richtigen Weg beschreiten.

Abschließend gilt: Bei Erkältungen sollten Sie sich in Fachkreisen Rat suchen. Denn leicht kann aus einem verschleppten Husten ein chronisches Leiden werden.

Während man früher die so genannte Druse fürchtete, eine bakterielle Infektion, die man heute durch Impfung weitgehend eingedämmt hat, so ist es in unserer Zeit der Befall von Herpesviren. Bläschenbildung an den Schleimhäuten im Maul oder aufgeplatzte Haut an den Nüstern sind Anzeichen für eine Herpesinfektion.

Tragende Stuten werden regelmäßig geimpft, denn ein Herpesbefall während der Trächtigkeit kann zu einer Verfohlung führen. Noch vor einigen Jahren waren nur ein paar wenige Herpesformen bekannt, aber heute scheinen diese Viren ganz lustig vor sich hin zu mutieren. Man ist also kaum in der Lage, diesen Krankheitserregern Einhalt zu gebieten. Es gibt zahlreiche verschiedenartige Viren, und alle zeichnen sich durch die besondere Eigenschaft aus – kaum gibt es sie –, resistent gegen Medikamente zu werden.

Die Viren sind eine ganz große Herausforderung für die Wissenschaft. Bislang jedoch waren sie dieser immer einen Schritt voraus. Aber irgendwann einmal – wie fast bei allen ansteckenden Krankheiten in der Vergangenheit – wird hoffentlich das richtige Mittel entdeckt, und die Veterinärmedizin kann wieder Herr der Dinge werden. Auf der anderen Seite – auch das war immer so –, kaum hat man eine Krankheit im Griff, kommt schon das nächste Übel.

Herpesviren sind auch die Übeltäter, die für die klassische Ataxie verantwortlich zeichnen, eine schwer wiegende Bewegungsstörung, auf die ich bereits in anderem Zusammenhang eingegangen bin. Die Tiere schwanken stark in der Hinterhand, und ihre Bewegungen sind völlig unkoordiniert. Bei dieser Form der Ataxie gelangen Herpesviren durch das Rückenmark ins Gehirn und stören das Zentrum für die Bewegungskoordination. Leider hat sich eine Behandlung fast immer als aussichtslos erwiesen. Also bedeutet diese Form der Ataxie für die meisten Pferde den Tod.

Nicht immer sind Herpesviren für Bewegungsstörungen verantwortlich, bei Püppi beispielsweise und andern Fällen, die ich bereits beschrieben habe, wurden sie durch einen Unfall ausgelöst. Vor lauter Übermut kann den Jungtieren auf der Weide etwas zustoßen. Das Pferd tobt über die Koppel, rutscht dabei aus, oder es läuft mit einem Spielkameraden um die Wette und stößt gegen den Zaun.

Bewegungsstörungen, bei denen keine Viren im Spiel sind, können erheblich leichter behandelt werden als die klassische Ataxie. Im Falle der Ersteren richten wir unser Augenmerk auf den gestörten Bewegungsapparat, der mit Hilfe entsprechender manueller Therapien meist wieder ins Lot kommt. Man sorgt dafür, dass die Wirbel wieder in der richtigen Stellung und die Gliedmaßen funktionsfähig sind, dass die Nerven durchlässig und Blockaden aufgelöst werden. Medizinisch unterstützend behandelt unser Hausveterinär die Entzündungen, die meist als Begleiterscheinungen auftreten. Mit gezielten Bewegungsübungen versuchen wir, dem Tier wieder Mut zu machen, sich unbeschwert und angstfrei zu bewegen, die Gliedmaßen koordiniert einzusetzen. Ja, das ist oft der Knackpunkt: Das Tier hat einen Durchhänger und bewegt sich nur noch voller Angst.

Bei der klassischen Ataxie jedoch haben wir es überdies mit Tausenden von Viren zu tun. Feinden, denen wir nichts entgegenzusetzen haben.

Doch auch Tiere, die von der »harmloseren« Variante der Ataxie betroffen sind, sind anfällig für andere Krankheiten, leider auch für Herpesbefall. Um dem vorzubeugen, geben wir den Pferden reichlich Knoblauch, denn Herpesviren machen einen großen Bogen um dieses Wundermittel. Wenn ich Pferde sauniere, die Knoblauch gefressen haben, und diese Tiere gut abschwitzen, dann duftet es in der Klinik wie in einem Imbiß. Pferde riechen normalerweise angenehm, sogar wenn sie nass geschwitzt sind, nicht aber, wenn sie reichlich Knoblauch zu sich genommen haben.

Wenn Sie bemerken, dass Ihr Pferd schwankend geht, muss es dringend von einem Fachmann untersucht werden, um Ursache und Heilungsaussichten zu klären. Das ist wichtig, damit rechtzeitig mit der Therapie begonnen werden kann – sofern es nicht die klassische Ataxie ist!

Eine weitere Horrorvision in der Pferdehaltung heißt Pilze. Es gibt alle möglichen Formen von Pilzen, manche sind äußerst schmerzhaft und greifen die Haut an, dann entstehen kleine nässende Löcher.

Pilze werden leicht auf andere Pferde übertragen, also muss man ständig auf der Hut sein, dass gewisse Hygieneregeln befolgt werden: Achten Sie penibel darauf, dass jedes Pferd sein eigenes Putzzeug hat, tauschen Sie das Reitgeschirr unter den Tieren nicht aus, und wischen Sie die Reitstiefel nach dem Reiten ab. Die Vorsichtsmaßnahmen könnte ich noch beliebig fortsetzen, denn der Pilz ist extrem leicht übertragbar.

Was lässt sich dagegen tun? Während die Medizin Pilzen mit Impfungen und Waschungen »zu Leibe rückt«, beschreite ich einen einfacheren Weg: Ebenso wie zur Bakterienabwehr gehen wir in die Sauna. Die hohen Temperaturschwankungen können Pilze nicht gut verkraften. Zuerst wird das Pferd aufgeheizt, dann mit kaltem Wasser abgeschreckt: So eine Kur ist eine Zumutung für jeden Pilz. Ergänzend dazu die Aufgüsse mit Pflanzenölen – Menthol, Pfefferminz und Eukalyptus beispielsweise –, das hält auf Dauer kein Pilz aus. Bislang waren alle Tiere binnen einer Woche vom Pilzbefall befreit. Ohne Medikamente, die möglicherweise auch noch auf der Dopingliste geführt werden.

In vielen Fällen also lässt sich mit Hilfe der Natur und moderner Heilmethoden das gesundheitliche Gleichgewicht der Tiere wiederherstellen. Bei diesen Behandlungsformen trägt der natürliche Abwehrmechanismus des Körpers entscheidend zur Ausheilung bei – die Selbstheilungskräfte des Körpers werden reaktiviert: Der Organismus reagiert nicht mehr so empfindlich und kann einen drohenden Pilzbefall rechtzeitig aus eigener Kraft angehen.

Nicht nur die schnelle Heilung, sondern auch die prophylaktische Wirkung ist es, die wir erreichen wollen. Um den gesunden Abwehrorganismus der Pferde aufzubauen, eignen sich Naturheilverfahren am besten.

Aber nun zu einem neuen Thema, einem Leiden, das nicht nur Menschen, nein auch Pferde befällt: Magengeschwüre und andere Krankheiten, die ihre Ursache hauptsächlich im Stress haben. Dass sich der Stress, den wir selbst mit in den Stall bringen, leicht auf Pferde überträgt, höre ich nicht auf zu betonen … Also gilt zuallererst: Begegnen Sie Ihren Tieren möglichst ohne Hektik und mit reichlich Zeit.

Besonders Rennpferde leiden häufig an Magengeschwüren. Diese Tiere brauchen dann vorrangig Ruhe vom Rennstress und werden mit Medikamenten behandelt.

Stress ruft noch eine Anzahl anderer Krankheiten hervor. Gestresste Pferde sind anfällig für Koliken, die von Blähungen begleitet werden und starke Bauchschmerzen verursachen. Der Darm verkrampft sich, und das bei der Verdauung entstehende Gas kann nicht mehr entweichen. Bei einer Kolik darf man keinesfalls abwarten, sondern muss gleich etwas unternehmen.

Bemerke ich erste Anzeichen einer Kolik, führe ich das Tier am Strick – für mindestens 15 Minuten, besser etwas länger –, meist lassen die Blähungen allmählich nach. Eine Methode, die ich von anderen Pferdezüchtern gehört habe, ist Folgende: Sie laden ihr Pferd auf den Hänger und fahren langsam auf holprigen Wegen herum; durch das Schütteln lösen sich die Blähungen. Hilft dies alles nicht, muss unbedingt der Veterinär gerufen werden, der das Pferd mit krampflösenden Medikamenten behandelt oder mit einem Einlauf Abhilfe schafft. Der Tierarzt wird auch eine rektale Untersuchung vornehmen, um festzustellen, ob nicht etwa eine Darmverlagerung vorliegt, die zu einem Darmverschluss führen kann.

Die Erfahrung hat mich gelehrt, dass solche Beschwerden auch durch stressbedingte falsche Fressensweisen der Tiere hervorgerufen werden können. Beispielsweise zu schnelles Fressen aus Futterneid seinen Artgenossen gegenüber oder aus reiner Gefräßigkeit. Diesem Fehlverhalten können wir einfach und schnell abhelfen: Wir werfen eine Hand voll groben Kies in die Krippe und geben das tägliche Kraftfutter dazu. Ein Pferd, das jetzt wieder anfängt, sein Futter hinunterzuschlingen, wird bald gebremst, und zwar wenn es zum ersten Mal auf einen Stein beißt. Das Pferd merkt sich die unangenehme Erfahrung und frisst sein Futter von nun an mit Bedacht und Genuss. Haben Sie keine Angst, dass das Pferd einen Stein herunterschluckt – ich habe das bislang noch nicht erlebt!

Auch rate ich dazu, den Pferden einen Anteil ganzen Hafer mit ins Kraftfutter zu geben. Das regt die Tiere dazu an, mehr zu kauen, und das Futter wird besser eingespeichelt. Der Speichel im Futter wirkt nämlich verdauungsfördernd. Und eine gute Verdauung wiederum ist die beste Vorbeugung gegenüber einer Kolik.

Auch das Thema Langeweile will ich in diesem Zusammenhang nochmals ansprechen. Sorgen Sie daher für Abwechslung im Stall: Spielbälle auf dem Boden oder an der Decke aufgehängt, oder auch ein Holzknüppel erweisen hervorragende Dienste. So finden Pferde auf spielerische Weise Abwechslung, sie werden ausgeglichener und legen auch beim Fressen weniger Fehlverhalten an den Tag.

Ich will dieses Kapitel mit einem Thema beenden, mit dem kein Pferdeliebhaber gerne konfrontiert wird: Wenn es heißt, von seinem Freund Abschied zu nehmen. Das ist furchtbar schwer – aber der Tod kann für ihn auch eine Gnade sein.

Wie oft habe ich es selbst erlebt! Tränen fließen, wenn man ein ganzes Pferdeleben Revue passieren lässt, all die schöne Zeit, die man zusammen verbracht hat. Vor allem dann, wenn man das Pferd selbst gezüchtet oder es bereits als Fohlen bekommen hat. Man hat es großgezogen, alles, was man für gut hielt, wurde ihm zuteil. Man erinnert sich an seine Eigenheiten, welche Zicken es hatte; an den ersten Tag des Einreitens, als es so wild war und seinen Reiter abwarf.

Später die Erfolge auf Turnieren – wo ist man nicht schon überall gewesen mit seinem Freund.

Man kann es nur schwer begreifen, aber Gott gibt uns Lebewesen allen einen Weg vor, den wir gehen müssen. Für uns alle kommt die Zeit des Abschieds, so wie für unseren Freund, der nun für immer geht. Schweren Herzens versucht man sich einzureden, dass dieser Gnadentod besser ist, als ihn weiter leiden zu lassen. Jetzt ist der Zeitpunkt gekommen, alle Gefühle zu verarbeiten, die auf einen einströmen.

Bald aber beginnt vielleicht ein neuer Kreislauf: Man kauft sich wieder ein Fohlen und bekommt einen neuen Freund. Auch dieses Fohlen versetzt uns jeden Tag in Staunen, weil es ebenfalls zu einem Pferd mit wunderlichen Eigenheiten heranwächst. Jedes Pferd hat seinen Charakter und ganz eigene äußere Merkmale, ein jedes ist etwas Besonderes. Kurioserweise nehmen die Tiere auch Verhaltensweisen von uns, seinem Halter, an. All diese Aspekte machen das Pferd zu dem, was es für seinen Menschen ist, einem einzigartigen Lebewesen. Solch einen Freund findet man nicht unter Menschen …

Schließlich hat man sich zu dieser so schweren Entscheidung durchgerungen. Aber wie erlöse ich nun mein Pferd? Viele entscheiden sich für das Einschläfern durch den Tierarzt. Sicherlich eine der schmerzfreisten und schnellsten Methoden. Aber auch der nächstgelegene Schlachter ist eine Alternative. Auf keinen Fall empfehle ich einen dieser

Schlachttiertransporte, die Pferde in großen Mengen ein-
sammeln und unter schlimmen Transportbedingungen
nach Frankreich oder Italien karren. Die 200 Mark mehr,
die man bekommt, sind es sicherlich nicht wert, seinem
Pferd auf dem letzten Weg diese Strapazen zuzumuten!

Püppi und ein anderer hoffnungsvoller Fall

Sommerzeit ist Weidegangzeit. Es ist nun Juli, und Püppi ist schon einige Wochen auf unserer Sommerweide, die wir von einem Bauern im ostfriesischen Ammerland gepachtet haben.

Der Winter war lange, aber endlich war sie da, die alljährlich wiederkehrende Weidesaison. Püppi bereitete es weniger ein Problem, Tag und Nacht draußen zu bleiben, als sich in einer kleinen Herde eingliedern zu müssen. Zu Hause war sie ja diejenige, die sich mal kleine Frechheiten herausnahm. Aber in einer Herde gibt es Rangordnungen, in die sich junge Pferde einfügen müssen. Und das läuft meist nicht ohne schmerzhafte Erfahrungen ab.

Püppi hatte also die Fahrt zur Weide gut überstanden, und nun kam der Zeitpunkt, wo ich die kleine Pferdedame freilassen musste. Einen Sommer lang und den Herbst durch soll sie in einem größeren Herdenverband auf sich selbst gestellt sein. Also kurz und gut, ich holte Püppi vom Hänger, die anderen Pferde standen schon alle gespannt am Zaun und waren neugierig, was da nun kommen sollte. Ich ließ Püppi laufen, die Pferde kamen auf sie zu und beschnupperten sie. Jedes zeigte dem anderen, wer hier wie viel zu sagen hat auf der Weide.

Püppi aber, die sich bisher in keinen Verband hatte fügen müssen, fand das gar nicht witzig und schlug kräftig aus. So eine Ziege, dachte ich, der werden die Flausen schon noch vergehen. Schon nahm sich eine andere Stute dieses ungezogene Gör zur Brust. Püppi bekam ihre erste saftige Abreibung, ich gönnte sie ihr, aber ein bisschen Leid tat sie mir schon …

Man muss die Natur lassen, wie sie ist, alles ist auf seine Weise geregelt. Püppi lahmte tagelang, aber sie war deutlich lieber geworden mit ihren Artgenossen. Ich denke, das sind Erfahrungen, die für junge Pferde wichtig sind, denn wir Menschen können keinem Pferd das Sozialverhalten so vermitteln, wie es in einer Herde üblich ist.

Wenn ich nun Püppi ab und an besuche, geht mir das Herz auf. Sie ist eine wunderschöne junge Pferdedame geworden, die uns noch viel Freude bereiten wird. Von den Bewegungsstörungen ist nichts, aber auch nicht das Geringste mehr zu sehen. Im Gegenteil: Nun kommen die hervorragenden Anlagen Püppis, ihre edle Abstammung zum Vorschein: Ja, ihr Pedigree (Corrado IX Schoube Z – Cor de la Bryère) scheint sich von seiner besten Seite zu zeigen. Wenn sie auf der riesigen Weide entlangtrabt, dann schwebt sie nur so dahin, und ihr Galopp ist geschmeidig und raumgreifend. Die Geduld und die Behandlung, die sich über den ganzen Herbst und Winter hinzogen, haben sich wahrlich gelohnt!

Und ehe ich zum Schluss komme, will ich auch noch einen Abstecher zu unserem Galopper, dem Sorgenkind vom Fährhof, machen. Gestern war ich auf einer Mammuttour in Mecklenburg-Vorpommern. Toll, was sich dort auf dem Pferdesektor getan hat. Wunderschöne Anlagen sind entstanden, der Pferdesport erfährt in dem sonst nicht gerade vom Wohlstand geprägten Land einen wahren Boom. Drei Termine waren vereinbart – bei zwei Privatgestüten und einer Deckhengststation. Doch dann rief aus allen möglichen Ecken jemand an, denn wie ein Lauffeuer hatte es sich herumgesprochen, dass der Knochenbrecher im Lande war. Ich fuhr also noch dahin und dorthin, es ging bis spät in die Nacht.

Am Morgen, auf dem Hinweg bin ich endlich dazugekommen, wieder einmal Lacantun, den Vollbluthengst vom Fährhof, auf der Trainingsbahn in Bremen zu besuchen. Vor einigen Monaten hatte ich ihn unter den Augen von Monty Roberts behandelt. Kaum zu glauben, aber der Vollblüter, der über ein Jahr nicht trainiert worden war, lief kürzlich wieder ein Rennen in Bremen, welches der Fährhof zu seinen Ehren veranstaltet hatte.

Und wurde Zweiter! Es war nicht das beste Rennen seiner Laufbahn, aber dafür, dass er so lange pausiert hatte, war es ein großer Erfolg. Kaum einer hatte mehr daran geglaubt, Lacantun jemals wieder an den Start zu bringen.

Gestern ließ ich mir Lacantun abermals vorführen. Sofort ist mir aufgefallen, dass der Hengst den Schweif nicht in der Mitte, sondern etwas links trug – ein Zeichen dafür, dass er noch unter Verspannungen leidet. Wieder nahm ich mir die betroffenen Partien vor.

Jetzt kommt es weiterhin auf ein gutes, ausgeklügeltes Training an. Und vor allem darauf, dass Lacantun wieder Vertrauen zu sich fasst. Wer weiß, welche Schmerzen er hat ertragen müssen. Nun gilt es, die Erinnerung daran zu überspielen mit neuen Erfahrungen, die das Alte vergessen machen.

Nächste Woche wird Lacantun wieder ein Rennen gehen, und so Gott will, wird er vielleicht bald schon wieder von sich hören machen – als einer der schnellsten Galopper hierzulande. Die Voraussetzungen sind nun gegeben.

Epilog

Wenige Wochen später gibt es wieder erfreuliche Neu-igkeiten vom Gestüt Fährhof. Lacantun hat seit zwei Jahren zum ersten Mal wieder ein Rennen – in Bad Dobe-ran – gewonnen.

Bin gespannt, wie Monty die Nachricht aufnehmen wird. Hatten wir beide doch unsere ganz private Wette da-rüber abgeschlossen, ob Lacantun jemals wieder Champion werden würde. Mein Instinkt hat mich also nicht im Stich gelassen, und ich freue mich riesig, dass dieser wunderbare Galopper wieder Vertrauen zu sich gefasst hat.

Das Ende vom Buch

Lange habe ich überlegt, wie so ein Buchschluss aussehen könnte. Zuerst hatte ich vor, jedem Buch eine Pa-
ckung Papiertaschentücher beizulegen. Nun, es wäre doch
möglich, dass Tränen fließen, gleich aus welchem Grund ...

Aber dann habe ich mich anders entschieden. Bedanken
möchte ich mich an dieser Stelle bei all den Pferdehaltern,
die mit ihrem Kummer zu mir kommen. Denn ohne kranke
Pferde, denen ich helfen darf, würde mein Leben ganz anders verlaufen.

Vor allem will ich mich bedanken bei den »Pferdeflüste-
rern« Monty Roberts, Franz Althoff und Günther Fröhlich. Die Gespräche mit diesen Pferdemännern werden mir
immer unvergesslich bleiben.

Danke an all die Menschen, die namentlich im Buch ver-
ewigt worden sind, denn ohne sie und ihr Dazutun wäre
dieses Buch nicht möglich gewesen. Sie alle mit Namen
aufzuzählen würde ins Unendliche führen.

Zwei Personen will ich besonders danken, meiner Co-
autorin Monika Köpfer und der Fotografin Gundula Stein-
brenner, die mich auf vielen Touren begleitet haben und
den Zigarrenqualm ertragen mussten. Beide haben bei diesem kleinen Werk so entscheidend mitgewirkt: Euch beiden wünsche ich alles Gute im Leben, aber vor allen Dingen, dass ihr euch gut erholt von der Arbeit mit einem

Knochenbrecher, den ihr zum Autoren umfunktioniert habt. Für mich eine tolle Erfahrung!

Nun gut, meine lieben Pferdefreunde und Leser, ich wünsche mir, dass Sie mir die Treue halten. Mit dem Gefühl und dem Wissen, dass uns etwas ewig verbindet: unsere Liebe zu Pferden.

DANKE!
Ihr Knochenbrecher

Anhang

I. Hanken'sche Hausmittel

Zum Abschluss will ich den lieben Pferdehaltern ein paar Kostproben aus dem Hanken'schen Hausmittelschatz mit auf den Weg geben. Sie sind zum Teil uralt, deshalb auch die bisweilen etwas wunderlichen Formulierungen. Zum besseren Verständnis habe ich sie in ein einigermaßen verständliches Deutsch übersetzt.

Bei Pferde Husten!

Haben die einer Probleme mit dem Aus=
wurf dabei, dann macht man folgendes.
Einen Maurerkübel zur Hälfte mit frischem
Wasser füllen, darin verrühren 2 Kg. Jod
haltiges Tafelsalz. Da legen nun die
tägliche Inhalation ein, das Heu saugt
sich voll und staubt nicht mehr. Vor dem
verfüttern vom Heu, dieses kurz aus=
lecken lassen.

Der Salzgehalt des Grundfutters, macht
das einer durstig, es säuft also mehr.
Diese Flüssigkeit braucht das Pferd um die
Lungen mit mehr (Schleim) Feuchtigkeit zu
versorgen. Der Jodgehalt bewirkt das,
das Pferd mehr abhustet.

Somit vereinigen sich die Atemwege und
das Pferd geht es wieder gut !

Wenn ein Tier Husten hat

Hat ein Tier Probleme mit dem Auswurf, dann macht man Folgendes: Füllen Sie einen Maurerkübel zur Hälfte mit frischem Wasser, und verrühren Sie darin zwei Kilogramm jodhaltiges Tafelsalz. Weichen Sie die tägliche Heuration darin ein. Das Heu saugt sich voll und staubt nicht mehr. Lassen Sie das Heu vor dem Verfüttern kurz auslecken.

Der Salzgehalt des Heus macht das Tier durstig, es säuft also mehr. Dadurch werden die Lungen mit reichlich Feuchtigkeit versorgt, und der Jodgehalt sorgt dafür, dass das Pferd besser abhustet.

So reinigen sich die Atemwege, und das Pferd läuft bald wieder gut.

Zufuhn!

Weiche Kornklein in Weinessig, laß sie wö=
ssen, bis sie trocken ist, gieb auch einen
Grapnebaly und binde ihn an den Füßen.
Das mag zweimal hintereinander. Dann
nimm ein Glas Kognak, gib Ohnedaß
dazu, bis ein dicke Salbe entsteht,
schmiere diese auf den Füßen und binde
Zauf-Werk darüber. Heilt bald!

Anerzt von Dr. Zour Aurrabes, Roßarzt

Bei Hufrehe

Geben Sie weiche Kornkleie in etwas Weinessig, und rösten Sie sie, bis sie trocken ist. Streichen Sie die Masse auf die Innenseite eines Hasenbalgs (Hasenfell), und binden Sie ihn dem Pferd um die Füße. Wiederholen Sie den Vorgang zweimal. Als Nächstes geben Sie Ofenruß in ein Glas Kognak und verrühren beides zu einer dicken Salbe. Streichen Sie diese auf die Füße und binden Hanfwerk darüber. So heilt die Hufrehe bald ab!

Rezept von Dr. Zoar Arrabes, Rossarzt

Wenn ein Pferd nicht genügend fressen will!

Gebe ihm wenig Heu!
Kein anderes Zusatzfutter, als das
folgend beschriebene.
Gebe ihm drei Tage lang nur trocknen
Grashen zu fressen, darüber zwei mal
täglich eine Hand voll frischer Petersilin
geben.
Zum saufen gibst Du dem Pferd Heu-
blumen - Abschüd!

Wenn ein Pferd nicht genügend fressen will

Geben Sie ihm wenig Heu und drei Tage lang kein anderes Zusatzfutter als trockene Gerste. Darüber streuen Sie zweimal täglich eine Hand voll frischer Petersilie. Zum Saufen geben Sie ihm Heublumenabsud.

faules Fleisch, an Verletzungen bei Pferden!
Bildet sich bei der Verheilung einer Wunde
faules Fleisch, oder hat sich schon gebildet,
so nehmen man gut ausgebrannten Lehm,
aus dem Backofen. Vermische diesen dann
mit Essig und lege ihn dann auf die
Wunde. Ist dann nach einiger Zeit das faule
Fleisch entfernt, dann reinigt man diese
Wunde mit Wundwasser. Dann streuen
man täglich zwei mal Alaun in Pulverform in die Wunde. Die Wunde verheilt
jetzt sehr schnell. Den Wundrand halten
man immer sauber, damit sich die Wunde
glatt schließen kann!

Faules Fleisch an Verletzungen bei Pferden

Bildet sich bei der Verheilung einer Wunde faules Fleisch, so nehmen Sie gut ausgebrannten Lehm aus dem Backofen, vermischen diesen mit Essig und legen ihn auf die Wunde. Hat sich das faule Fleisch nach einiger Zeit abgelöst, reinigen Sie die Wunde mit Wundwasser. Danach streuen Sie täglich zweimal Alaun in Pulverform in die Wunde. Die Wunde verheilt jetzt rasch. Achten Sie darauf, dass der Wundrand stets sauber ist, damit sich die Wunde glatt schließen kann.

Heilsames Wundwasser!

Die Bereitung dieses Heilmittels ist
folgende:
Man verwendet grüne Blätter vom
Walnußbaum, frisch gepflückt! Dazu
noch 10 g Süßholzwurzeln, 10 g Himbeerblätter. Hiermit schichtet man einen
Kochtopf, halb voll. Nun füllt man
den Topf mit Wasser auf. Diese Mischung
läßt man dann recht gut aufkochen.
Diesen entstandenen Sud gießt man
durch ein feines Sieb oder Leinentuch.
Diesen durchsiebten Sud macht genau zwei
Drittel des Wundwassers aus. Das letzte
Drittel besteht aus aufgekochtem Essig!
Alles zusammen noch einmal aufkochen
und man hat ein vortreffliches Wundwasser, mit denen wir uns Wunden an
irgendeinen Finger dreimal täglich ausspritzen können. Auch sind Kompressen mit
Wundwasser sehr gut!

Heilsames Wundwasser

Dieses vortreffliche Heilmittel wird folgendermaßen zubereitet:

Man verwendet grüne Blätter vom Walnussbaum, frisch gepflückt, dazu 10 Gramm Süßholzwurzeln und 10 Gramm Himbeerblätter. Diese Zutaten schichten Sie in einen großen Kochtopf, bis er halb voll ist, und füllen ihn mit Wasser auf. Die Mischung lassen Sie gut aufkochen und gießen den Sud durch ein feines Sieb oder Leintuch. Der Sud macht zwei Drittel des Wundwassers aus, das letzte Drittel besteht aus Essig, der dem Sud beigefügt wird. Dann lassen Sie das Gemisch nochmals aufkochen. So erhalten Sie ein Wundwasser, mit dem Sie die Wunden Ihrer Tiere dreimal täglich ausspritzen können. Auch Kompressen mit dem Wundwasser haben eine gute Wirkung.

Mittel gegen Kolik bei Pferden!

Man nehme 50 g. Petersiliensamen oder Wurzel, darüber gießt man 2 Liter Wasser.
Dazu nehme man 20 g. Leinsamen und zwei Eßlöffel voll Sonnenblumenöl.
Diese Mischung lasse jetzt 30 Minuten kochen.
Nun gibt man noch 1 Eßlöffel Baldriantropfen, zur Flüssigkeit hinzu.
Gebe das Pferd eine Flasche davon in den Schlund, wenn der Sud handwarm abgekühlt ist.
Diesen Vorgang wiederholen nochmals nach einer halben Stunde.
In der Regel ist die Krankheit dann vorbei.

Mittel gegen Kolik bei Pferden

Nehmen Sie 50 Gramm Petersiliensamen oder -wurzel und gießen 2 Liter Wasser darüber. Fügen Sie 20 Gramm Leinsamen und zwei Esslöffel Sonnenblumenöl hinzu. Diese Mischung lassen Sie 30 Minuten kochen. Füllen Sie eine Flasche mit der Flüssigkeit und geben einen Teelöffel Baldriantropfen hinein. Wenn der Sud handwarm abgekühlt ist, geben Sie ihn dem Pferd aus der Flasche in den Schlund. Wiederholen Sie diesen Vorgang nach einer halben Stunde. In der Regel ist die Kolik dann vorüber.

II. Stretchingübungen für Pferde

1. Lockerung der Halsmuskulatur

Legen Sie die linke Hand an den Mähnenkamm, während Sie mit der rechten Hand (bei Linkshändern umgekehrt) die Nase des Pferdes behutsam an die Brustpartie drücken. Durch diese Dehnung wird die Nackenmuskulatur gelockert.

Beginnen Sie, die Halsmuskulatur des Pferdes seitlich zu dehnen. Pferde führen diese Bewegung normalerweise freiwillig aus, wenn man mit Leckerli oder einer Karotte lockt. Ohne Lockmittel geht die Übung so: Wieder legen Sie eine Hand auf den Nasenrücken des Pferdes und ziehen den Kopf seitlich, so dass die Ganasche fast die Schulter berührt. Wiederholen Sie diese Übung auf beiden Seiten circa dreimal. Dadurch wird die seitliche Halsmuskulatur gelockert.

2. Lockerung der Rückenmuskulatur

Der Rücken ist der »wichtigste« Teil des Pferdes, deshalb sollte die Muskulatur hier besonders gut gelockert werden, damit der Pferderücken schwingen kann.

Durch folgende Übung dehnen Sie den Kruppenbereich:

Zuerst suchen Sie auf beiden Seiten der Kruppe den entsprechenden Druckpunkt. In der Nierenpartie des Pferdes
kann man einen lang gezogenen Haarwirbel erkennen.
Zwischen dem oberen Rand dieses Wirbels und der Wirbelsäule liegt der Ausgangspunkt für unsere Stretchingübung.
Stellen Sie sich gerade hinter Ihr Pferd. Auf beiden Seiten
der Kruppe üben Sie gleichzeitig mit den Zeigefingern behutsam Druck auf die beiden Punkte aus, bis Sie eine
leichte Zuckung – einen Reflex – verspüren. Diesen Druck
müssen Sie beibehalten, während Sie nun jeweils mit dem
Zeigefinger auf beiden Seiten der Kruppe gleichmäßig eine
gerade Linie nach hinten ziehen, hin zum Schweifansatz.

Richtig ausgeführt, wölbt das Pferd bei dieser Übung
den Rücken nach oben, es macht einen »Katzenbuckel«,
schließlich drückt es ihn wieder nach unten durch. Dabei
werden Muskeln und Bänder gelockert, die dem Rücken
zur Festigung dienen. Eine hervorragende Übung, mit der
Sie den Pferderücken wieder zum Schwingen bringen.
Auch ich wende sie oft nach einer Behandlung an.

Nun zur Dehnung der seitlichen Rückenpartien. Diese
Übung wird nacheinander auf beiden Seiten durchgeführt.
Sie stehen zum Beispiel auf der linken Seite des Pferdes. Mit
der linken Hand greifen Sie auf die andere Seite der Wirbelsäule und üben leichten Druck an der Stelle aus, wo sich der
Rücken biegen soll. Auf der Seite, wo Sie stehen, suchen Sie
mit der rechten Hand den Punkt, der genau zwischen dem
Hüfthocker und der Wirbelsäule liegt. Von dort aus streichen Sie langsam und mit etwas Druck einen halbkreisför-
migen Bogen entlang der Kruppe in Richtung Schweifansatz. Richtig ausgeführt, biegt sich der Rücken nach rechts,
während Sie diese Linie beschreiben. Je nach Grad und Ort
der Verspannungen kann man den Biegepunkt für diese
Übung variieren.

3. Lockerung der Schulter

Die Schulter sollte im Idealfall so beweglich sein, dass das Pferd ohne Schwierigkeiten das Vorderbein in einer Geraden nach vorne strecken kann. Dabei ist wichtig, dass Sie das Bein ganz lang und gerade nach vorne ziehen, ehe Sie es so weit wie möglich nach oben stretchen. Diese Übung wiederholen Sie circa dreimal. Als Nächstes winkeln Sie das Vorderbein an und ziehen den Huf in Richtung Schulter, dann wieder zurück zur Ausgangsposition. Als Letztes drücken Sie das angewinkelte Bein ganz behutsam unter den Bauch des Pferdes.

Mit diesen Übungen lockern Sie die Schultermuskulatur und bringen den Bewegungsapparat Ihres Pferdes wieder in Schwung.

4. Steigerung der Beweglichkeit des Vorderfußwurzel- und des Fesselgelenkes

Die Beweglichkeit des Fesselgelenks an allen vier Gliedmaßen verbessern Sie, indem Sie es stark anwinkeln und langsam nach beiden Seiten schwenken. Bedenken Sie bei diesen Dehnübungen stets, dass Sie sie ohneKraftanstrengung, dafür aber behutsam ausführen.

Die Beweglichkeit des Vorderfußwurzelgelenks können Sie steigern, indem Sie das Bein des Pferdes anwinkeln, leicht nach links und rechts schwenken und anschließend das Bein nach vorne strecken.

5. Vorsichtige Dehnung der Hinterhand

Um das Hinterbein zu dehnen, nehmen Sie es nach oben, wie wenn der Schmied es beschlagen wollte. Als Nächstes winkeln Sie das Fesselgelenk an, indem Sie den Huf nach oben, in Richtung Fesselträger ziehen. Dehnen Sie nun das gesamte Hinterbein: Strecken Sie es seitlich nach außen. Anschließend ziehen Sie das Bein gestreckt nach vorne, so dass der Huf seitlich am Bauch anliegt. Als letzte Übung der Hintergliedmaßen ziehen Sie das Bein, so weit und so hoch es geht, nach hinten. Mit dieser Stretchingübung lockern Sie nicht nur das Hinterbein, sondern gleichzeitig entspannen sich auch die Kruppenpartie und der gesamte Rücken.

Welchen Sinn haben all diese Übungen?
  Nicht nur wir Menschen müssen uns aufwärmen, ehe wir Sport treiben. Vor einem Fußballspiel beispielsweise wärmen die Fußballspieler die Muskulatur durch langsames Laufen auf und machen Dehnübungen am Spielfeldrand.

  Auch unser Pferd sollte sich zunächst warm laufen, durch zügiges und ausgiebiges Schrittgehen, ehe wir in die schnellen Gänge wechseln und mit den Dressurübungen oder dem Springen beginnen. Idealerweise sollten die Stretchingübungen also nach der Aufwärmphase durchgeführt werden. Doch kaum ein Reiter wird diese Reihenfolge wählen ... Auch ehe wir uns in den Sattel begeben, können wir mit den soeben beschriebenen Dehnübungen dazu beitragen, dass unser Freund locker und entspannt in den Sport geht. Denn immer häufiger kommt es bei Pferden zu Muskelrissen, die sich überwiegend am Hals oder im Schulterbereich bemerkbar machen. Diese Muskelschäden sehen aus wie kleine Krater oder Dellen.

Wie wichtig die richtige und ausgewogene Fütterung für unser Pferd ist, habe ich an früherer Stelle beschrieben. Oftmals ist eine falsche Fütterung für die Übersäuerung der Muskeln verantwortlich. Das Stretchen und die anschließende Aufwärmung im Schritt dienen dazu, dass es rasch wieder seine normale Beweglichkeit erlangt, ohne Muskelkater zu bekommen.

Indem wir unser Pferd schonend auf den Sport vorbereiten, tragen wir erheblich zu seiner Lebensqualität bei. Stets sollten wir daran denken, dass Pferde Fluchttiere sind, ihr Kapital ist Schnelligkeit und Beweglichkeit. Und nur wenn es darin nicht beeinträchtigt ist, haben wir ein zufriedenes und ausgeglichenes Pferd im Stall. Pferde, die gesund und beweglich sind, haben auch weniger Probleme, sich auf neue Situationen im Alltag einzustellen. Denn sie wissen: Wenn es gefährlich wird, können sie ganz schnell fliehen …

Wie bei uns Menschen gilt auch bei Pferden: Gute Ernährung und Beweglichkeit durch Sport tragen dazu bei, dass sich Körper und Seele im Gleichgewicht befinden.

Bestelladresse

Die Videokassette mit den beschriebenen Stretchingübungen können Sie zum Preis von € 26,– plus Versandkosten bestellen unter:

Per E-Mail: Pferde-Reha@t-online.de
Per Fax: 0 49 57/92 74 63

Jan Fennell

Mit Hunden sprechen

Mit einem Vorwort
von Monty Roberts

ISBN 978-3-548-36454-4
www.ullstein-buchverlage.de

Wie dem »Pferdeflüsterer«
geht es Jan Fennell
nicht darum, den Willen
der Hunde zu brechen,
sondern mit Blick auf
deren Instinkte und Rol-
lenverhalten mit ihnen zu
kommunizieren.
Unterhaltsam beschreibt
Englands erfolgreichs-
te Hundetrainerin, wie
sie arbeitet und was die
besondere Beziehung
zwischen Mensch und
Hund ausmacht.

Jan Fennell

Mit Hunden leben

Das Praxisbuch

ISBN 978-3-548-36754-5
www.ullstein-buchverlage.de

Jan Fennell beschreibt,
wie man ihre Erkenntnisse
zur Sprache der Hunde in
die tägliche Praxis umsetzen und in nur 30 Tagen
einen verhaltensgestörten
Hund dauerhaft in den
Griff kriegen kann. Ein
Muss für jeden Hunde-
liebhaber.

ullstein

US267